Kim Dae-jung

Mein Leben, mein Weg

Kim Dae-jung

Mein Leben, mein Weg

Autobiografie des Präsidenten der Republik Korea

aus dem Koreanischen übertragen
von
Chei Woon-Jung

Frankfurter Allgemeine Buch

Kim Dae-jung:
Mein Leben, mein Weg : Autobiografie des Präsidenten der Republik Korea / Kim Dae-jung. – Frankfurt am Main : Frankfurter Allgemeine Zeitung, Verl.-Bereich Buch, 2000
ISBN 3-933180-71-6

Frankfurter Allgemeine Zeitung
Verlagsbereich Buch

60267 Frankfurt am Main

Gestaltung: F.A.Z.-Grafik
Herstellung: Druck & Beratung E. Schäfermeyer, Hanau
1. Auflage 2000

ISBN 3-933180-71-6

Inhalt

Geleitwort

Mit Freude und Dankbarkeit begrüße ich die deutsche Ausgabe der Erinnerungen des koreanischen Präsidenten Kim Dae-jung. Sein Bericht fesselt und berührt den Leser durch die ebenso persönliche wie bescheidene Darstellung eines der ungewöhnlichsten Lebenswege eines großen Menschen und Politikers in unserem Jahrhundert.

Der Bericht schildert die eindrucksvolle und unvergleichliche Kette von Fortschritten, schweren Rückschlägen und neuen Erfolgen eines Mannes, der seinen Weg mit nie ermattendem Mut durch alle Widerstände hindurch gegangen ist. Er vermag dem Leser die Zuversicht zu geben, dass es sich lohnt, auf diesem Weg zu einer friedlicheren und gerechteren Welt niemals zu verzweifeln. Ähnlich wie bei der Autobiographie des nur wenig älteren Nelson Mandela entsteht für uns das Bild einer Persönlichkeit, die inmitten von Hass, Lüge und Gewalt mit ihrer Menschlichkeit nicht nur besteht, sondern es auch gegen Todesbedrohung und trotz langjähriger Haft schafft, Schritt für Schritt der Demokratie im eigenen Land voranzuhelfen, die politische Verantwortung zu übernehmen und zugleich jede Verbitterung oder Verfolgung jahrzehntelanger Widersacher zu vermeiden.

Der Weg zur Demokratie in seinem Land entspricht nicht nur seiner tiefen menschlichen Überzeugung, sondern auch der Gewissheit, dass Südkorea nur auf diesem Weg eine ernsthafte Chance besitzt, im Laufe der Zeit die unselige Trennung der koreanischen Halbinsel zu überwinden. Es entspricht der tiefen Überzeugung und der realistischen Analyse Kim Dae-jungs, dass er mit seiner Wahl 1997 zum Präsidenten Südkoreas alsbald eine Politik der Entspannung und des Friedens zwischen Nord und Süd eingeleitet hat. Mit seinem Namen ist die „Sunshine policy" verbunden. Für sie sucht er die Zusammenarbeit mit allen Nachbarn der Halbinsel und mit den Amerikanern, um die schmerzlichen Folgen der bald fünfzigjährigen brutalen Teilung seines Landes zu mildern und schließlich zu überwinden.

Aussöhnung bedeutet für Kim Dae-jung, die Vergangenheit nicht zu vergessen, wohl aber Rache zu überwinden. Der Autor spricht mit der Weisheit der alten Kultur seines Landes, wonach niemand die ganze Wahrheit so gut wie die eigenen Augen kennt. Jeder handele so, dass er sich im Angesicht seiner Augen im Spiegel nicht zu schämen brauche, um auch den Rest seines Lebens mit gutem Gewissen verbringen zu können. Der Lebensbericht von Kim Dae-jung ist ein Buch der Hoffnung.

Berlin, 9. November 1999

Bundespräsident a.D. Dr. Richard von Weizsäcker

Einführung

Das vorliegende Buch ist die mit Leidenschaft und Herzblut geschriebene Autobiographie jenes koreanischen Staatsmannes, dem es 1997 als erstem Oppositionsführer gelang, zum Staatspräsidenten der Republik Korea (Südkorea) gewählt zu werden.

In der anschaulichen Schilderung seines bisherigen Lebens spiegelt sich der an Leid und Opfern reiche Weg des koreanischen Volkes zur Durchsetzung einer pluralistisch-demokratischen Staatsform wider. Sie konnte trotz der Jahrhunderte alten Tradition konfuzianischen hierarchischen Denkens, trotz achtzehnjähriger Militärherrschaft und trotz der durch die Landesteilung und Konfrontation mit Nordkorea sicherheitspolitisch angespannten Lage am Ende der achtziger Jahre in eine nun schon bewährte Praxis umgesetzt werden. Und Kim Dae-jung, der Autor dieses Buches, verkörperte dank seines persönlichen Einflusses und seines jahrzehntelangen dramatischen und zähen Ringens um Koreas innere Befreiung die Seele und das Zentrum des demokratischen Widerstandes. So ist sein Leben zu einem wesentlichen Teil der koreanischen Demokratiegeschichte geworden.

In seiner Jugend erlebte er Japans harte Herrschaft in seinem Land, die es den Kindern in den Schulen verbot, sich ihrer eigenen koreanischen Muttersprache zu bedienen. Im Koreakrieg von nordkoreanischen Kommunisten gefangengenommen und fast hingerichtet, entkam er nach einem gefahrvollen Fußmarsch von 400 Kilometern. Als junger Politiker und Publizist bekämpfte er das autoritäre Regime des ersten Präsidenten Rhee Syngman wie auch die nachfolgende Militärherrschaft von General Park Chung Hee. Gegen diesen verlor er in den Präsidentschaftswahlen von 1971 trotz unfairer Wahlvorschriften und Wahlbetrugs nur mit einem geringen Rückstand. Kurz darauf wurde er nicht nur Opfer eines ihn gesundheitlich schädigenden Mordanschlages. Wegen seiner in Japan publizistisch betriebenen Kritik des Regimes von Park wurde er von dessen Geheimdienst 1973 überfallen, betäubt und entführt, um gefesselt und geknebelt per Schiff nach Korea gebracht zu werden, wonach über ihn 14 Jahre Hausarrest verhängt wurden. Im Zuge gewaltiger Protestbewegungen, die das Land im Frühjahr 1980 erschütterten, wurde Kim Daejung am 17. Mai erneut verhaftet.

Die Bewegung eskalierte insbesondere in der Stadt Kwangju zu einem Volksaufstand, den das Militär mit einem blutigen Massaker liquidierte. Der Urheberschaft dieses Aufstandes bezichtigt wurde Kim zum Tode verurteilt. Mit beeinflusst durch zahlreiche Forderungen prominenter Persönlichkeiten aus dem Ausland verwandelte Präsident Chun Doo Hwan das Urteil in eine lebenslange Haftstrafe. Doch 1982 erhielt er die Genehmigung zur Ausreise in die USA, wo er als Held begrüßt wurde.

Drei Jahre später kehrte er nach Korea zurück, wo er 1987 erstmals wieder bei Präsidentschaftswahlen kandidieren konnte. Nicht nur sein dramatisches Wirken, sondern auch seine Ideen und Schriften hatten ihn inzwischen weit über die Grenzen Koreas hinaus bekanntgemacht. Von Staatsmännern vom Range eines Willy Brandt, Richard von Weizsäcker und Jimmy Carter erhielt er verdiente Anerkennung. Von ihm stammte auch der historisch bedeutsame Vorschlag, die fast an den Rand eines Krieges führende Nuklearkrise zwischen den USA und Nordkorea durch einen Besuch des amerikanischen Expräsidenten Jimmy Carter bei Nordkoreas Präsident Kim Il-sung zu entschärfen, was dann auch geschah und den Beginn weiterer Kontakte der USA mit Nordkorea nach sich zog.

Schließlich, nach vierzigjährigem Kampf um die Demokratie in Korea, nach sechs Jahren im Gefängnis, nach einem Mordanschlag, einer Entführung und einem Todesurteil, sowie nach zahlreichen Erfolgen und Niederlagen wählte ihn sein Volk im Dezember 1997 zum achten Staatspräsidenten der Republik Korea. Als Herausforderungen der Gegenwart lasten auf ihm die Aufgaben einer Bewältigung der auch Korea erfassenden ostasiatischen Wirtschaftskrise wie auch der Gestaltung der ungemein schwierigen Beziehungen zu Nordkorea im Zeichen seiner „Sonnenscheinpolitik“, die konstruktive Elemente betonen und unnötige Konfrontationen abbauen möchte.

Sein Buch ist ein unentbehrliches Stück koreanischer Zeitgeschichte aus der persönlichen Perspektive eines ihrer großen Gestalter, dem ich im Interesse einer Erweiterung des Verständnisses für koreanische Entwicklungen im deutschsprachigen Raum eine weite Verbreitung wünschen möchte.

München im Oktober 1999

Prof. Dr. Gottfried-Karl Kindermann

Anstelle eines Vorworts
Die Veröffentlichung „Mein Leben, mein Weg“ zur vierzigjährigen Geschichte meines politischen Lebens

Seit mehr als vierzig Jahren bin ich nun als Politiker tätig. Daher bin ich in politischer Hinsicht in einem Alter, in dem man eine gewisse Reife und Abgeklärtheit erreicht hat und sich nicht länger in die Irre führen lässt. Eine politische Reife von vierzig Jahren – diese Worte verwende ich gerne gegenüber meinen engen Bekannten. Und immer wieder bestätigt sich für mich die alte Weisheit, dass sich diese Reife und Abgeklärtheit nicht wie von selbst einstellen, nur weil die Zeit vergeht.

Um aber den Versuchungen nicht zu erliegen, benötigt man viel Weisheit und Mut. Es gelingt auch nur dann, wenn man sowohl die Schokoladenseiten als auch die bittersten Erfahrungen des Lebens kennengelernt hat. Nur derjenige, der auch größte Krisen und Schwierigkeiten gemeistert hat, kann der Welt und sich selbst gegenüber aufrichtig sein.

Wie Sie wissen, wurde ich im Jahre 1980 zum Tode verurteilt und erlebte Dinge, die ein Mensch kaum zu ertragen vermag. Selbstverständlich erlebte ich andererseits auch Dinge, die Anlass zu Freude und Hoffnung gaben. Diese Lebensumstände lehrten mich, Hass zu überwinden, stattdessen Verzeihung und Toleranz zu üben. Natürlich kann ich nicht leugnen, dass auch ich gegenteiligen Versuchungen unterlag. Doch ich kämpfte dagegen an und siegte. All diese Erfahrungen haben zu meiner Reife und Abgeklärtheit beigetragen. Warum also sollte ich diesen Ausdruck nicht verwenden?

Weder im Leben noch in der Politik möchte ich vierzig Jahre als jugendliches Alter bezeichnen. Vor dem Hintergrund dieser Gefühle ist auch der Ausdruck „ein vorbereiteter Präsident“ zu sehen. Ob ich allerdings so vorbereitet bin, dass ich als geeignete Person für das Präsidentenamt gelten kann oder nicht, müssen meine Leser beurteilen.

Ich möchte an dieser Stelle darauf hinweisen, dass dieses Buch nicht mehr als eine schlichte Darstellung meines Lebens bieten soll, welche der Öffentlichkeit in vergleichbarer Form bisher nicht vorliegt. Wie die Sehnsucht Liebesbriefe zu schreiben, habe ich schon lange den Wunsch, über meine Gedanken und meinen Lebensweg zu erzählen: über die Erfahrungen, wie ich mich als junger Mann unter Schweiß und Tränen im Geschäftsleben durchgekämpft habe; über meine politischen Erfahrungen in schwierigsten Zeiten. Aber auch über die ganz persönlichen Dinge, wie meine Familie oder mein Heimatdorf, berichte ich in aller Offenheit.

Während ich all dies niederschreibe, kommt mir der Gedanke, dass mein eigenes bescheidenes Leben vielleicht nur ein Spiegelbild der koreanischen Geschichte und Politik ist. Tatsächlich hat jede Beichte etwas Beschämendes. Es ist ein ähnliches Gefühl, als wenn sich ein Junge beim Baden im Meer plötzlich von einem Mädchen beobachtet spürt.

Ich wünsche mir, dass meine Leser all dies als schlichte Wahrheit akzeptieren ohne mir Vorwürfe zu machen.

In später Nacht die Sterne betrachtend.

Kim Dae-jung

1. Jede Liebe ist die erste Liebe

Würde eine Beichte über die erste Liebe wirklich so aussehen? Immer wenn ich mit anderen Menschen zusammentreffe, frage ich mich nach der Art meiner Gefühle und muss innerlich lächeln. Vom frühen Morgen bis zum späten Abend habe ich mit anderen Menschen zu tun, bis ich schließlich sehr müde nach Hause in Ilsan zurückkehre. Dann verschwindet schnell meine Müdigkeit, mich überkommt wieder ein Gefühl der Geborgenheit. Wieviel habe ich heute wieder gelernt! Am späten Abend lasse ich mich auf die Knie nieder, ordne meine Gedanken und fasse den zu Ende gehenden Tag zusammen.

Es weht bereits ein kalter Wind, doch die Lichterflut der hellen Fenster erscheint mir warm. Warum können die Menschen noch nicht schlafen? Gerne würde ich ihre Geschichten hören. Wenn ich sie jetzt am späten Abend treffen würde, könnten wir sicherlich in aller Offenheit

Mit den Enkeln beim Besuch des königlichen Palastes.

miteinander reden... Meine Neugier nach den Menschen ist unersättlich.

Ein Weiser hat einmal geschrieben: „Unter dreien ist bestimmt einer, von dem ich lernen kann.“ Menschen, die mit mir zusammen in die Zukunft gehen, mögen im einzelnen andere Anliegen haben als ich, mögen auch vollkommen anders sein, weil sie anders denken. Aber sicherlich lehren sie mich – und gerade wenn sie gänzlich anders denken, sind sie sogar meine Meister.

Die Menschen, die mich zum Tode verurteilten, haben mich vor allem gelehrt, was es heißt, jemandem wahrhaftig zu verzeihen. Nachdem Präsident Park am 26.10.1979 erschossen worden war, sagte ich einem Journalisten, der mich interviewte: „Wie gerne hätte ich zu seinen Lebzeiten noch mit ihm gesprochen. Es ist schade, dass es nicht mehr möglich ist.“ Durch sein Verhalten hatte Präsident Park mich gelehrt, wie wichtig der Dialog in einer demokratischen Gesellschaft ist.

Dies ist natürlich nicht alles. So viele andere Menschen lehrten mich, was Wohltat und Tugend sind. Von den Menschen lernte ich, erwarb ein Stück Weisheit und konnte zwischen ihnen vermitteln – so lebte ich.

Das zwischen Süd und Nord geteilte Volk zusammen bringen, durch die Vereinigung der oppositionellen Kräfte die regionalen Gegensätze überwinden, die Benachteiligung der Südwestprovinz mildern – auf diese Art und Weise versuchte ich, Brücken zwischen Ost und West zu schlagen und zwischen den Gruppierungen zu vermitteln, die aufgrund einer falschen Politik miteinander verfeindet sind. Nicht zuletzt versuchte ich, Brücken zu schlagen zwischen der Verkäuferin und dem Präsidenten.

Wenn ich über die Menschen rede, rezitiere ich gerne das Gedicht „Die Insel“ von Chong Hyon-Jong. Vor allem auch bei den Oberschülern ist dieses Gedicht inzwischen sehr bekannt, doch warum beeindruckt es so viele Menschen?

Im Meer der Menschen liegt eine Insel.
Ich möchte diese Insel erreichen.

Vielleicht ist dies ein Gedicht, das Politiker beherzigen und rezitieren sollten. Der schwierige Seeweg zu einer Insel impliziert all die Dinge, die die Menschen überstehen müssen. Wenn also jemand politisch tätig sein will, muss er den unbeugsamen Willen haben, alle Hindernisse zu überwinden. So verstehe ich das Gedicht „Die Insel“. Und noch mehr kann ich jetzt gestehen: Ich stellte mir vor, selbst diese Insel zu sein. Ich wollte dort einen sicheren Hafen bieten, wo die erschöpften Menschen ihre müden Körper und Seelen ausruhen könnten.

Die Menschen waren es, die meinen schwierigen Weg begleitet haben, von denen ich gelernt habe. Dann warteten sie, dass ich es bemerkte. Sie alle sind meine Freunde, Geliebten und Lehrer.

Heute muss ich gestehen, dass ich tief in ihrer Schuld stehe. So möchte ich vor diesen Freunden das „Päckchen“, das ich trage, auspacken. Dabei fühle ich mich wie eine Braut, die anlässlich der Hochzeit die mitgebrachten Esswaren Stück für Stück vor den Schwiegereltern ausbreitet... Wie soll mein Herz ruhig bleiben. Jede Begegnung mit Menschen ist für mich wie die erste Liebe.

Ich habe einmal gelesen, dass jede Liebe wie die erste Liebe sein soll. So ist es. Gäbe es nicht diese Aufregung und Erfüllung der ersten Liebe, wären die menschlichen Beziehungen uninteressant. Aber auch wenn die Beziehungen alt sind, kann man einen Menschen nicht einfach wie eine Sache ersetzen. Die Lösung liegt darin, die alte Beziehung so zu pflegen, als ob sie eine neue Liebe sei. Deshalb habe ich in meinem Leben immer versucht, mit dem Herzen eines jungen Mannes zu fühlen. Doch allein das Herz eines jungen Mannes muss nicht immer etwas Gutes bedeuten. Ein junges Herz und ein weises Urteil sind nötig. Käme zur Weisheit noch die Erfahrung, das wäre ideal.

So beginne ich also eine Reise in die Vergangenheit, in der ich meine Erfahrungen gesammelt habe. Doch schildert dieses Buch nicht nur mein Leben, es geht auch auf so viele Menschen ein, die mir begegnet sind. Daneben möchte ich in einer Rückschau auf die sozio-kulturelle Entwicklung die heutige Wirklichkeit reflektieren. Hierzu gehören selbstverständlich auch die Kindheitserinnerungen, die ich z.B. mit dem Anblick der japanischen Schiffe vor der Insel Hauido verbinde.

Auch wenn ich mich wiederhole: Es sind die Begegnungen mit so vielen Menschen, es sind die vielen Lehren, die mir geholfen haben, mein Leben zu meistern. Sollten die Leser bei der Lektüre eine gewisse Rührung verspüren, so ist dies alles meinen Lehrern zu verdanken, die mein Leben bis hierhin begleitet haben.

2. Wer fürchtet die neuen Tage?

Der Protokollbeamte des Militärgerichts überflog innerhalb von vier Minuten die Urteilsbegründung, dann erhob sich der Militärrichter langsam mit gefrorenen Gesichtszügen. Er wollte das Urteil verkünden.

Stehend erwartete ich meine Verurteilung, links und rechts von mir Militärpolizisten, die mich unter den Achseln gepackt festhielten. Auf den Zuschauerplätzen saßen 24 Familienangehörige der Angeklagten, doch jetzt zur Urteilsverkündung herrschte plötzlich absolute Stille. Ich konnte weder meine Frau noch andere Familienangehörige von mir sehen; alle standen unter Hausarrest. Es war am 17.9.1980 um 10.02 Uhr im großen

Als Angeklagter im Hochverratsprozess vor dem Militärgericht im Jahre 1980.

Saal des Militärgerichtshofs, der seinen Sitz am Nam-Berg in Seoul hat.

Ich sehe noch genau das Bild des Militärrichters, wie er sich über den Hals streicht, vor mir. Unauffällig schluckte ich meinen Speichel herunter, damit mir nichts anzumerken war. Ich heftete meinen Blick auf die Mundbewegungen des Richters. Mir war klar: Wenn seine Lippen sich bei der Verkündung des Strafmaßes nach vorne wölbten, so heißt dies „Lebenslänglich". Wenn seine Lippen sich jedoch nach hinten zusammen zögen, so heißt dies „Hinrichtung" – das Todesurteil.

Es war seltsam. Ich war nicht taub. Und wenn der Richter das Strafmaß ausspricht, höre ich es auf jeden Fall. Trotzdem wollte ich in diesem Augenblick mein Urteil noch zusätzlich von seinen Lippen ablesen. Die folgenden Sekunden glichen dem Augenblick, bevor der Pfeil vom gespannten Bogen schnellt.

„Kim Dae-jung. Hinrichtung."
Noch bevor ich von den Lippen des Richters „Lebenslänglich" oder „Hinrichtung" ablesen konnte, löste sich die Spannung im Gerichtssaal in hier und da ertönenden Aufschreien. Die Zuschauer, die mir am nächsten saßen, stöhnten leise auf, seufzten und redeten durcheinander. Der Richter starrte in diese Richtung und befahl zu schweigen. Sein Blick war scharf wie ein Messer.

Schon seit langem war mir bewusst, was das Todesurteil für einen Menschen bedeutet, unzählige Male hatte ich darüber nachgedacht. Auch war es nur zu offensichtlich, dass die Militärregierung mich aus dem Weg räumen wollte.

Herausragende Persönlichkeiten wie Kim Koo, Song Chin-U oder Chang Chun-Ha waren von bösartigen Machthabern und deren Schergen getötet worden – heute standen sie in hohen Ehren. Die letzten Tage dieser

Menschen zogen wie ein Film vor meinem inneren Auge vorbei. Sollte mein Name womöglich vergleichbar den ihren in die politische Geschichte Koreas eingehen? Für einen Augenblick stürzte mich dies in Verzweiflung, in tiefe Hoffnungslosigkeit.

Ohne Unterbrechung verlas der Richter die Urteile für die anderen Angeklagten, an ihrer Spitze Moon Ik-Hwan. Die Urteile bestätigten durchweg die Anträge der Staatsanwaltschaft, die zwischen zwei und zehn Jahren Haft lagen. Die ganze Gerichtsverhandlung verlief im Grunde genommen genau nach Plan. Der beste Beweis hierfür waren die Urteile, die exakt den Forderungen der Ankläger entsprachen.

In meinen Gedanken versuchte ich alle diese Mitangeklagten von ganzem Herzen zu trösten. Schweigend vernahm man ein ums andere Mal wie bei mir die Begründung „Landesverrat". Im Vergleich zu meinem Todesurteil waren ihre Strafen niedrig, trotzdem waren es natürlich Unrechtsurteile.

Ich erinnerte mich an meine letzte Rede, die ich drei Monate zuvor – fast zwei Stunden lang – als Antwort auf die Forderung der Staatsanwaltschaft nach meinem Tod vor Gericht gehalten hatte:

„Sicherlich werde ich zum Tode verurteilt und hingerichtet. Mir war von Anfang an klar, dass ich getötet werden soll. Bei dieser Gelegenheit möchte ich mein Vermächtnis hinterlassen, auch für die anderen Angeklagten. Noch in den 80er Jahren wird es in Korea auf jeden Fall eine demokratische Regierung geben. Daran glaube ich zutiefst. Wenn es soweit ist, wünsche ich mir, dass niemand in diesem Land aus politischen Gründen Rache übt. Dies gilt sowohl für mich, der ich politisch geopfert werde, als auch für alle anderen Gefangenen. Dies ist mein letzter Wunsch und mein Vermächtnis, das ich vor Gott hinterlasse."

Diese meine letzte Rede wurde von ausländischen Journalisten an die internationalen Medien weitergeleitet und dann wiederum heimlich ins Inland vermittelt. Hier wurden meine Worte von gewissenhaften Studenten und Intellektuellen kopiert und weiter verbreitet. Meine Mitangeklagten, die meine Rede mit eigenen Ohren gehört hatten, waren meine Zeugen und können dieses Vermächtnis bestätigen.

„Wenn es denn so geschehen soll, wird mein Tod nicht umsonst sein." Damit tröstete ich mich, obwohl meine Seele von Angst erfüllt war. Im Christentum gilt das Martyrium als heiliger Akt: Das Lamm wird geopfert und rettet die armen Seelen. Jesus Christus wurde ans Kreuz geschlagen und erlöste die Menschen. Ich wurde zum Tode verurteilt. Wenn dies jedoch das Ende der politischen Rache in unserem Land bedeuten würde, wäre mein Tod nicht völlig umsonst und sinnlos. Aus diesem Glauben heraus konnte ich in der damaligen Situation zu Gott beten:

„Mein Herr, mein Gott!

Dein Wille geschehe nun hier auf Erden. Mit zunehmendem Alter habe ich für so viele Dinge gebetet und Dich angefleht: Für den Aufbau eines reichen Landes, für den Beginn eines Achtung verdienenden demokratischen Systems, für die Wiedervereinigung Koreas, damit es zwischen Nord und Süd keine Mauern mehr geben möge...

Ich habe nicht dafür gebetet, dass ich diese Ziele in Vollkommenheit verwirkliche; ich habe nur gebetet, dass Du mir Kraft gibst, um für sie zu arbeiten. Das weißt Du am besten. Nun werde ich Deinem Willen gehorchen und mich im Gebet Deinem Traum und Deinem Wunder hingeben. Bitte habe Mitleid mit meinem Land und meinem Volk, das noch keines der hohen Ziele erreicht hat.

Dieses Gebet ist anders als alle vorherigen. Diesmal flehe ich Dich um die Vollendung Deines Werks an. Mache bitte der politischen Rache, die wie ein böser Schatten über diesem Land liegt, ein Ende. Wenn ich bald vor Dir stehe, dann erlaube mir bitte, das Wunder Deiner Werke mit anzusehen."

Die Sitzung des Militärgerichts hatte pünktlich um 10.02 Uhr begonnen und wurde um 10.08 Uhr beendet. Alles hatte sich in nur sechs Minuten abgespielt. Als der Richter die Verhandlung schließen wollte, erklang aus dem Zuschauerraum Gesang und schallte laut durch den ganzen Saal. Es war das „Lied des Volkes", das im Chor angestimmt wurde nachdem mein Urteil verkündet war. Die Polizisten, die den Saal überwachten, wollten gegen den Gesang einschreiten, und es kam zu Auseinandersetzungen mit den Singenden. Mein Herz war sehr gerührt. Der Gesang schien mir, als ob die Schutzengel der Demokratie den Tagesanbruch verkünden würden.

Schlagartig verbreitete sich die Nachricht von meinem Todesurteil auf der ganzen Welt. Der damalige bundesdeutsche Außenminister Genscher kündigte einen offiziellen Protest der gesamten Europäischen Gemeinschaft bei der koreanischen Regierung an und betonte, dass mein Todesurteil das Ende der Demokratie in Korea bedeute. Nicht nur im Westen Europas wurde protestiert, Kritik wurde ausnahmslos auch im Rundfunk der DDR, in Moskau und Peking geübt.

Außenminister Edmund Muskie in Washington erklärte öffentlich: „Die USA machen sich ernsthafte Sorgen über das Todesurteil für Kim Dae-jung." Die damalige US-Regierung glaubte nicht, dass es in meinem Prozess um die Wahrheit gegangen sei und ließ verlauten, dass dieses Urteil in ihren Augen einem „Gewaltakt" gleichkomme. Die japanische Regierung erinnerte in einer Erklärung an den August 1973 und betonte, dass die damaligen diplomatischen Spannungen nach meiner Entführung von japanischem Boden durch Agenten des Präsidenten Park nicht vergessen seien. Sie zeigte sich besorgt über die weitere Entwicklung der Angelegenheit. Der japanische Ministerpräsident Suzuki unterstrich seine Besorgnis mit dem Hinweis, dass Japan seine Unterstützung für Korea kürzen werde.

Als ich vom Militärgericht verurteilt wurde, waren zwei Mitarbeiter der US-Botschaft als Prozessbeobachter anwesend, die ich bereits kannte. Bei der Urteilsverkündung bekreuzigte sich der eine und lächelte mir zu. Er wollte zum Ausdruck bringen, dass Gott mit mir sei und ich mir keine Sorgen machen solle.

Trotz des Todesurteils war ich noch halbwegs gefasst. Das lag zum Teil vielleicht daran, dass ich sehr viele Freunde im Ausland hatte. Dies war natürlich keineswegs ausreichend. Erst vor wenigen Monaten im Mai hatte die Militärregierung ihr eigenes Volk in der Stadt Kwangju niederschießen lassen, und bis jetzt hatte sie nicht aufgehört, unschuldige Menschen zu töten.

Wenn ich zurückblickte, hatte ich seit Beginn unseres Bruderkriegs am 25.6.1950 bereits fünfmal dem Tod ins Auge geschaut und jedesmal überlebt. Wie das einem schwachen menschlichen Wesen möglich ist, wusste ich nicht. Aber vielleicht war ich deswegen inzwischen so vertraut mit dem Tod? Nachdem mir das Todesurteil bekannt war, ich aber nicht wusste, ob ich womöglich schon bald hingerichtet würde, ohne dass jemand vorab davon erfuhr, schlief ich nach meinem Abendgebet ganz friedlich ein. Eines Tages näherte sich mir ein Aufseher und sprach mich ganz leise an: „Es ist nicht zu glauben! Wie können Sie denn Schlaf finden?"

Tatsächlich war mir mein guter Schlaf selbst ein wenig peinlich. Aber der junge Beamte machte mir mein biologisches Bedürfnis nicht zum Vorwurf, vielmehr war es ein Versuch, sein Bedauern für mich zum Ausdruck zu bringen. Also lächelte ich und erwiderte: „Hören Sie, wenn ich nicht schliefe, würde mich dann irgendjemand retten?“ So war es. Aber mein Herz war ständig voller Angst und Unruhe. Es war grauenvoll, immerzu an den Tod zu denken.

Andererseits führte das Militärregime mich damals ununterbrochen in Versuchung, mit ihm zusammenzuarbeiten. Am Tage war ich dann oftmals hin und her gerissen, meine Seele war in völligem Aufruhr. Aber ich konnte jetzt nicht einfach aufgeben. Natürlich hatte ich Angst vor dem Tod, aber noch mehr Angst hatte ich vor dem Urteil Gottes, des Volkes und der Geschichte. Ich glaubte fest daran, dass nicht ich selbst, sondern das Volk und die Geschichte darüber urteilen würden, was mein Tod bedeutet.

Mein Leben war sicherlich anders als das meiner Unterdrücker. Auch wenn ich sterbe, werden mich Volk und Geschichte richtig beurteilen. Mit meinem Tod besiege ich die, die mich töten. Sie können mich töten, aber sie können nicht meine Auferstehung im Herzen des Volkes und in der Geschichte verhindern. Für denjenigen, der mit dem Volk ist, gibt es keine Niederlage. Zeigt die Geschichte nicht immer wieder, dass die unterdrückten Menschen letztendlich doch gewinnen? Noch etwas anderes kommt hinzu. Mein Tod soll, wie ich zu Gott dem Herrn gebetet habe, ein Opfer sein, damit die politische Rache in diesem Land ein Ende nimmt.

Mein Blut wird noch roter leuchten als die Blumen in meinem Land, einem Garten in dem die Demokratie wachsen und gedeihen soll...

Manche Leute befürchten, dass ein Sturm der politischen Rache durch das Land fegen wird, wenn ich an die Regierung komme. Doch ich möchte von ihnen wissen, ob ich tatsächlich so rachsüchtig sein könnte und wer die

Opfer meiner politischen Rache sein sollten. Meine Unterdrücker sind entweder auf grausame Weise ermordet oder schon ins Gefängnis gesteckt worden. So habe ich keinen Feind mehr, an dem ich weitere politische Rache nehmen könnte. Abgesehen davon habe ich Blumen am Grab von Park Chung Hee niedergelegt und war der erste, der gefordert hat, dass Chun Doo Hwan seine Buße im Paektaemsa-Tempel beenden und in den Alltag zurückkehren möge. Auch jetzt, wo Chun Doo Hwan und Roh Tae Woo im Gefängnis einsitzen, bin ich der erste, der für ihre Begnadigung eintritt. Man soll die Sünden hassen aber nicht die Menschen, das ist meine politische und religiöse Überzeugung und seit langem meine Lebensphilosophie.

Wenn es zu meiner Kinderzeit in meiner Familie ein Fest gab, betonte meine Mutter immer wieder: Kein einziger Mensch im Dorf solle beim Fest übergangen werden, weder das kleinste Kind noch die älteste Greisin noch der einsame Wanderer. Wenn auch nur ein Mensch vergessen würde, so wäre dies als ob bei der Mahlzeit ein Gewürz fehle. Das Essen würde nicht schmecken, und die Festtagsstimmung wäre gestört. Daran glaube ich noch heute. Mir schmeckt es am besten, wenn alle Familienangehörigen zu Hause beisammen sitzen.

Wie sollte ich also dieses große Fest des Machtwechsels – ein Fest des Volkes zur Versöhnung – verderben. Ich war sogar bereit gewesen, mein Leben zu opfern, damit der politischen Rache in diesem Land ein Ende gesetzt wird. Wie könnte ich nun das Fest der Versöhnung hintertreiben? Das ist unmöglich. Schließlich wirkt die strenge Erziehung meiner Mutter mit dem Stock bis heute nach.

3. Die Insel Hauido: Geschichte meiner Kindheit

„Dae-jung, schläft der Mann jetzt oder nicht?"

„Ich weiß nicht?"

„Der hat bestimmt so viel getrunken, dass er wie eine auf dem Rücken liegende Schildkröte nicht aufstehen kann und nur noch schläft."

„Warum fragst du danach?"

„Leise. Vielleicht können wir ihn ja beklauen."

„...?"

Ich glaube, dass ich sechs oder sieben Jahre alt war. Ich spielte mit den anderen Kindern auf den Feldern. Dabei waren wir auf den wandernden Süßwarenhändler gestoßen, der am Straßenrand schlief. Wir Kleinen, die in dem einsamen Fischerdörfchen lebten, vertrödelten den Nachmittag wie die Taschenkrebse und hatten plötzlich diesen Schlafenden gefunden. Die wandernden Händler verkauften damals nicht nur leckere Süßigkeiten sondern alles Mögliche: angefangen von Kosmetik über Kämme bis hin zu Tabakwaren. Uns Kindern schien sein Handwagen wie ein kleines Museum. Voller Neugier standen wir da, dieser Mann war vollkommen betrunken und schlief seinen Rausch aus...

Meine Freunde und ich, wir kleinen unbedarften Diebe, stahlen also einige seiner Waren. Einer von uns holte ein paar Sachen aus dem Wagen heraus und verteilte sie ganz gerecht unter uns allen. Auch mir steckte er etwas zu, es war eine Tabakspfeife. Sie war mir persönlich natürlich nicht nützlich. Aber da fiel mir mein Vater ein, und ich dachte, dass die Pfeife ihm gefallen würde. Seine eigene war schon sehr alt, und ich erinnerte mich, dass sie gar nicht mehr gut aussah.

„Du! Woher hast du das?“ fragte streng meine Mutter, als ich ganz stolz die Pfeife präsentierte. Da erst spürte ich als kleines Kind, dass ich wohl irgendetwas falsch gemacht hatte.

„Woher hast du das?“

„Der wandernde Händler hat ein Mittagsschläfchen gemacht...“

Die heftige Reaktion meiner Mutter überraschte mich. Sie zwang mich, alles genau zu erzählen. Ich musste meinen Irrtum einsehen, hatte ich doch bis zum Vorzeigen der Pfeife geglaubt, nichts Böses getan zu haben.

„Jetzt fängst du schon an zu stehlen? Geh sofort rüber zum Reisig und hol selbst den Stock!“

Gehorsam folgte ich ihrem Befehl und erhielt anschließend Schläge auf die Waden, dass sie blutverschmiert waren.

„Du bist doch noch so klein, dass du hinter den Ohren noch gar nicht richtig trocken bist!“

In der Tat benutzte sie klar und deutlich diese Ausdrucksweise. Noch nie hatte sie sich bisher mir gegenüber so streng gezeigt, aber das sollte noch längst nicht alles gewesen sein. Ob meine Waden schmerzten oder nicht, ob ich über die Wunden strich oder nicht, ob ich weinte oder nicht, war meiner Mutter, die mich mit festem Griff am Nacken hielt, egal. So gepackt wurde ich von ihr zu dem Händler am Straßenrand gezerrt. Dieser schlief noch immer tief und schnarchte laut. Meine Mutter weckte ihn.

„Ich weiß ja nicht, wie reich Sie sind. Aber Sie können doch Ihre Sachen nicht einfach so unbeaufsichtigt lassen und fest schlafen?“

„...“

„Außerdem führen Sie die Dorfkinder in Versuchung, sich falsch zu verhalten und Ihre Sachen zu stehlen.“

Sie argumentierte exakt und folgerichtig. Der Blick des

Händlers machte mir unheimlich Angst, und ich schämte mich. Noch größere Angst hatte ich jedoch vor meiner Mutter, ihretwegen konnte ich nicht einfach weglaufen. Regungslos stehend musste ich bis zum Schluss zuhören – bis ich meinen Fehler einsah. Das war meine Mutter namens Chang Su-kum.

Das Haus meiner Geburt und Kindheit.

Hauido!

Das ist eine einsame Insel, die noch dazu arm ist. Südwestlich der Hafenstadt Mokpo erstreckt sich die Dadohae-Inselkette, zu der Hauido gehört. Von hier fährt zwei- bis dreimal am Tag ein Schiff zur Hauptinsel Dadohae, das etwa zwei Stunden für die Strecke durch die Inselkette benötigt. Hauido liegt in Luftlinie rund 34 km von Mokpo entfernt, ihre Länge beträgt rund sechs Kilometer, und ihre Fläche 34 Quadratkilometer. Damit ist sie immerhin eine der größeren Inseln der Dadohae-Gruppe und gehört zur Gemeinde Haui, Kreis Sinan in der Provinz Süd-Cholla. Mein Geburtsort heißt Hugwangri Wonhukwang.

Hier wurde ich als zweiter Sohn von vier Kindern geboren. Ein Geograph hat Hauido in der Zeitung einmal so beschrieben, dass das Aussehen der Insel dem einer Schnecke ähnelt, die kriechend ihre Fühler nach dem Wasser ausstreckt. Leider ist mein Geburtshaus inzwischen den Feldern gewichen, kaum dass noch einige Steine von ihm zu sehen sind. Es stand dort, wo der Geograph die Mitte des linken Schneckenfühlers beschrieben hat.

Ich halte nicht sehr viel von diesem Vergleich. Aber immerhin ist es im Hinblick auf meinen Lebensweg doch interessant, dass ich ausgerechnet auf dem Fühler der Schnecke und nicht woanders geboren wurde.

Da ich meine Kindheit und Jugend auf einer Insel verbracht habe, von der man in alle Himmelsrichtungen auf das Meer blickt, liebe ich das Meer noch heute. Mein sehnlicher Wunsch wäre, ein Haus im traditionellen koreanischen Stil mit Blick auf das unendliche Meer zu bauen. Auch wenn ich insgesamt nicht sonderlich materialistisch eingestellt bin, hänge ich noch immer diesem bescheidenen Traum nach.

Als Kind wählte ich statt des kleinen Dorfwegs gerne den Weg über den Hügel, wo ich mich hinsetzen und auf das Meer schauen konnte. Wenn ich so die Inseln betrachtete, die verstreut im Wasser lagen, wurde mir ganz romantisch und träumerisch zumute. Vielleicht hängt es auch mit dieser Liebe zum Meer zusammen, dass ich später in der Schifffahrt tätig wurde.

Eines Tages beobachtete ich vom Hang des Hügels aus mehrere japanische Schiffe. Die koreanischen Schiffe, die ich bis dahin kannte, brachten es höchstens auf etwa zehn Tonnen, so dass mich die großen japanischen Kriegsschiffe ungemein beeindruckten.

„Oh, Japan ist ein großes Land!“ flüsterte ich bewundernd vor mich hin.

Vielleicht hing diese Bewunderung mit den Erzählungen der Erwachsenen über den russisch-japanischen Krieg, zwanzig Jahre vor meiner Geburt, zusammen, als der japanische Admiral Togo mit seiner Flotte auf dem Meer vor der Insel Okdo, in unmittelbarer Nachbarschaft von Hauido, aufgetaucht war. Doch dann wurde ich etwas traurig: „Warum hat denn nicht auch mein Land solche Schiffe?“ Meine Traurigkeit mischte sich mit Neid. Wenn ich auf meine Kindheit zurückblicke, hat mir das Meer schon früh solche Gedanken vermittelt.

Mein Vater namens Kim Un-shik hatte ein gutes Herz und eine ausgesprochen künstlerische Ader. Er tanzte gut und trug – wenn er Gelegenheit dazu hatte – gerne das traditionelle Volkslied „Namdo Yukjabaegi“ oder Im Pang-Uls epischen Gesang „Ssukdaemori“ vor. Häufig bestellten ihn die Leute, um seine Lieder zu hören. Noch heute erinnere ich mich ganz deutlich, wie mein Vater auf dem Weg zum Hafen sang: „Der böse Geist in Gestalt von Ssukdaemori sitzt allein in dem einsamen Zimmer, und ich denke nur an meinen Geliebten, vielleicht den Geliebten, der in der Hauptstadt Hanyang ist...“

Wenn mein Vater nicht auf der Insel, sondern in der Stadt gelebt hätte, hätte er den traditionellen Pansori-Gesang noch intensiver studieren können. Sicherlich wäre er ein guter Pansori-Sänger geworden. Hier liegen also die Wurzeln meiner Zuneigung zu Künstlern, Komikern, traditionellen Musikern, Tänzern und Schauspielern. Aus diesem Grund mag ich auch den Film „Sopyonjae“ zum Thema Pansori mit den Hauptdarstellern Kim Myung-Gon und Oh Jong-Hae besonders gerne.

Zwar hat dieser Film von Lee Chong-Jun nicht direkt mit meinen persönlichen Erlebnissen zu tun, doch zeigt er Dinge, die wir inzwischen aus den Augen verloren oder sogar bewusst vernachlässigt haben. Ich meine unsere eigene Kultur und ihre Schönheit, die in dem Film deutlich zum Ausdruck kommen, ebenso wie die Lebenswege der Protagonisten, die dem Zuschauer von den Schauspielern eindrucksvoll vermittelt werden. Der Film weckt Mitgefühl für die koreanische Geschichte oder auch Stolz auf die Schönheit unserer Landschaft, selbst wenn die Hütten heruntergekommen sind. Dieser Blick durch die Kamera könnte durchaus Vorteilhaftes bewirken.

Aber wie dem auch sei – wenn ich einmal die Gelegenheit habe, möchte ich am Grab meines Vaters folgendes für ihn veranstalten: Ich möchte eine gute Pansori-Sängerin und gute Tänzer bestellen, „Ssukdaemori“ oder „Yukjabaegi“ und dazu noch den „Hanryang“- (Lebemann-) oder „Sonbi“- (Gelehrten-) Tanz aufführen lassen. In meiner Phantasie sehe ich schon, wie mir mein Vater zufrieden zulächelt.

Mein Vater, gutherzig und künstlerisch begabt, liebte es, sich zu vergnügen. Auch zeigte er – wie es bei solchen Charakteren oft der Fall ist – ausgesprochen liebevolle Seiten. Einmal saß ich auf dem Holzboden unseres Flurs und bastelte ein Spielzeugschiff. Mein Vater wollte wohl gerade aus dem Haus gehen, denn er zog seine Schuhe an, während er zu mir herunterblickte.

„Was macht Dae-jung denn da?“

„Ich baue ein Schiff.“

„Was für ein Schiff?“

„Ein Kriegsschiff.“

War mein Vater kurz zuvor noch irgendwie in Eile gewesen und wollte das Haus verlassen, so hatte er nun plötzlich Zeit und setzte sich zu mir. Er beobachtete, wie ich mich mit dem Holz abmühte und stopfte seine Pfeife.

„Warte mal einen Moment. Das soll also ein Kriegsschiff werden...“

Fast einen halben Tag lang sägte er dann an dem Holzstück herum, feilte es glatt und polierte es fein. Es war doch eigentlich nur ein unbedeutendes Spielzeug, das kaum so viel Arbeit von ihm wert war. Aber ich kann mich noch heute daran erinnern, wie ihm der Schweiß auf der Stirn stand.

„Jetzt haben wir es."

Der Vater begutachtete, wie das Schiff auf dem Wasser schwamm und sein Gleichgewicht hielt. Dann erhob er sich, wischte sich den Staub von den Händen und machte sich in aller Eile auf den Weg, als ob ihm seine Verabredung erst jetzt wieder eingefallen sei.

Die Väter der heutigen Generation werden sich vielleicht fragen, warum dies so eine wichtige Geschichte ist, dass ein Vater einen halben Tag opfert, um für sein geliebtes Kind ein Spielzeug zu basteln. Sie mögen aber bedenken, dass sich diese Begebenheit um 1930 zutrug, als der Familienvater streng patriarchalisch die höchste Autorität darstellte und außerdem im Allgemeinen kaum Zeit für die Kinder hatte. Schließlich musste er tagtäglich für die Existenz der Familie kämpfen. Es war damals eine dunkle Zeit.

Mutter war selbständig und arbeitete hart. Ich glaube heute, dass es der Familie ohne ihren Einsatz finanziell nicht gut gegangen wäre. Sie arbeitete so fleißig, dass die Familienverhältnisse sich einigermaßen günstig entwikkelten. Als ich in die Grundschule kam, waren wir sogar die reichste Familie im Dorf. Von meinem Vater erlebte ich wie gesagt sowohl seine liebevollen Seiten wie sein künstlerisches Talent.

Auch war mein Vater zu jener Zeit der Sprecher unseres Dorfes und sehr an Politik interessiert. Schon bevor ich überhaupt etwas über die Welt wusste, hatte er eine führende Rolle bei den Protesten der Pächter in Hauido gespielt. Dies wurde später vom japanischen Fernsehen

NHK recherchiert, als man eine Dokumentation über mich produzierte. Sie fanden hierüber viel mehr heraus als ich bislang wusste, wofür ich mich sehr bedankte. Es lag am Wesen meines Vaters, dass sich in seinem Umfeld noch mehr Leute fanden, die sich für Politik interessierten.

In diesem Zusammenhang habe ich noch eine andere Erinnerung an meinen Vater. Über den japanischen Kaiser sprach er stets voller Wut. Er nannte ihn nur „Yuin" wie einen einfachen Bekannten und betonte, dass dies der eigentliche Name von Kaiser Hirohito sei. Da dieser als „lebende Gottheit" verehrt wurde und alle ihm den entsprechenden Respekt erweisen mussten, lässt sich an dieser Reaktion meines Vaters ermessen, wie groß sein Nationalbewusstsein als Koreaner und auch seine Ablehnung gegenüber Japan waren.

Die Genealogie der koreanischen Chosun-Dynastie war von der japanischen Verwaltung auf die Liste der verbotenen Bücher gesetzt worden. Es war mein Vater, der sie mir zum ersten Mal zeigte. Die koreanischen Schüler von heute lernen die Namen der königlichen Hoheiten aus der Chosun-Dynastie auswendig, indem sie sich den jeweils ersten Buchstaben einprägen: „Tae – Chung – Tae – Se – Mun – Dan – Se – Ye – Sung – Yon – Jung – In – Myong – Sun – ..." Doch damals war es undenkbar, dies in der Schule zu lernen. Mein Vater aber hatte die Genealogie heimlich zu Hause versteckt und erklärte mir alle Einzelheiten, wenn er mit mir allein war.

Auch wurde mein Vater wegen seiner Rolle als Dorfsprecher kostenlos mit Zeitungen beliefert. Als ich das erste Mal eine Zeitung zu Gesicht bekam, muss ich wohl acht oder neun Jahre alt gewesen sein. Wahrscheinlich war es Vaters Einfluss, dass ich mich von Anfang an besonders für die erste Seite einer Zeitung interessiert habe – die sich mit der Politik befasste.

Sowohl von der Mutter wie vom Vater wurde ich sehr geliebt. Dabei lehrte mich die Mutter vor allem Selbständigkeit und die Fähigkeit, zwischen Gut und Böse zu unterscheiden. Vom Vater lernte ich politisches Verständnis und Nationalbewusstsein, wie es z.B. im Widerstand der kleinen Pachtbauern zum Ausdruck kam. Er wollte mir die richtige Denkweise nahebringen und mich vorsichtig an die Politik heranführen.

So entwickelten sich mein politisches Leben und mein politischer Traum. Sicherlich hat mir dies in meinem bisherigen Leben nicht nur Freude und Glück gebracht. Aber es bedeutet mein ganzes Leben, auch wenn ich so häufig Schwierigkeiten und Scheitern erlebte. Schon in meiner Kindheit entschied sich anscheinend mein Schicksal, Politiker zu werden. Aber noch war damals alles so undurchsichtig wie der Nebel, der sich manchmal undurchdringlich über die Insel Hauido legt.

4. Fleißiges Lernen

Es war ein sonniger Frühlingstag. Doch vom Meer wehte ein kalter Wind, der wie Messer in die Haut schnitt. Deshalb vermied man es sogar als Kind, draußen zu spielen.

„Dae-jung, mein Kind. Du musst heute mit mir mitkommen."

„Wohin?"

„Du musst jetzt in die Schule gehen."

So sprach mein Vater. Also besuchte ich von nun an die traditionelle Schule, die ich bisher nur hin und wieder als Spielplatz benutzt hatte. Dabei war mir aufgefallen, dass der Lehrer einen strengen Tadel aussprach, wenn einer der Schüler mal ein wenig laut war. Die Schule stand hoch oben auf einem Hügel, und man konnte sie nur auf einem schmalen Weg erreichen. Es war ein Haus aus dunkelgrauen Ziegeln. Der Gründer der Schule war ein Gelehrter der chinesischen Wissenschaften namens Cho Am gewesen. Deshalb nannten die Dorfbewohner die Schule noch immer Cho Am, obwohl es doch ein Haus aus Ziegelsteinen war.

Mein Vater verbeugte sich tief vor dem Lehrer, überreichte ihm das Schulgeld und verhielt sich so höflich, wie es die damaligen Bräuche verlangten. Dann befahl mir der Lehrer näherzutreten. Ich kniete vor ihm nieder.

„Ab heute bist du also mein Schüler und kein kleines Kind mehr. Darüber musst du dir im Klaren sein. Außerdem musst du von nun an fleißig lernen und der Schule Ehre machen. Du musst dich fleißig in den Wissenschaften üben, um dem Volk Gutes tun zu können. Hast du mich verstanden?"

„Ja."

„Nun gut. Für heute kannst du nach Hause gehen, und morgen bringst du die ‚Tausend Schriften' mit."

Ich verbeugte mich tief vor dem Lehrer und verließ das Schulgebäude. Auch mein Vater verbeugte sich abermals und brachte seinen Dank zum Ausdruck. So wurde ich Schüler der Cho Am-Schule. Es war Frühling in dem Jahr, in dem ich sieben Jahre alt wurde.

Da es damals auf der Insel Hauido noch keine Regelschule mit modernem Unterricht gab, musste ich in diesem Alter diese Schule besuchen. So lernte ich vor westlichem Gedankengut bereits aus den klassischen „Tausend Schriften", dem „Lehrbuch für Kinder zum frühen Üben" und der „Kleinen Wissenschaft". Sicherlich war dies keine professionelle Ausbildung in den chinesischen Wissenschaften. Es blieb bei den Anfängen des Schreibens und Lesens der chinesischen Schriftzeichen.

Aber diese einfache Erziehungsmethode war der erste Grundstein, um die Welt verstehen zu lernen. Außerdem war dies für mich der erste Schritt, die Menschen, die Familie, die Gesellschaft und die Nation bewusst wahrzunehmen.

Hin und wieder musste ich in der Schule Prüfungen ablegen. Der Lehrer von Cho Am erklärte uns das traditionelle Prüfungsverfahren, das früher für die Auswahl der Beamten Anwendung gefunden hatte, und genoss es, uns nach diesem Verfahren zu prüfen. Noch im Herbst desselben Jahres wurde ich als Bester ausgezeichnet und erhielt eine Urkunde, die mir die Auszeichnung „Chang Won" bestätigte. Als meine Mutter die Urkunde sah, freute sie sich sehr und schloss mich in ihre Arme. Noch heute kann ich mich gut daran erinnern.

Wenn ein Schüler die Auszeichnung „Chang Won" erhielt, so war es üblich, dass die Eltern dem Lehrer gegenüber ihren besonderen Dank zum Ausdruck brachten. Also bereitete meine Mutter einen Berg von Reis- und Pfannkuchen vor und packte auch einiges Spielzeug ein. So wurden nicht nur der Lehrer sondern auch meine

Mitschüler bedacht. Die meisten der Dorfkinder besuchten diese Schule, so dass sich meine Mutter über diesen Anlass besonders freute.

„Du sollst fleißig lernen."

Auf dem Rückweg von der Schule umfasste sie fest meine Hand.

„Was auch immer auf uns zukommen mag, werde ich mich immer bemühen, für deine höhere Bildung zu sorgen. Also sollst du fleißig lernen."

Immer wieder betonte sie, wie wichtig fleißiges Lernen sei. Als wir den Hügel herabstiegen, blickte ich auf das azurblaue Meer, das sich unten in die Ferne erstreckte. Das Versprechen, fleißig zu sein, gab ich eher dem Meer denn meiner Mutter, deren Hand ich fest umschloss. Dort in meiner Hand spürte ich die warme Hand meiner Mutter.

Als ich ein Jahr diese traditionelle Schule besucht hatte und es wieder Frühling wurde, wurde in Hauido eine neue staatliche Grundschule eröffnet. Sie bot allerdings im Gegensatz zu Grundschulen in den Städten nur einen vierjährigen Unterricht. Mein Jahr in der traditionellen Schule wurde angerechnet, so dass ich gleich in die zweite Klasse kam.

Das Leben in der neuen Schule verlief zunächst normal und ohne Probleme. Ich habe noch viele Erinnerungen an die damalige Zeit, obwohl ich nur ein junger Schüler auf dieser kleinen Insel war. Da meine Mutter häufig die Notwendigkeit des Lernens betonte, war ich im Vergleich zu den anderen Kindern sehr fleißig und bekam gute Noten. Bald wurde ich Klassensprecher.

Was meine Bildung betrifft, unterstützte meine Mutter mich immer liebevoll und von ganzem Herzen. Eines Tages besuchte uns ein Verwandter und schlug vor, mich mit nach Japan zu nehmen, damit ich dort bessere Schulen besuchen könne. Er meinte, dass ich großes Talent habe. Also bettelte ich bei meiner Mutter, um in Japan weiterlernen zu dürfen.

„Du bist noch zu klein."

Zwar fand sie den Vorschlag grundsätzlich sehr gut, aber ihrer Meinung nach war ich dafür noch zu jung. Deshalb wollte sie mich nicht nach Japan gehen lassen. Schmollend steckte ich meinen Kopf unter die Decke und weigerte mich zu essen.

„Junge, das ist nicht richtig von dir. Du bist doch noch so klein. Wie soll ich mich denn dabei wohl fühlen, wenn ich dich ganz allein anderen Menschen überlasse?"

„Ich kann doch fleißig lernen."

„Ich verstehe dich ja. Und ich will dir auch eins ganz fest versprechen: Wenn du es möchtest, werde ich unseren gesamten Besitz hier verkaufen und mit dir nach Mokpo gehen, damit du dort bis zur Universität kommst. Also rede bitte nicht mehr davon, dass du nach Japan willst."

Die Worte meiner Mutter beruhigten mich etwas. Ich spürte, dass sie nicht nur einfach daher gesagt waren, um mich zu trösten. Und tatsächlich hielt sie ihr Versprechen ein. Die Grundschule von Hauido sah nur vier Jahre vor, und meine Mutter wusste sehr genau, dass man damit in keine höhere Schule aufgenommen wurde. Sie hatte daher den Entschluss gefasst, meiner Bildung wegen nach Mokpo zu gehen. Sie überredete meinen Vater zum Verkauf unseres Hauses und unserer Grundstücke. In Hauido waren wir damals die reichste Familie, doch das war meiner Mutter nicht wichtig. Also zogen wir im September des Jahres, in dem ich das vierte Schuljahr besuchte, von Hauido nach Mokpo, wo ich dann die Pugkyo-Grundschule besuchte.

„Die Seemannslieder der Schiffer klingen verschwommen und verlieren sich in der Tiefe der Wellen bei Samhakdo, die langen, bunten Kleider der drei jungen Mädchen am Kai ..."

Das Gedränge im Hafen von Mokpo war seinerzeit so lebhaft, wie man es sich heute kaum vorstellen kann. Bis weit aufs Meer hinaus konnte man die Masten und Segel der Schiffe sehen, die beinahe wie ein Dschungel wirkten. Die Schiffe waren meist mit Reis oder mit Baumwolle beladen, die von überall her herangeschafft wurden. In Mokpo wurde all dies auf große Frachtschiffe umgeladen, um dann nach Japan transportiert zu werden. Reis und Baumwolle, mit Blut und Schweiß des koreanischen Volkes gepflanzt und geerntet, wurden einfach von Japan beansprucht. Dieser Anblick erfüllte die Herzen der Koreaner mit tiefer Trauer. Eine vergleichbare Trauer und Wehmut kommt auch in der alten Legende über die drei Inseln Samhakdo zum Ausdruck. Ihr zufolge sind an der Stelle, an der drei schöne Feen wie Kraniche vom Himmel herabstiegen, drei Inseln entstanden. Das auf dieser Legende basierende Lied „Die Trauer von Mokpo" und auch andere Lieder wie „Die Tränen des Abschieds" zeigen sehr deutlich die Traurigkeit, die zu jener Zeit in der Bevölkerung herrschte.

Als wir nach Mokpo kamen, kaufte unsere Familie ein kleines Hotel und betrieb es weiter. Es hieß Young-Sin und stand in der Nähe des Hafens. Um damals ein Hotel zu betreiben, brauchte man keine besondere Ausbildung oder Erfahrung.

Auch in meiner neuen Schule bekam ich gute Noten. Zum Abschluss wurde ich als bester Schüler ausgezeichnet. Ich glaube, dass jeder viele Erinnerungen an seine Schulzeit hat. Da bin ich sicherlich keine Ausnahme, so dass auch mir unzählige Dinge im Gedächtnis geblieben sind. Ich ging damals sehr oft zum Hafen, schaute über das Meer und dachte zurück an Hauido, das ich verlassen musste. Ich beobachtete die Masten der Schiffe, die wie abertausende Säbel im Hafen von Mokpo aufragten.

In der Pugkyo-Grundschule verbrachte ich drei Jahre, aus denen ich mich vor allem an eine Begebenheit erinnere, die mir bis heute tiefen Schmerz bereitet. Als ich in der fünften Klasse war, wurde der Koreanisch-Unterricht abgeschafft. Bis dahin hatten wir im Rahmen dieses Unterrichts noch etwas über koreanische Geschichte und Geographie gelernt. Aber nun wurde der Unterricht verboten, um das koreanische Nationalbewusstsein weiter zu schwächen. Es wurde darüber hinaus sogar grundsätzlich verboten, in der Schule Koreanisch zu sprechen. Das richtete sich natürlich gezielt gegen die koreanischen Schüler, und wer das Verbot nicht beachtete, der wurde bestraft.

Eines Tages wollte mich mein Vater aus irgendeinem Grund sprechen und kam zur Schule. Aber er konnte kein Japanisch – er unternahm nicht einmal den geringsten Versuch es zu lernen. Ich wiederum durfte in der Schule kein Koreanisch sprechen.

Als Schüler der Mokpo-Handelsschule (1943).

Gruppenfoto mit Schulkameraden nach einem Schulfest (stehend, dritter von rechts).

„…“

Mein Vater war verlegen und wollte irgendetwas sagen, aber er konnte den Mund nicht aufmachen, und ich konnte es auch nicht. Jeder von uns litt, und es verging eine Zeit des Schweigens, das sehr beredt war. Schließlich erhob sich mein Vater, wandte sich ab und verschwand fassungslos. Er war zur Schule gekommen, um etwas mit mir zu besprechen, aber wir verabschiedeten uns, ohne ein Wort Koreanisch miteinander zu wechseln. Als ich nach Schulschluss nach Hause kam, sprach mein Vater nicht mehr darüber, was er von mir gewollt hatte. Ich tat desgleichen. Auch später wagte ich nicht mehr, ihn auf diese Angelegenheit anzusprechen. Gerade deshalb bleibt mir das Ganze in so schmerzhafter Erinnerung.

Nachdem ich die Pugkyo-Grundschule mit der Auszeichnung als Bester verlassen hatte, trat ich in die fünfjährige Handelsschule ein. Das war im April 1939, während des chinesisch-japanischen Kriegs. In diesem Jahr traten insgesamt 164 Schüler ein, die eine Hälfte Koreaner, die andere Japaner.

Heutzutage wird die Handelsschule nicht besonders hoch geschätzt, aber damals war es anders. Insbesondere die Mokpo-Handelsschule war im ganzen Land bekannt und stand in gleichem Ansehen wie die Seo-Mittelschule in Kwangju, die Buk-Mittelschule in Chonju oder das Lehrerseminar in Kwangju. Entsprechend groß war die Konkurrenz bei der Aufnahme. Ich hatte mir keine normale Mittelschule ausgesucht, weil ich davon träumte, ein guter Unternehmer zu werden. Allerdings hielt dieser Traum nicht lange an, und nach dem Eintritt in diese Schule interessierte ich mich mehr für Politik.

Einmal im Monat fand in der Schule ein Vortrag über aktuelle politische Themen statt. Diese interessierten mich brennend, ich war begeistert. Informationen über die politische Situation in Korea und Japan und über die ganze Welt zu hören, war für mich ein großes Vergnügen. Entsprechend meinem Interesse und meiner Neugier las ich zudem viele Bücher zu politischen Themen. Anlässlich der politischen Vorträge in der Schule stellte ich dann hin und wieder recht scharfe Fragen, die den Militärlehrer auf dem Podium in Verlegenheit brachten, weil er sie oft nicht beantworten konnte. Vielleicht haben mich andere Lehrer damals aus diesem Grund ermuntert: „Du hast einen klaren Verstand und kannst andere gut überzeugen." Und vielleicht hat dies meine Träume und Wünsche gefördert, Politiker zu werden.

Während meines zweiten Jahres auf der Handelsschule wurde festgelegt, dass alle koreanischen Familiennamen in japanische umgewandelt werden müssen. Nach japanischer Auffassung ist es gar nichts Besonderes, den Familiennamen zu wechseln: Eine Frau nimmt mit der Heirat den Familiennamen des Ehemanns an. Oder aber der Mann wird von der Familie der Ehefrau adoptiert und nimmt deren Familiennamen an. Aber für uns Koreaner ist der angestammte Familienname so wichtig wie das eigene Leben. Japaner sagen z.B. „ich werde mein Leben hergeben", um auszudrücken, dass sie eine Sache endgültig erledigen wollen. Wir benutzen hingegen in einem solchen Fall die Redewendung: „Wir werden den Familiennamen ändern."

Noch heute werde ich manchmal von Japanern gefragt, wie ich meinen Familiennamen damals ins Japanische geändert habe. Sie fragen einfach nur aus Neugier oder weil sie ein Gesprächsthema suchen. Für mich aber sieht die Sache anders aus. Es war damals eine solche Erniedrigung, dass ich auf Fragen danach heute grundsätzlich antworte: „Darüber möchte ich nicht reden."

Von nun an wurden meine Schulnoten immer schlechter. Hatte ich mich vorher besonders angestrengt, um die japanischen Schüler auszustechen und immer der Erste zu sein, so änderte sich meine Einstellung jetzt allmählich. Ohne bestimmten Grund wurde ich mehr und mehr als „Problemschüler, vor dem man sich in acht nehmen müsse" abgestempelt und unter Druck gesetzt. Ich achtete immer darauf, mich korrekt zu verhalten, so dass ich in der Schule eigentlich keinen Anlass für Repressalien gab. Aber die japanischen Schüler fielen nach Lust und Laune über mich her und schlugen mich. Sie behaupteten einfach, meine „Gedanken" seien nicht korrekt. Innerlich kochte ich jedesmal vor Wut über solche Ungerechtigkeit, aber ich konnte nichts daran ändern. Mir blieb nur die Trauer desjenigen, der sein Land an die Fremden verloren hatte. In der damaligen Zeit war es sehr gefährlich, wenn man über Korea und seine Geschichte sprach. War man erst einmal als jemand abgestempelt, der „schlechte Gedanken" hat, dann konnte man noch so fleißig lernen, man bekam niemals gute Noten.

Natürlich wurden meine Schulnoten auch deswegen immer schlechter, weil mein Lerneifer unter diesen Umständen stark nachließ. Im dritten Jahr der Handelsschule gab ich auch meine Funktion als Klassensprecher auf und wechselte in eine andere Klasse, in der man auf die Aufnahmeprüfung einer Hochschule vorbereitet wurde. Ich hatte nun vor, zu studieren.

Der pazifische Krieg, durch Japan vom Zaun gebrochen, brachte für das Land selbst immer stärkere Belastungen. Ich träumte jedoch heimlich davon, nach Japan zu gehen, um dort an einer Universität zu studieren. Dies erwies sich allerdings als unmöglich, weil die Schiffsverbindungen durch eventuelle amerikanische Angriffe gefährdet waren. Außerdem war es zu jener Zeit so schwierig eine Aufenthaltserlaubnis zu bekommen, wie „einen Stern vom Himmel zu holen".

Warum sollte ich mich beim Lernen noch besonders anstrengen, wenn ich doch keine Aussicht hatte, zu studieren? Ich war nahe daran, die Schule aufzugeben und dachte, dass ich nun wirklich nicht noch mehr Fleiß zum Lernen aufbringen müsse. Beim Eintritt in die Handelsschule war ich als bester Schüler ausgezeichnet. Als ich sie verließ, war ich die Nr. 39 der 164 Schüler meines Jahrgangs.

Eigentlich sollte unsere Schulzeit erst im Frühjahr 1944 zu Ende gehen, doch wir erhielten bereits im Herbst 1943 unsere Abschlusszeugnisse. Wegen der sich verschlechternden Kriegslage geriet Japan mehr und mehr in Ausnahmezustand. Damit war meine offizielle Schulbildung beendet. Mein Lerneifer hatte auf der Handelsschule stark nachgelassen, mein Abschlusszeugnis hatte ich früher als erwartet erhalten, und mein Traum von der Universität blieb auf ewig unerfüllt.

Vor kurzem ergab sich bei einem Fernsehinterview folgendes Gespräch zwischen dem Moderator und mir:

„Herr Parteivorsitzender Kim, was würden Sie tun, wenn Sie jetzt zwanzig Jahre alt wären?"

„Oh, Sie meinen, was ich versäumt habe, als ich zwanzig Jahre alt war?"

„Ja."

„Nun, ich bereue es, dass ich nie Student war. Ich würde gerne zur Universität gehen und fleißig studieren."

„Und außerdem? Was würden Sie noch gerne tun?"

„Ich würde gerne verreisen. Und wenn ich zwanzig Jahre alt wäre, wäre ich wohl noch nicht verheiratet. Ich würde also eine nette Studentin treffen und mich bis über beide Ohren verlieben ..."

Als ich das sagte, musste nicht nur der Moderator lachen, das ganze Publikum im Studio, meist junge Hausfrauen, brach in Gelächter aus. Zwar ist mein früherer Traum von der Realität nicht erfüllt worden, doch ist er bis heute ein Traum von mir geblieben.

5. Worte der Liebe

Nun möchte ich etwas über meine Liebe gestehen. Ein jeder hat natürlich glückliche und auch traurige Erinnerungen an die Liebe. Das ist bei mir nicht anders, und wenn ich mich an die Vergangenheit erinnere, wird es mir warm ums Herz als wäre ich ein junger Mann von zwanzig Jahren.

Nachdem ich die Handelsschule verlassen hatte, fand ich Anstellung bei einer in Mokpo ansässigen Reederei. Die Firma wurde von Japanern geleitet, aber ich bekam die Stelle ohne Probleme. Es ging auf das Kriegsende zu, und überall mangelte es an Arbeitskräften. Auch die Tatsache, dass ich in der Schule als jemand abgestempelt war, „vor dem man sich in acht nehmen müsse", war kaum ein Problem. Ich weiß nicht, ob die Schule in dieser Hinsicht mit der Polizei zusammengearbeitet und Informationen ausgetauscht hatte, aber es war offensichtlich, dass die örtliche Polizei in Mokpo mir gewisse Aufmerksamkeit widmete.

Eines Tages berichtete mir der Firmenchef, dass Polizisten in die Firma gekommen seien und meine Papiere und Unterlagen überprüft hätten. Er habe sich um die Angelegenheit gekümmert und sich für mich verbürgt, so dass ich mir darüber keine Gedanken machen solle.

Während ich in dieser Reederei berufstätig war, traf ich meine große Liebe. Sie hieß Cha Yong-ae und hatte als Schülerin in Ina, in der japanischen Präfektur Nagano gelebt. Als jedoch die amerikanischen Bombenangriffe auf Japan immer heftiger wurden, hatten ihre Eltern es durchgesetzt, dass sie nach Hause kam und in Mokpo blieb. Ihre Eltern hatten befürchtet, dass sie bei den Bombardierungen womöglich ums Leben kommen würde, wenn sie in Japan bliebe.

Wenn ihre Eltern sie damals nicht zurück nach Korea geholt hätten, wäre ich ihr wohl nie begegnet. In der Tat hätte sie später nicht mehr aus Japan zurückkommen können, denn nach ihrer Abreise wurden alle ihre gleichaltrigen Mitschüler zur Zwangsarbeit in einem Rüstungsunternehmen in Nagoya verpflichtet. Dort kamen sie alle bei einem amerikanischen Bombenangriff ums Leben.

Das Schicksal lässt einen oft staunen, es kann traurig-schön sein. Kurz nachdem sie aus Japan zurückgekehrt war, begegnete ich ihr zufällig auf der Straße. Es war uns vom Schicksal vorherbestimmt. Sie trug ein weißes Kleid und einen Regenschirm mit Blumenmuster. Mit gesenktem Kopf lief sie die Straße entlang als zählte sie ihre eigenen Schritte. Kurz gesagt, es war „Liebe auf den ersten Blick".

Mit ihrer Schönheit, ihrem glatten Haar und hellen Teint erschien sie mir wie eine Lilie inmitten des düsteren und chaotischen Hafenviertels von Mokpo. Solche Gefühle durchdrangen mich damals. Tatsächlich wusste ich auch schon etwas über sie, denn sie war die Schwester eines ehemaligen Mitschülers der Handelsschule. Mein Jahrgang hatte ja aus 164 Schülern bestanden, und wenn man fünf Jahre gemeinsam die Schulbank drückt, so weiß man schließlich übereinander recht gut Bescheid. Während meiner Schulzeit war sie noch ein junges Mädchen gewesen, das mir nicht weiter aufgefallen war. Aber nun war sie erwachsen und brachte meinen Atem zum Stocken.

Am nächsten Tag ging ich zum Haus ihrer Familie unter dem Vorwand, meinen Freund zu besuchen. Zunächst wollte ich mich meiner eigenen Gefühle vergewissern und herausfinden, ob ich womöglich von ihrem schönen Äußeren geblendet war. Ihr weißes Kleid, ihr Regenschirm mit Blumenmuster, aber auch die Tatsache, dass sie in Japan gelernt hatte, wonach ich mich vergeblich sehnte – all das wollte ich selbst noch einmal abwägen.

Ich bin in allen Dingen recht vorsichtig, so dass ich keine spontane Entscheidung treffe. Ich überlege vorher gründlich, wo vorne und hinten ist. Aber auf jeden Fall wollte ich sie gerne wiedersehen. Bei meinem Besuch beobachtete ich sie insgeheim und fand, dass sie tatsächlich sehr hübsch war. Auch erfuhr ich, dass sie einen makellosen Charakter hatte.

Daraufhin besuchte ich das Haus der Familie immer öfter. Es war ja das Haus meines Freundes, aber in meinem Inneren war es nicht mehr sein sondern ihr Haus. Wir grüßten uns herzlich, sprachen immer mehr miteinander und kamen uns näher. Wie der leichte Nieselregen langsam unsere Kleidung durchdrang, wurde auch unsere Liebe immer größer. So wie ich sie ein wenig kannte, wusste auch sie bereits einiges über mich. Obwohl viele Menschen in der großen Hafenstadt Mokpo lebten, hatte sie erfahren, dass ich als Bester in die renommierte Handelsschule eingetreten und Mitschüler ihres Bruders gewesen war.

So trafen wir uns. Es war ein vollkommen normales, um nicht zu sagen klassisches Treffen. Bald waren wir heftig ineinander verliebt und versprachen uns zu heiraten. Bis hierhin lief alles ohne Probleme, vielleicht weil ich es fest als unsere alleinige Angelegenheit betrachtete. Aber als wir heiraten wollten, wurde dies von ihrem Vater vehement abgelehnt. Er sagte, dass es völlig unsicher sei, ob oder wann ich von den Japanern in die Armee gezwungen würde und dass er mir deswegen seine Tochter auf keinen Fall zur Frau geben könne. Zu jener Zeit war es gang und gäbe, dass junge Koreaner zwangsrekrutiert wurden. Dann bekam die Familie irgendwann einen Fetzen Papier, auf dem ihr mitgeteilt wurde, dass der Sohn tot sei. Tatsächlich war auch ich bereits einige Tage zuvor zur Musterung befohlen worden und musste jederzeit mit meiner Einberufung rechnen.

Obendrein hatte ihr Vater schon einen anderen als künftigen Schwiegersohn im Auge. Es war damals eine Seltenheit, dass ein Mann in meinem Alter nicht eingezogen wurde. Als ein solcher vom Militärdienst befreiter junger Mann auftauchte, hatte ihr Vater sich entschlossen, sie mit diesem zu verheiraten. Ein Glück für mich war, dass ihre Mutter auf meiner Seite stand und mich unterstützte. Mein Freund konnte sich zwar nicht offen für mich engagieren, aber auch er unterstützte mich. So stand ihr Vater also allein gegen zwei andere Familienangehörige. Eines Tages rief er mich und die ganze Familie zusammen, um sie schließlich nach ihrer Meinung zu fragen.

„Was meinst du? Willst du nun einen Mann heiraten, der bald zur Armee muss oder einen, der in Ruhe und Frieden eine Familie gründen kann? Wen willst du? Ich möchte deine Meinung wissen."

Wenn man dies heute bedenkt, ging es in ihrer Familie sehr demokratisch zu. Heutzutage kommt es zwar häufig vor, dass die Meinung der Eltern in Sachen Heirat sogar ignoriert wird. Aber in der damaligen Zeit war es überhaupt nicht üblich, die Tochter nach ihrer Meinung zu fragen.

Ich schaute in ihr blasses Gesicht und wartete auf ihre Antwort. Mein Herz pochte wie wild, so dass es mir unendlich schwer fiel, ruhig sitzen zu bleiben. Was sollte ich machen, wenn sie den anderen wählte? Insgeheim machte ich mir Sorgen, denn sie hatte zwar einen guten und lebhaften Charakter, war ihren Eltern gegenüber aber immer sehr gehorsam. Und jetzt war sie in einer Situation, in der ihre Meinung über die Heirat im Gegensatz zu der ihres Vaters stand. Ich befürchtete, sie würde es nicht wagen, ihre eigene Meinung zu äußern. Es kam mir unendlich lange vor, bis sie zu reden begann. Aber dann sprach sie klar und eindeutig. Meine Sorge um sie war völlig unbegründet gewesen.

„Ich möchte ihn heiraten. Und wenn ich das nicht darf, möchte ich mein ganzes Leben lang lieber allein bleiben."

Oh, wie groß waren meine Freude und meine Dankbarkeit! Nachdem sie ihren festen Willen zum Ausdruck gebracht hatte, gab ihr Vater schließlich nach. Seitdem hat er mich sehr geliebt und mich nach Kräften unterstützt. Die Hochzeit fand dann am 9. April 1945 statt; ich war zwanzig Jahre alt. Unsere Flitterwochen fielen in eine recht unsichere Zeit, denn wir wussten nicht, ob und wann ich zur Armee musste. Aber vier Monate später kam dann ganz unerwartet die Befreiung.

Meine Frau und ich weinten vor Freude, umarmten uns unter Tränen und jubelten in einem fort. Mehr als jeder andere begrüßte ich die Befreiung Koreas von der japanischen Herrschaft.

Der 15. August. Ich erinnere mich an diesen Tag als sei er gestern gewesen. Ich jubelte mit meiner Frau zusammen zunächst in der Wohnung, konnte jedoch meine Begeisterung und Erregung bald nicht mehr beherrschen, so dass ich hinausrannte und schrie: „Japan hat kapituliert! Der Krieg ist zu Ende!" Einige hatten meine Worte nicht richtig verstanden und fragten mich, wer denn nun gewonnen habe und ob letztendlich Japan den Krieg gewonnen habe. Es war zum Verrücktwerden!

Ich schrie und schrie. Aber dann dachte ich mir, dass das doch nicht ausreiche, schrieb Plakate und klebte diese in der ganzen Stadt Mokpo. „Mit der Kapitulation Japans sind wir Koreaner von der Kolonialherrschaft befreit. Jetzt streben wir nach der Unabhängigkeit." So oder ähnlich lauteten die Parolen auf meinen Plakaten.

Denjenigen, die Fragen hatten, erklärte ich alles so gut ich konnte. Nahezu in Ekstase brach ich mit ihnen in den traditionellen Jubelruf „Manse“ aus. So erlebte ich den Nachmittag jenes unvergesslichen Tages.

Aus heutiger Sicht war mein damaliges Verhalten sehr unvorsichtig und gefährlich. Schließlich war die japanische Armee immer noch in Korea stationiert und hatte ihre Bajonette auf uns gerichtet, auch die Polizeigewalt lag immer noch in den Händen Japans. Jeder Japaner hätte aus Rache für den verlorenen Krieg über mich herfallen und mich töten können. Ich erfuhr später, dass solche Fälle in anderen Regionen tatsächlich häufig vorgekommen waren.

Wie dem auch sei, meine Frau und ich waren während dieser wilden und stürmischen Zeit kurz vor und nach der Befreiung Koreas trotz allem glücklich miteinander. Sie schenkte mir die beiden Söhne Hong-il und Hong-up und ihre hingebungsvolle Liebe.

Sie war stets an meiner Seite, egal ob es mir gut oder schlecht ging. Als ich am Anfang mit meinem eigenen Unternehmen recht erfolgreich war, unterstützte sie mich tatkräftig. Vor allem aber möchte ich kurz über die ereignisreiche Zeit von 1954 bis 1959 berichten, als ich in die Politik ging und mich dreimal erfolglos um ein Abgeordnetenmandat bewarb. Selbst in dieser Zeit zeigte sie niemals ihre Enttäuschung. Obwohl ich mein gesamtes Vermögen aufbrauchte, beschwerte sie sich mit keinem einzigen Wort. Deshalb ist meine Erinnerung an sie etwas ganz Besonderes. Wenn ich heute daran denke, wie sie mich lehrte, wie stark Sanftheit sein kann, muss ich immer noch staunen. Solch eine Frau war sie!

„Selbst wenn du verhaftet wirst, werde ich die Kinder irgendwie durchbringen. Du musst weiterkämpfen und darfst nicht aufgeben.“ Wenn ich mit großer Mühe die Korruption bei den Wahlen bekämpfte, tröstete sie mich.

Meine erste Frau Cha Yong-ae mit unserem ersten und zweiten Sohn.

Sie selbst nahm an den Protestversammlungen teil, durch die das von Präsident Rhee Syngman geplante Nationale Sicherheitsgesetz verhindert werden sollte. Diese Versammlungen wurden von den Ehefrauen der Politiker der damaligen Demokratischen Partei organisiert, und meine Frau war immer dabei.

Wahrhaftig eine brave und dankbare Ehefrau! Aber Gott nahm sie früh zu sich. Denke ich heute an die damalige Zeit zurück, so scheint es mir als hätte sie gewusst, dass sie nicht lange leben würde und mir deshalb so viel Liebe auf einmal schenkte. Jedenfalls opferte sie sich so sehr für mich auf, dass ihr zum Schluss die nötige Kraft für sich selbst fehlte ...

Noch heute denke ich mit Dankbarkeit und Zuneigung an sie. Eine solche Frau getroffen zu haben, hat mich zu einem glücklichen Mann gemacht. Wenn ich so manches

Mal den beiden Söhnen, die sie mir geschenkt hat, und den Enkelkindern gegenübersitze, spreche ich bewegt zu ihr: „Schau, dies sind deine Kinder, die du zurück gelassen hast. Du bist nicht tot. In diesen Kindern lebst du weiter. Weil du so edel und gut warst, sind auch die Familien deiner Kinder glücklich und wohlgeraten." So ist es. In meinem Herzen ist meine Frau Cha Yong-ae noch heute sehr lebendig.

Einen Menschen, der niemals jemanden des anderen Geschlechts von ganzem Herzen geliebt hat, empfinde ich als reizlos. Ich muss davon ausgehen, dass ein solch langweiliger und freudloser Mensch nicht weiß, was menschliche Liebe bedeutet und wie der wirkliche Geschmack des Lebens ist. Jemand hat einmal gesagt: „Wenn jemand unfähig ist, zu lieben, so ist diesem Menschen nichts wichtig." Und auch im Neuen Testament gibt es einige wichtige Sätze über die Tugendhaftigkeit der Liebe, die häufig zitiert werden (1. Korinther 13): „Die Liebe ist langmütig. Die Liebe ist gütig. Sie ereifert sich nicht." Es sind wertvolle Sätze. Und tatsächlich muss wahre Liebe so sein; dies ist meine Auffassung von Liebe.

Ich mag diese Sätze sehr. Aber noch mehr mag ich die vorangehenden Sätze, die leicht übersehen werden. Deshalb möchte ich die Verse 1 bis 4 hier vollständig zitieren: „Wenn ich in den Sprachen der Menschen und Engel redete, hätte aber die Liebe nicht, wäre ich dröhnendes Erz oder eine lärmende Pauke. Und wenn ich prophetisch reden könnte und alle Geheimnisse wüsste und alle Erkenntnisse hätte, wenn ich alle Glaubenskraft besäße und Berge damit versetzen könnte, hätte aber die Liebe nicht, wäre ich nichts. Und wenn ich meine ganze Habe verschenkte und wenn ich meinen Leib dem Feuer übergäbe, hätte aber die Liebe nicht, nützte es mir nichts. Die Liebe ist langmütig. Die Liebe ist gütig."

Seit jenem Tag, als ich diese Sätze zum ersten Mal las, habe ich mich bemüht, sie zu beherzigen, diese Art von Liebe zu lernen und zu praktizieren. Aber vielleicht wurde mir diese Liebe bisher nur von anderen geschenkt, und ich selbst habe zu wenig Liebe gegeben. So scheint es mir. Deshalb ist es nun an mir, meiner Familie, meinen Nachbarn und meinem ganzen Volk diese Liebe zu schenken.

6. Geteilte Heimat, zerstörtes Land

Der 25.6.1950: An diesem Tag war ich in Seoul. Ich war in die Hauptstadt gereist, um für meine Firma einige geschäftliche Dinge zu erledigen. Bis kurz nach der Befreiung von japanischer Herrschaft war ich noch in der Reederei tätig gewesen, die unter japanischer Leitung gestanden hatte. Ich war zwar jung, dennoch wurde ich von den Mitarbeitern zum Vorsitzenden und Sprecher gewählt. Kurze Zeit später wurde dann auch in dieser Firma eine Gewerkschaft organisiert, die von mir die Durchsetzung besserer Arbeitsbedingungen forderte. Das war kurz nach der Befreiung, und das Geschäft lief alles andere als gut. Außerdem hatte die amerikanische Militärverwaltung jemandem die Firmenleitung übergeben, der kaum Bescheid wusste. Bildlich ausgedrückt: Ich musste dort klagen und dafür auch noch die Ohrfeigen einstecken. Daher verließ ich diese Firma und gründete meine eigene Reederei.

An jenem Vormittag kam in der Pension, wo ich in Seoul übernachtet hatte, ein Freund vorbei. Er war Marineoffizier. Entspannt machten wir uns auf den Weg nach Myongdong ins Zentrum, wo geschäftiges Treiben herrschte. Dort aßen wir in einem Restaurant zu Mittag und machten anschließend noch einen Spaziergang. Plötzlich raste ein Militärtransporter die Straße entlang, von dem ständig gerufen wurde: „Alle beurlaubten Soldaten melden sich sofort bei ihren Einheiten zurück ... Wir wiederholen ... Alle Soldaten ...“

Ich drehte mich um und schaute meinen Freund an.

„Hör dir das an, was ist los?“

„Ich weiß auch nicht.“

Er war Offizier, fragte sich also noch eindringlicher als ich, was das wohl bedeuten mochte, und überlegte hin und her. So plötzlich brach der Krieg aus.

„Also, ich muss wohl auf jeden Fall zurück?!"

„Ja, wir können uns hier verabschieden."

Mit eiligen Schritten verschwand der Freund, um sich beim Militär zu melden. Irgend etwas Unglaubliches war im Gange. Schnell suchte ich meine Bekannten auf und erfuhr alsbald, dass Nordkorea den Süden auf breiter Front angegriffen hatte.

Trotzdem machte ich mir eigentlich keine besonders großen Sorgen. Am 38. Breitengrad hatte es fast ständig Scharmützel zwischen dem Norden und dem Süden gegeben, und unsere Regierung wiederholte immer wieder ihre schönfärberische Propaganda. Noch heute kann ich mich an die Worte des damaligen Verteidigungsministers Shin Sung-Mo erinnern: „Wenn der Präsident den Befehl erteilte, wäre unsere Armee in drei Tagen in Pyongyang und würde in einer Woche am Yalu stehen. Wir könnten dem Präsidenten das Wasser des Yalu überreichen."

Am dritten Tag des Kriegs wurde eine Rundfunkansprache von Präsident Rhee übertragen: „Wir werden die Hauptstadt Seoul auf jeden Fall halten. Liebe Mitbürger, bewahren Sie Ruhe ..." Diese Rede hörte ich gemeinsam mit den anderen Gästen in der Pension. Später erfuhren wir, dass der Präsident sich zu diesem Zeitpunkt bereits nach Taejon abgesetzt hatte.

Politik! Hin und wieder werde ich von Leuten gefragt, seit wann ich mich für Politik interessiere, und jedesmal antworte ich ohne Zögern. Ich war bereits als Junge während meiner Schulzeit an Politik interessiert. Aber der eigentliche Anstoß war der Korea-Krieg. Der Grund für mich war die unehrliche Politik, die dem Volk solche Leiden bereitete, die ich direkt vor meinen Augen erlebte. Ich wollte es besser machen, und seit dieser Zeit ist die Politik mein großer Traum.

In der Bezeichnung „Korea-Krieg“ spiegelt sich ebenfalls sehr gut die politische Lage unmittelbar vor Kriegsausbruch wider. Einerseits bekämpften sich im Inneren die linken und rechten Parteien. Zu jener Zeit machte ich meine ersten Schritte in der Politik, welche ich als junger Anfänger sehr genoss. Ich gehörte zur politischen Rechten, war Mitglied des „Komitees zur Vorbereitung der nationalen Unabhängigkeit“ und der „Neuen Chosun Volkspartei“. Andererseits begann am 25.6. der Bruderkrieg zwischen Nord und Süd. Aber auch der Zwischenfall von Pusan im Mai 1952, als der Krieg noch in vollem Gange war, muss hier berücksichtigt werden: Um seine Amtszeit zu verlängern, ließ Präsident Rhee Syngman in Pusan und Umgebung den Ausnahmezustand verhängen. Die Mitglieder der Oppositionsparteien erklärte er kurzerhand zu Werkzeugen des internationalen Kommunismus und ließ sie verhaften.

Zu Beginn meiner politischen Karriere.

Es waren die Konflikte zwischen links und rechts nach der Befreiung von japanischer Herrschaft. Es waren der darauf folgende Krieg und der anschließende Waffenstillstand. Es war diese Zeit, in der so viel Unrecht, Korruption und falsche Politik herrschten, die mich in die Politik brachte. In dieser Zeit las ich die Worte von Thomas Jefferson und nahm sie mir zu Herzen: „An die, die ihre Fehler wiedergutmachen wollen, wird die Flamme des Märtyrertums weitergereicht. In diesem Sinne gleicht die Politik der Religion."

Mit anderen Worten: Ich schwamm in diesem schmutzigen Wasser der Politik und wollte doch unablässig reines Wasser schöpfen. Ich wollte dieses Martyrium auf mich nehmen. Seitdem hat sich dies seltsam genug realisiert und sogar wiederholt. Wie schon ein koreanisches Sprichwort sagt: „Die Worte werden zu Samen."

Der vierte Kriegstag am 28.6. früh am Morgen: Ich übernachtete noch immer in der Pension in Seoul, als ich durch lauten Lärm aus dem Schlaf gerissen wurde. Auf den Straßen wimmelte es von Menschen, die aus den Gebieten nördlich von Seoul geflüchtet waren. Vor der Pension herrschte innerhalb kurzer Zeit ein Chaos.

Es wurde hell, und sehr bald erschienen bereits die ersten kommunistischen Soldaten in der Nähe meiner Pension. Erst in diesem Augenblick erkannte ich den Ernst der politischen Lage. Ich musste so schnell wie möglich aus Seoul flüchten, doch die Brücke über den Han-Fluss war von den kommunistischen Angreifern bereits bombardiert worden.

Ich zerbrach mir den Kopf, ob ich vielleicht ein Fährboot finden könnte, aber ich hatte kein bisschen Geld mehr in der Tasche. Der Krieg hatte mich ohne mein Zutun einfach überrollt. Militärisch ausgedrückt befand ich mich in einer Lage, in der es kein Vorwärts und kein Zurück gab.

An einem der nächsten Tage beobachtete ich zufällig, wie die Kommunisten auf einem Schulsportplatz in der Nähe der Pension ein „öffentliches Volksgericht" abhielten. Der Platz wimmelte von Menschen, die alle durcheinander redeten. In die Mitte der Menschenmenge wurde ein Mann geschleppt. Er musste niederknien. Ein anderer Mann, der wie ein Anführer der Kommunisten aussah, trat vor und erhob seine Stimme: „Also, was geschieht mit diesem Reaktionär?" Die Menschenmenge antwortete wie im Chor: „Hinrichtung!" Damit war das „öffentliche Volksgericht" beendet. Der Mann wurde von einigen Leuten wieder fortgeschleppt.

Als ich aus meinem Versteck heraus diese Szene beobachtete, bekam ich am ganzen Körper eine Gänsehaut. Wer weiß, was ich noch alles erleben würde, wenn ich hier weiter in Seoul bliebe! Ich musste auf irgendeine Art und Weise aus Seoul flüchten.

Kurz darauf konnte ich mit Freunden, die ein wenig Geld zusammenbrachten, zu fünft ein Boot mieten und wohlbehalten den Han-Fluss überqueren. Zu dieser Zeit flogen die Amerikaner hin und wieder Bombenangriffe; unsere Flucht aus Seoul war beinahe filmreif. Die Strecke von Seoul bis Mokpo, fast 400 Kilometer, 1000 ri musste ich mit knurrendem Magen zu Fuß zurücklegen. Aber im Vergleich zu den Todesgefahren, die ich später erlebte, war diese Erfahrung eigentlich gar nicht so schlimm. Als ich schließlich Mokpo erreichte, waren zwanzig Tage seit meinem Aufbruch von Seoul vergangen.

Heutzutage denke ich hin und wieder in einem anderen Zusammenhang an diese Strecke, die ich zu Fuß hinter mich brachte, und möchte deshalb hier etwas abschweifen. Die führenden Persönlichkeiten Chinas durchschwimmen den Yangtse-Fluss, wenn sie etwas von besonderer nationaler Bedeutung demonstrieren wollen. Dies ist als symbolische Geste zu verstehen, denn mit dem Durchschwimmen des Flusses wollen sie zeigen, dass sie Anstrengung und Leid mit dem Volk teilen. Mao Zedong und Deng Xiaoping haben dies getan und auch Präsident Jiang Zemin kurz vor seiner Reise in die USA. Natürlich möchten sie damit auch unter Beweis stellen, dass die weisen alten Männer gesund sind, und das Andenken an die Mühen des „Langen Marschs" zu Beginn der kommunistischen Bewegung pflegen.

Jedesmal wenn sie dies tun, kommt mir der Gedanke, dass ich wieder Wege von tausenden ri zu Fuß laufen möchte. In einem wiedervereinigten Korea wären es von Mokpo bis Shinuiju mehr als 800 km, und wenn ich mich dann wieder gen Pusan wenden würde, wären es 1200 km ... Jedesmal wenn es in unserem Land etwas von besonderer Bedeutung gäbe, würde ich gerne diese Strecke laufen. Auf diesem Marsch würde ich viele Menschen treffen und könnte mit ihnen über unsere nationalen Angelegenheiten reden ... Aber auch diesen romantischen Traum hat mir unsere Militärdiktatur genommen. Bei dem von ihr als Autounfall inszenierten Mordversuch erlitt ich eine so schwere Beinverletzung, dass ich seitdem am Stock gehen musste. Erst seit kurzem ist es mir wieder möglich, ohne Stock zu laufen.

Als ich Mokpo erreichte, hatte meine Mutter schon Tag für Tag vor der Haustür gewartet. Das Lied von der Mutter, die vor der Tür steht, das ich später einmal vom Pariser Knabenchor „Zum Kreuz" hörte, hat mich sehr daran erinnert. So kehrte ich zwar nach Hause zurück, durfte jedoch das Haus nicht betreten. Es war von den Kommunisten beschlagnahmt. Sie bezeichneten Hausbesitzer als rechte Reaktionäre und Kapitalisten und nahmen unserer Familie von den Möbeln bis zu den Löffeln alles. Meine Frau war damals mit unserem zweiten Kind schwanger. Aber sie durfte weder in unser Haus

Mit meinen beiden Söhnen.

noch ins Krankenhaus, so dass unser zweites Kind in einem alten Luftschutzbunker geboren wurde, den noch die Japaner während des Pazifik-Kriegs gebaut hatten. So kam unser zweiter Sohn Hong-up zur Welt.

Zurück in Mokpo verbrachte ich nur zwei Nächte mit meiner Familie. Am dritten Tag wurde ich von den Polizisten des kommunistischen Volkskomitees verhaftet. Ein Offizier verhörte mich.

„Kim Dae-jung, wieviele unserer Patrioten hast du verraten?“

„So etwas habe ich niemals getan.“

„Mit anderen Worten, du bereust nicht?“

Diese eintönigen Verhöre wiederholten sich endlos, und zwischendurch wurde ich immer wieder geschlagen. In der Rückschau kann ich mich noch genau daran erinnern, wie diese Schläge jenen glichen, die wir unter japanischer Herrschaft während der Musterung erhielten. Als ich damals in meiner Heimat Hauido in der Schule geprüft wurde, wurde ich von dem japanischen Lehrer genauso gnadenlos geschlagen. Er trat eine andere Stelle in Japan an, als ich meine Heimat verlassen hatte. Später erfuhr ich von den Dorfbewohnern, dass die Eltern ihren eigenen Kindern gegenüber mich als Vorbild lobten. Dies hatte der Japaner wohl erfahren und dann jede Gelegenheit genutzt um mich zu schlagen. Er war ein seltsamer Mensch.

Als der Vernehmungsoffizier schließlich einsah, dass bei den Verhören, mochte er sie auch noch so lange fortsetzen, nichts herauskam, ließ er mich ins Gefängnis bringen. Dort hatten die Verhöre Gott sei Dank ein Ende. Die Häftlinge im damaligen Gefängnis ließ man völlig verwahrlosen, und das Essen war miserabel. Es gab jeden Tag nichts anderes als zwei Reisklöße. Ich legte mich ruhig hin, um nicht unnötig Kraft zu vergeuden.

Am 18.9. tat sich plötzlich etwas. Die Gefängniswärter holten alle Häftlinge zusammen und brachten sie in einen großen Saal. Insgesamt waren es etwa 200 Menschen. Die kommunistischen Soldaten befahlen etwa 50 Gefangenen, die am nächsten der Eingangstür standen, mit nach draußen zu kommen. Die Hinrichtungen sollten beginnen. Mit einem Mal brachen im Saal Aufregung und Durcheinander los, aber sehr schnell kehrte wieder Ruhe ein, als die Kommunisten ihre Waffen auf die Menge richteten.

Bald musste auch ich an der Reihe sein. Wie soll ich dieses Gefühl beschreiben, wenn man hilflos wartend dem eigenen Tod entgegensehen muss? In meinem Kopf herrschte nichts als Leere, ich war ratlos.

Aber seltsamerweise wurde der Abtransport der Häftlinge nach draußen plötzlich gestoppt. Später erfuhren wir, dass der Lastwagen, mit dem sie zum Hinrichtungsort gefahren wurden, defekt war. Es hieß sogar, dass einer der Fahrer den Schaden absichtlich verursacht habe, damit die Gefangenen Gelegenheit und Zeit zur Flucht finden könnten.

Auf diese Weise entkam ich das erste Mal einer drohenden Hinrichtung. Die kommunistischen Soldaten aus dem Norden hatten keine Zeit mehr zu verlieren und machten sich in aller Eile auf den Rückzug. Bevor der Lastwagen defekt war, hatten sie ungefähr 100 Häftlinge abtransportiert. Alle bis auf einen wurden getötet. Dieser eine war mein Schwiegervater. Zwar war er zunächst gegen meine Hochzeit mit seiner Tochter gewesen, später jedoch hatte er mich in sein Herz geschlossen. Als das kommunistische Hinrichtungskommando die ersten Schüsse abfeuerte, fiel er bewusstlos zu Boden. So überlebte er, obwohl zur Sicherheit noch zwei Salven abgefeuert wurden.

Die reguläre kommunistische Volksarmee war zwar abgezogen, aber immer noch wurden wir durch die örtlichen Mitglieder der kommunistischen Partei bedroht. Erst als es Nacht wurde verschwanden auch sie. Das war eine einmalige Gelegenheit. „Wir müssen fliehen!" redete ich auf die Leute in meiner Nähe ein. „Nehmt euren Mut zusammen. Wenn wir jetzt nicht fliehen, sind wir weiterhin in Todesgefahr." Da erst fassten sie Mut. Wir traten mit unseren Füßen gegen die Türen und schlugen so lange dagegen, bis sie nachgaben und wir draußen waren.

Ich wollte gerade die Häftlingskleidung ausziehen und mir im Gefängnis etwas anderes zum Anziehen suchen. Schließlich hätte ich in der Häftlingskleidung auf meinem Weg in die Stadt leicht von anderen Kommunisten entdeckt werden können. „Lass los! Das ist meine Kleidung!" Während ich hektisch und nervös meine Kleidung wechselte, hörte ich diesen Ausruf ganz in meiner Nähe. Er war nur kurz und leise, aber ich erkannte die

Stimme. Instinktiv drehte ich mich um. Es war mein Bruder! Gemeinsam überkletterten wir die Gefängnismauern und flohen.

Es war Mitte des achten Monats nach dem Mondkalender, und der Vollmond, der zu dieser Zeit am schönsten scheinen soll, wies uns den Weg. Tatsächlich war der Mondschein so hell und schön, dass ich ihn fast fünfzig Jahre später noch genau vor Augen habe.

Wie mir mein Bruder später erzählte, waren in seiner Zelle insgesamt neun Häftlinge untergebracht. Nur drei überlebten, wovon einer mein Bruder war. Einschließlich uns beiden konnten ungefähr 120 Menschen über die Ereignisse berichten.

Wir kehrten dann sofort zu unserem Haus in der Nähe des Hafens zurück, wo wir uns unter dem Dach versteckten, dessen hinterer Teil etwas ausgebaut war. Der Krieg war noch nicht vorbei. Die Kommunisten kehrten aus den Bergen immer wieder zurück in die Stadt, machten Jagd auf „Reaktionäre" und brachten sie um. Auf diese Weise wurden weitere dreissig Menschen, die zuvor mit mir zusammen im Gefängnis gesessen hatten, getötet. Unsere Dachkammer war allerdings relativ sicher, da die Kommunisten wegen der häufigen Bombenangriffe auf den nahe gelegenen Hafen nur selten in unserem Viertel auftauchten.

Dies ist der erste Bericht darüber, wie ich zum ersten Mal in meinem Leben akuter Todesgefahr entrann. Aber danach geriet ich wohl noch viermal in Todesgefahr; jedesmal war der Leichenschmaus schon vorbereitet, und der Tod hatte mich fest im Visier.

In diesem Zusammenhang möchte ich noch auf eine andere Sache eingehen, da von mancher Seite Zweifel geäußert werden, ob und wie ich während des Krieges meine „Soldatenpflicht" erfüllt habe. Gegen Ende des Jahres, in dem ich dem Tod entronnen war, trat ich in die

Marinemiliz ein. Diese Miliz war eine Hilfstruppe, die an der Seite des regulären Militärs kämpfte. Wir standen nicht an der Front gegen die regulären nordkoreanischen Truppen sondern bekämpften die kommunistischen Guerillas im Hinterland. Sowohl die Mitglieder der Marine- als auch die der Heeresmilizen waren nahezu ausschließlich Freiwillige wie ich. Es waren Menschen, die meist persönlich unter den Kommunisten gelitten hatten und sich nun aus Patriotismus engagierten. Zum besseren Verständnis des Charakters dieser Milizen sollte man an den Zwischenfall vom März 1951 denken, der als „Affäre um die Volksreserve zur nationalen Verteidigung" bezeichnet wird.

Ich war stellvertretender Kommandeur der Marinemiliz in der Region Chollado. Wahrscheinlich war ein wichtiger Grund hierfür, dass ich damals eine Reederei betrieb, auch wenn sie nicht besonders groß war. Aber jedes Schiff und jeder Lastkahn wurden für Militärzwecke eingesetzt. Nach der oben erwähnten „Volksverteidigungsaffäre" wurde die Marinemiliz, der ich angehörte, jedoch aufgelöst.

Koreaner haben viel Humor und genießen Späße, heutzutage auch Späße über das Soldatenleben. Sie machen Witze über Armee oder Bereitschaftspolizei und denken sich die lustigsten Geschichten aus. Vielleicht bietet ja auch die Marinemiliz, der ich angehörte, Stoff für derartige Geschichten, über die endlos geredet wird? Wenn dem so ist, soll es mir recht sein.

7. Keine Tränen um meine Jugend

Herbst 1951!

Obgleich sich der Pulverdampf noch nicht verzogen hatte, schimmerte das Meer um Oryukdo in friedlichem Blau. Ich verglich es mit dem Meer, das ich immer von meiner Heimat Hauido aus betrachtet hatte und richtete meinen Blick über das Ostmeer zum Horizont. Das Meer zeigte eigentlich keinen Unterschied, nur die Landschaft sah etwas anders aus. Die Farbe des Wassers, die Form der Wellen, die kleinen Boote – alles war sehr ähnlich. Es war das eine Meer, das die Halbinsel Korea wie einen Körper ringsum umschließt.

Ich war gerade nach Pusan gezogen. Hier wollte ich groß ins Geschäft einsteigen. Zu jener Zeit war Pusan die provisorische Hauptstadt, wo sich alle wichtigen Regierungseinrichtungen konzentrierten. Und die Regierung ist ein wichtiger Auftraggeber der Wirtschaft, egal ob früher oder jetzt. Aus diesem Grund hatte ich mich entschlossen umzuziehen. In Pusan konnte ich mit dem Genossenschaftsverband, der der Regierung unterstand, einen Vertrag abschließen. Heute ist dies das Zentralkomitee der Landwirtschaft. Nach dem Vertrag wurde meine Firma exklusiv mit dem Schiffstransport von Getreide, Natur- und Kunstdünger beauftragt. Zu jener Zeit verfügte meine Firma neben den beiden eigenen Schiffen noch über drei mittelgroße Schiffe aus japanischen Beständen, die ich mit Bankkrediten finanziert hatte. Außerdem mietete ich nun drei zusätzliche Schiffe von anderen Reedern, so dass meine Frachterflotte schon beinahe auf zehn Schiffe angewachsen war.

Das Geschäft blühte von Tag zu Tag. Geldverdienen schien damals die einfachste Sache der Welt zu sein. Meine Mitarbeiter waren immer in meinem Sinne tätig und folgten meinen Anweisungen aufs Wort. Dies lief vielleicht deshalb so gut, weil ich in jungen Jahren schon gutes Geld verdiente und ihre Taschen reichlich füllte.

Wenn sie von ihren mehrtägigen Schiffsreisen zurückkehrten, setzten sie sich im Kreis zusammen, tranken und grillten Schweinefleisch. Es war noch Krieg, und viele Waren waren nach wie vor knapp, doch der Tisch der Seeleute war immer gut und reichlich gedeckt. Wenn ich an solchen Tagen zwischen ihnen saß, stießen mich meine jeweiligen Nachbarn in die Seite und betonten, dass sie mich mochten:

„Sehen Sie Chef. Wir sind doch wie Familienangehörige für Sie. Lassen Sie uns nur nicht im Stich und bleiben Sie bei uns."

„Da hat er völlig recht."

„Ja, ja. Man sollte sich gar nicht nach anderen Geschäften umsehen."

Es waren glückliche Tage. Wenn ich von diesem Zeitpunkt an mein Geschäft intensiv vorangetrieben hätte, hätte ich mich vielleicht in die Reihe der Großkonzerne empor gearbeitet. Noch bevor ich dreissig Jahre alt wurde, hatte ich ein gutes Gespür für geschäftliche Dinge und ein ausgeprägtes Verständnis für die Wirtschaft entwickelt. Nach meinen Erfahrungen ist die Wirtschaft so etwas wie ein lebendiger Organismus. Sie hat zwar keine konkrete Gestalt wie beispielsweise ein Schiff oder ein Wal. Aber sie ist von Leben erfüllt, ist eine Lebensform, ein Organismus. Wenn man daher die äußersten Gliedmaßen wie Finger- oder Zehenspitzen berührt, reagiert der Organismus mit einem Schmerzensschrei. Dies ist eine Art Naturgesetz. Eine solche Vorstellung von Wirtschaft als biologisches Leben und organischer Zusammenhang ist der einfachste Weg, um sie zu verstehen. Dies lernte ich bereits in jungen Jahren. Heute gehört dies zum Allgemeinwissen; und die Zusammenhänge, warum z.B. eine Großbäckerei einen Sportverein betreibt, werden heute allgemein verstanden. In diesem Sinne habe ich meine Firma geleitet und mit meinen Mitarbeitern stets gemeinsam aus einem Topf gegessen. Meine Firma war zwar nur ein kleiner Organismus, aber in ihr pulsierte das Leben, die Wirtschaft als unsichtbarer lebendiger Organismus.

Zu jener Zeit war ich auch Inhaber eines Zeitungsverlags, der die „Mokpo Daily News" herausgab. Als regionale Tageszeitung hatte sie schon eine lange Tradition; sie erschien selbst während der japanischen Kolonialherrschaft in japanischer Sprache. Nach der Befreiung von den Japanern hatten die Mitarbeiter sie dann in Eigenregie herausgegeben. Nachdem ich der Todesgefahr im kommunistischen Gefängnis entronnen und mit Ach und Krach frei gekommen war, übernahm ich die Zeitung. Bei der „Mokpo Daily News" konnte ich meinen geschäftlichen Fähigkeiten freien Lauf lassen.

Leider war es mir jedoch nicht möglich, mit den dortigen Mitarbeitern auf Dauer eine familiäre Atmosphäre aufrechtzuerhalten. Sie versuchten mit allen Mitteln mich davon abzuhalten, in anderen Bereichen aktiv zu werden. Darauf konnte ich nicht eingehen, weil mich die Politik brennend interessierte. Wegen des großen Unternehmens „Politik", wegen dieses Ziels musste ich mich Schritt für Schritt von ihnen entfernen.

Es war 1954 in Mokpo, als ich zum ersten Mal als Abgeordneter kandidierte. Es war die dritte Parlamentswahl nach der Befreiung, und ich war noch nicht ganz dreissig Jahre alt. Ich war mir selbst ziemlich sicher gewählt zu werden, und ich hatte guten Grund dazu. Damals hatte in Mokpo die Gewerkschaft einen großen Einfluss auf die Wähler. Auch bei der vorherigen Wahl hatte der von der Gewerkschaft unterstützte Kandidat gewonnen. Glücklicherweise genoss ich jetzt die Sympathie des Gewerkschaftsvorsitzenden und der anderen führenden Gewerkschaftler vor Ort. Sie hielten mir zugute, dass ich die Positionen der Arbeiter verstand, und dass ich mich in der Vergangenheit um die Verbesserung ihrer Arbeitsbedingungen bemüht hatte.

Als parteiloser Kandidat für die dritte Abgeordnetenwahl in Mokpo im Freundeskreis.

So wurde ich von ihnen voll und ganz im Namen der Gewerkschaft unterstützt. Ihre einzige Bedingung war, dass ich nicht in die Demokratische Volkspartei eintreten dürfe, die als konservativ galt. Das war für mich völlig in Ordnung, hatte ich doch auch selbst keineswegs die Absicht, dieser Partei beizutreten. Andererseits wollte ich auch nicht in die regierende Freiheitspartei eintreten. Schließlich ging ich ja gerade deswegen in die Politik, weil ich mit der Regierung Rhee Syngman nicht einverstanden war. Also wurde ich weder Mitglied der Regierungs- noch der Oppositionspartei. Letztendlich kandidierte ich als Unabhängiger. Die Wahl schien gelaufen. Mit Rückendeckung der Gewerkschaft zu gewinnen, schien so leicht wie mit festem Boden unter den Füßen zu schwimmen. Das dachte ich damals.

Aber dann geschah Unglaubliches. Die regierende Freiheitspartei veranlasste die Polizei, die Gewerkschaftsführung von Mokpo zu verhaften. Die Gewerkschaft war eine von der Regierung abhängige Organisation, und es stellte sich die Frage, warum sie einen Kandidaten unterstützte, der nicht der Regierungspartei angehörte. Das sollte der Grund für die Verhaftungen sein. Ich war ratlos. Die Gewerkschaftler mussten nachgeben. Sie wurden gezwungen eine eidesstattliche Versicherung zu unterschreiben, dass sie von nun an den Kandidaten der Regierungspartei und nicht mich unterstützten. Erst danach wurden sie frei gelassen. Wie die Polizei es von ihnen verlangt hatte, traten sie vor die Mitglieder und erklärten, dass sie nach Änderung der Gewerkschaftssatzung nunmehr die Freiheitspartei unterstützten.

Wenn man heute daran zurückdenkt, kann man nur in schallendes Gelächter ausbrechen. Aber in Korea wurden solche unglaublichen Manipulationen bei den Wahlen noch lange fortgesetzt, und das größte Opfer solchen Wahlbetrugs war ich. Man könnte fast behaupten, dass meine politische Karriere ein einzigartiges Protokoll des Wahlbetrugs in Korea ist. Meine erste Wahl verlor ich natürlich. Ich weiß nicht mehr, ob ich unter den acht Kandidaten auf Platz vier oder fünf kam; jedenfalls war es für mich eine absolute Niederlage.

Nach der dritten Wahl von Präsident und Vizepräsident am 15.5.1956 trat ich dann in die Demokratische Partei von Dr. Chang Myon ein. Er war zum Vizepräsidenten gewählt worden, und ich wurde offizielles Parteimitglied. Er ist in die politische Geschichte Koreas als der erste „gewissenhafte Gigant“ eingegangen, und von ihm lernte ich, was Politik wirklich bedeutet. Ich war zwar kein Abgeordneter, aber Dr. Chang Myon akzeptierte mich als jungen Cheftheoretiker. Unter seiner Patenschaft konvertierte ich zum Katholizismus, wobei meine Beziehung zu ihm sicherlich eine mehr oder weniger große Rolle spielte. In der Myongdong-Kathedrale wurde ich auf den Namen Thomas Moore getauft. Erst später erfuhr ich, dass Thomas Moore als Philosoph und Politiker im England des 16. Jahrhunderts lebte und als Märtyrer starb, weil er sich den Befehlen von Heinrich VIII. widersetzt hatte, der sich vom Katholizismus lossagte.

Nun war ich also Mitglied der Demokratischen Partei. Das Problem blieb jedoch, für mich einen Wahlkreis zu finden. Das Mandat in meiner Heimat Mokpo übte bereits ein Parteifreund aus. Dort konnte ich nicht kandidieren und ihn einfach verdrängen.

Ich überlegte hin und her und beschloss dann, in Inje in der Provinz Kangwondo zu kandidieren. Dieses Gebiet liegt nördlich des 38. Breitengrads und hatte vor dem Krieg zu Nordkorea gehört. Erst durch die Waffenstillstandsvereinbarung wurde es Südkorea zugeschlagen. Es war zwar nicht meine Heimat, aber es schien mir günstig, da dort etwa 7–8% der Wahlberechtigten von Armeeangehörigen und deren Familien gestellt wurden. Die Armee unterstützte damals die Opposition in überwältigender Weise. Andererseits wurde meine Kandidatur dort, wo nicht meine Heimat war, durch den „verhassten Regionalismus“ erschwert.

Die vierten Parlamentswahlen fanden im Mai 1958 statt. Vorweg gesagt: Ich konnte mich nicht einmal daran beteiligen. Die konservative Regierungspartei verhinder-

Mit dem Mitglied der Freiheitspartei Kim Soo-Chin beim Eingeständnis des Wahlbetrugs seiner Partei bei der vierten Abgeordnetenwahl.

te dies von vornherein. Genau und konsequent geplant wurde mir die Registrierung als Kandidat unmöglich gemacht.

Für diese Registrierung musste man damals Unterstützerlisten vorlegen. Ich hatte ausreichend Unterstützung unter den Wahlberechtigten gesammelt, und meine Unterlagen wurden zunächst auch ordnungsgemäß entgegengenommen. In der Nacht jedoch wurden meine Unterlagen mit denen des Kandidaten der Regierungspartei vermischt, so dass am nächsten Tag eine doppelte Registrierung von Unterstützern festgestellt wurde. Meine Kandidatur wurde für unzulässig erklärt. Wieder machte ich mich auf den Weg und brachte mit Mühe und Not erneut die nötigen Listen zusammen, um die Bedingungen für meine Registrierung zu erfüllen. Doch dieses Mal hieß es, ich müsse die Namensstempel aller Unterstützer zur Prüfung vorweisen. Das war völlig unmöglich, denn bereits vor geraumer Zeit waren die offiziellen

Namensstempel der Einwohner von der Stadtverwaltung eingezogen worden. Deswegen hatten meine Unterstützer ihre Stempelabdrücke notgedrungen mit zurechtgeschnittenen Zuccinispitzen in die Listen gesetzt.

Ich kämpfte bis zum Umfallen. Meine Frau stärkte mir den Rücken und unterstützte mich voll und ganz. Aber ich wurde mit Polizeigewalt aus dem Büro der Wahlkommission entfernt. Meine Kandidatur wurde wiederum für unzulässig erklärt. Die Presse berichtete über die Angelegenheit in großer Aufmachung als „Skandal einer Verhinderung der Kandidatenregistrierung".

An dieser Stelle möchte ich auch eine kleine Anekdote in Zusammenhang mit General Park Chung Hee einfügen. Ich war wegen des Wahlbetrugs so erbost, dass ich mit einer Petition an die Armee appellieren wollte. Zu diesem Zweck machte ich mich auf den Weg zum örtlichen Divisionskommando. Selbstverständlich war die Armee an den politischen Manipulationen nicht beteiligt. Ich dachte mir, dass sie deshalb an den Zuständen bei der Parlamentswahl, die schließlich ein Grundstein der Demokratie ist, interessiert sein müsse. Die Kommandantur lag kaum zwanzig Meter von der Stadtverwaltung entfernt, aber unglücklicherweise war der Divisionskommandeur nicht anwesend.

Ich fragte den Wachhabenden nach dem Namen des Kommandeurs, damit ich bei einem späteren Besuch Bescheid wüsste.

„Wie heißt der Divisionskommandeur?"

„Sein Name ist Park Chung Hee."

Unbefangen antwortete mir der Wachsoldat, und ich prägte mir den Namen ein. Später versuchte ich es noch einmal, aber wieder war er nicht da. So gab ich es auf, ihn zu treffen. Und genau dieser Kommandeur war Park Chung Hee, der drei Jahre später am 16.5.1961 durch einen Militärputsch die Macht übernahm.

Es ist eine Ironie des Schicksals. Wenn ich ihn damals angetroffen hätte, wäre dies unsere erste Begegnung gewesen. Wir hätten miteinander über den Wahlbetrug diskutiert. Und wenn wir uns auf diese Weise begegnet wären, hätte uns das Schicksal später vielleicht nicht zu erbitterten Gegnern gemacht. Aber die Vorsehung verhinderte, dass wir uns damals trafen, und alles weitere war sozusagen vorherbestimmt.

Nach der Wahl, zu der ich mich nicht einmal als Kandidat registrieren lassen durfte, erstattete ich gegen den Wahlsieger von der Freiheitspartei Anzeige wegen Verstoßes gegen das Wahlgesetz. Es dauerte zehn Monate, bis das Verfahren im März des folgenden Jahres zu meinen Gunsten entschieden wurde. Im Juni 1959 fand in Inje dann eine Neuwahl statt, bei der ich kandidieren konnte. Aber auch diese Neuwahl führte nicht zu dem von mir erwarteten Ergebnis. Schwarz-Weiß-Propaganda und übelster Wahlbetrug besiegelten meine Niederlage.

Der hemmungslose Wahlbetrug wurde vor allem von Offizieren inszeniert, die mit ihren Truppen in der Nähe von Inje stationiert waren. Die Offiziere warteten in den Wahllokalen und überwachten die Stimmabgabe: Hatte ein Wähler den Kandidaten der Freiheitspartei angekreuzt, so wurde der Stimmzettel in die Urne geworfen. Hatte ein Wähler jedoch mich, den Oppositionellen, angekreuzt, zerrissen sie den Stimmzettel. Dies geschah auf massiven Druck der Freiheitspartei, gegen den die einfachen Soldaten noch nicht einmal protestieren konnten. Schließlich standen sie unmittelbar am 38. Breitengrad unter strengster Kontrolle. So war es damals um die Armee bestellt. Wegen dieses Betrugs sprach der Urnengang der Bezeichnung „Wahl" Hohn.

Bereits während des vorangegangenen Wahlkampfes konnte ich so viele Reden halten, wie ich wollte, kaum ein

Zuhörer traute sich herbei. Die Bevölkerung wurde genauestens überwacht, und lediglich Polizisten in Zivil oder Spitzel des militärischen Geheimdiensts waren zu sehen. Als ich mir die Szene später vergegenwärtigte, zählte ich nur 62 Personen, die meine Rede gehört hatten.

Dies alles war wirklich ärgerlich, und ich war wütend über die Schwarz-Weiß-Propaganda, mit der ich in die kommunistische Ecke gestellt wurde. In anderen Regionen ging man genauso vor, aber in einer Stadt wie Inje nahe dem 38. Breitengrad war eine solche Schwarz-Weiß-Propaganda besonders effektiv. Die Freiheitspartei tat ein übriges, um ihre Agitation noch wirksamer zu machen, und wendete eine List an. Sie präsentierte einen Mann aus meiner Heimatprovinz Chollado, den ich in meinem Leben noch nie gesehen hatte. Er stellte jedoch folgende verleumderische Behauptung auf: „Ich war mit Kim Dae-jung in derselben Parteizelle. Ich weiß, dass er ein Roter ist. Von Kindheit an waren wir enge Freunde, deshalb könnt ihr mir glauben. Er kandidiert in Inje bestimmt, damit er die Stadt an den Norden verraten kann. Denkt an meine Worte ...“

Wir kannten uns überhaupt nicht; er stammte aus Yosu, weit entfernt von meiner Heimat Mokpo. Aber die Menschen glaubten ihm. Mokpo und Yosu liegen nahezu 500 km von Inje entfernt. Deshalb zweifelte niemand an seinen Worten, denn schließlich behauptete er, aus der Provinz Chollado zu stammen. Wie gerne hätte ich öffentlich dazu Stellung genommen, aber bei meinen Wahlkampfversammlungen gab es kein Publikum. Wir stürzten uns gegenseitig ins Unglück. Ich kannte die wahre Vergangenheit, in der ich von den Kommunisten beinahe hingerichtet wurde, musste aber meine Wut herunterschlucken.

Etwa zehn Jahre später hatte ich die Gelegenheit jemanden wieder zu treffen, der mich bei der damaligen

Neuwahl mit solcher Schwarz-Weiß-Propaganda gequält hatte. Er konnte sich an mich erinnern.

„Ich möchte mich für damals entschuldigen. Aber ich konnte nicht anders."

„Sie nehmen überhaupt keine Rücksichten?"

„Verzeihen Sie bitte. Es hört sich wahrscheinlich wie eine Ausrede an, aber die Verhältnisse waren damals so."

Ich musste bitter auflachen, akzeptierte aber seine Entschuldigung. Was blieb mir anderes übrig als ihm zu verzeihen. Ein tiefer Schmerz durchfuhr jedoch meine Brust, ich hatte plötzlich das Gefühl, von einem großen Felsbrocken erschlagen zu werden. Woher rührt dieser Schmerz, den die Neuwahl in Inje in mir zurückgelassen hat? Dieser Schmerz hängt mit dem Tod meiner Frau zusammen, die sich meine Wahlniederlage so zu Herzen nahm, dass sie kurz darauf starb.

So wie mein Gesprächspartner dachten und handelten damals alle. Tatsächlich, außer einer kleinen Minderheit waren alle so. Und wie ging es weiter? Vermutlich analysierten meine politischen Gegner in der Folgezeit äußerst genau meine Niederlage bei den Neuwahlen von Inje 1959. Deswegen wurden ähnliche Methoden wie die mit dem Provokateur und der Schwarz-Weiß-Propaganda von meinen Gegnern bei jeder Wahl angewandt. Der einzige Unterschied war, dass Technik und Methode weiter verfeinert wurden.

Bald brauchten sie nicht mehr meine Kandidatur überprüfen, die Stimmzettel kontrollieren oder einen unnötigen Streit über meine Biographie riskieren. Jedesmal brauchte nur noch mein ihrer Meinung nach „rotes Gedankengut" problematisiert und der „Bukpung = Wind aus dem Norden" beschworen werden, was ich einfach nicht verstehen konnte.

Es wird behauptet, dass das politische Bewusstsein der Koreaner inzwischen gewachsen sei. Wenn dies wahr ist, so ist es ein Glück, denn politisches Bewusstsein ist gut und wichtig. Allerdings sehe ich die Sache unter einem etwas anderen Gesichtspunkt. Das politische Bewusstsein unseres Volkes war auch in der Vergangenheit bereits hoch entwickelt. Das Problem war jedoch, dass immer irgendjemand Gelegenheit fand, dieses Bewusstsein zu eliminieren. Das Volk konnte sein politisches Bewusstsein nie deutlich zum Ausdruck bringen. Dies ist meine Meinung, von der ich fest überzeugt war und bin, in der Vergangenheit wie auch in diesem Moment.

8. Der Putsch

„Hallo, Herr Dr. Chang Myon? Hier ist Kim Dae-jung am Apparat."

„Oh, wie ist es denn gelaufen?"

„Herr Doktor, ich bin gewählt worden. Das habe ich nur Ihnen zu verdanken."

„Haha, so? Ich gratuliere herzlich. Nun sind Sie als unser Parteisprecher endlich drin. Ich fühle mich als ob ich Verstärkung von tausend Mann mit zehntausend Pferden bekommen hätte."

„Herzlichen Dank."

„Aber wirklich, Sie hätten eigentlich schon früher gewählt werden müssen ... Nur Mut. Das alles ist im Grunde genommen wie Medizin."

Ich hängte den Hörer ein. Es war der 14.5.1961 am frühen Morgen in Inje, Kangwondo. Dies war das Geschenk, das der Aufstand vom 19.4.1960 mir nachträglich bescherte.

Ein Jahr zuvor war ich bei der fünften Parlamentswahl im Juli 1960 wieder durchgefallen. Noch nie zuvor hatte die Bevölkerung freie Wahlen erlebt. Aber es war die Wahl der Einheimischen, unter denen ich ein Fremder war. Da die jungen Soldaten, die mich früher unterstützt hatten, inzwischen nicht mehr dort waren, steckte ich in Schwierigkeiten. Die Stadt Inje war in sechs Bezirke gegliedert, von denen ich in fünf die Mehrheit gewann. Nur in einem Bezirk erzielte mein Gegner eine große Mehrheit, so dass ich bei der Gesamtauszählung angeblich mit etwa 100 Stimmen geschlagen wurde. Ich bereute nichts. Ich hatte die Wahl verloren und wurde nicht Abgeordneter. Trotzdem ernannte mich Dr. Chang Myon zum Sprecher der nun regierenden Demokratischen Partei. Er selbst war nach der Kabinettsreform

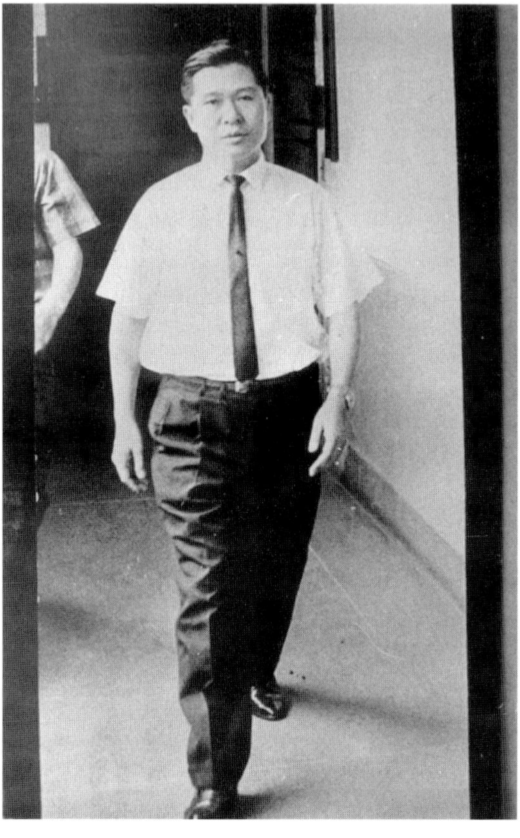

Mitten im politischen Leben.

zum Ministerpräsidenten gewählt worden. Unsere Partei verfügte über 100 Abgeordnete, und ich wurde ihr Sprecher. Dies war die erste erfreuliche Angelegenheit, seitdem ich in die Politik gegangen war. Obwohl ich an meinen wiederholten Wahlniederlagen beinahe zerbrochen war, akzeptierten mich die anderen Politiker inzwischen.

Noch eine andere Freude gab es für mich. Der Abgeordnete, der in Inje gegen mich gewonnen hatte, war der dortige Polizeichef. Als erneute Wahlmanipulationen bekannt wurden, musste er seinen Platz räumen. Wiederum wurde in Inje eine Neuwahl durchgeführt, die ich schließlich gewann.

Alles findet irgendwann ein gutes Ende. So interpretierte ich meinen Wahlsieg, als ich davon erfuhr. Bei der Parlamentswahl 1954 hatte ich eine Niederlage erlebt, dann ebenfalls 1958, 1959 und 1960. Nachdem ich bei vier Wahlen einmal gar nicht zugelassen und dreimal geschlagen worden war, erlebte ich endlich den Erfolg und fühlte mich dementsprechend ausgezeichnet. Ich freute mich sehr darüber. Und es verdoppelte meine Freude, dass ich diesen Erfolg in der fremden Region Inje errungen hatte, die nicht meine Heimat war. Hier hatte ich keinen einzigen Familienangehörigen oder Verwandten.

Am Morgen des 14.5. wurde mir von der Verwaltung in Inje die Ernennung zum Parlamentsabgeordneten überreicht. Als ich sie in Händen hielt, konnte ich meine Tränen nicht zurückhalten. Wegen dieses Stück Papiers hatte meine Frau alles Leid der Welt erdulden müssen und war gestorben. Wenn ich nun bald nach Seoul zurückkehrte, würde ich das „goldene Abzeichen" bekommen. Ich nahm meine Ernennungsurkunde und machte mich auf den Weg zum Grab meiner Frau.

Erschöpft schleppte ich mich am 14.5. und 15.5. den ganzen Tag über mit meiner Ernennungsurkunde herum und hielt überall in Inje Dankansprachen. Nach Seoul wollte ich am 16.5. zurückfahren. Die Einwohner begrüßten mich freudig, sie freuten sich, als ob mein Erfolg ihr eigener sei. Einige Leute, die sich an die früheren Wahlkämpfe erinnerten, betonten, dass dies alles ihre eigenen Fehler gewesen seien und baten mich um Entschuldigung. Ich dankte ihnen herzlich für ihre freundlichen Worte. Durch sie wurde ich in meinem Entschluss bestärkt, den ich bei meinen ersten Schritten in die Politik gefasst hatte. Für dieses Volk, das sich so sehr nach einer gerechten Politik sehnte, würde ich mein Bestes geben. Das war mein fester Entschluss.

„Herr Abgeordneter Kim Dae-jung! Kim Dae-jung!“

Ein Mitglied der Demokratischen Partei in Inje stürzte völlig außer Atem in aller Frühe in mein Zimmer, um mich zu wecken. Zuvor hatten mich die Parteimitglieder zu ihrem Sprecher gewählt. Und nun war es auch kein Traum mehr, Abgeordneter zu sein. Dies stimmte mich froh, und gemächlich stand ich auf. Die Gegend um Inje ist ausgesprochen bergig, so dass ich vom Herumwandern für meine Dankansprachen todmüde war und tief geschlafen hatte. „Was ist denn los, schon so früh am Morgen?“ fragte ich ihn lächelnd. Ich wollte ja nun so schnell wie möglich nach Seoul fahren und war ihm deshalb dankbar, dass er mich so früh weckte. Aber das, was ich dann aus seinem Munde vernahm, traf mich wie ein Blitz aus heiterem Himmel: „Es ist furchtbar! In Seoul hat die Armee die Macht ergriffen.“

Dies war die „Militärrevolution“ vom 16.5.1961, wie sie später in der koreanischen Geschichtsschreibung genannt wurde. Der Hauptverantwortliche für diesen Militärputsch war Park Chung Hee, jener Divisionskommandeur, den ich vor genau drei Jahren hier in Inje zu treffen versucht hatte. Und wiederum hier in Inje erreichte mich diese Nachricht!

In aller Eile machte ich mich auf den Weg nach Seoul. Auf den Straßen beobachtete ich Armeeeinheiten, die in Richtung Hauptstadt marschierten. Es war also tatsächlich etwas Ungewöhnliches im Gange. Als ich mich Seoul näherte, hörte ich im Radio neue Nachrichten, die etwas positiver klangen. Der amerikanische Botschafter Marshall Green und der Oberkommandierende der UN-Truppen McGruther standen auf der Seite der Regierung Chang Myon und unterstützten den Militärputsch nicht. Dies hatten beide gemeinsam erklärt.

Meinen Standpunkt zum Staatsstreich vom 16.5. möchte ich folgendermaßen beschreiben. Zum einen stellt sich die Frage, wer für den Erfolg des Militärputsches von Park Chung Hee verantwortlich war. Ich bin der Meinung, dass Präsident Yun Po-sun der Hauptverantwortliche war, in zweiter Linie trug aber auch Ministerpräsident Chang Myon die Verantwortung. Nach seiner späteren Wahlniederlage bereute es Präsident Yun Po-sun sicherlich zutiefst, dass er den Militärputsch offensichtlich gebilligt und auch unterstützt hatte. Vielleicht war er unzufrieden mit dem parlamentarischen Regierungssystem, das seine Rolle als Staatspräsident auf die einer repräsentativen Figur reduziert hatte. Dr. Chang Myon andererseits hatte nicht die Absicht, den Putsch zu unterstützen, doch er floh vor der Verantwortung und resignierte. Ohne Zweifel war er ein guter Mensch, wie man ihn selten findet, aber er hatte Probleme mit der Krisenbewältigung.

Wie aus der Geschichtsschreibung inzwischen bekannt, versteckte er sich an jenem Tag in einem Nonnenkloster und wollte es auf keinen Fall verlassen. Die Amerikaner versuchten mit allen Mitteln, mit ihm Kontakt aufzunehmen, doch dies schlug fehl. Deshalb suchten Kommandeur McGruther und Botschafter Green Präsident Yun Po-sun auf und fragten, ob er die Absicht habe, den Putsch niederzuschlagen. Er jedoch rügte sie und fragte im Gegenzug, warum ein fremdes Land sich in innerkoreanische Angelegenheiten einmische. Die USA mussten den Militärputsch als geschehen hinnehmen. Hätte Ministerpräsident Chang Myon in diesem kritischen Moment nur ein Telefongespräch mit den Amerikanern geführt ...

Zum anderen müssen die erfindungsreichen Rechtfertigungsversuche der Armee um Park Chung Hee für ihren Putsch in Frage gestellt werden. Immer wieder behaupteten sie, den Staatsstreich organisiert zu haben, weil die parlamentarische Regierung von Chang Myon korrupt und unfähig gewesen sei. Jedoch war zum Zeitpunkt von Parks Militärputsch Chang Myons parlamentarisches Kabinett gerade erst seit dreizehn Tagen endgültig im Amt.

Tatsächlich wurde Abgeordneten von Chang Myons Partei später Korruption vorgeworfen, und sie wurden vor einem eigens eingerichteten Militärgericht angeklagt. Aber weder einem Minister Chang Myons noch einem Abgeordneten konnte eine Schuld nachgewiesen werden. Dies ließ den Anklägern keine Ruhe bis sie schließlich jemanden zu Recht beschuldigen konnten, der dann allerdings ein Untergebener war: Er war auf Dienstreise in den USA gewesen und hatte von dort einen gebrauchten Kühlschrank zurück nach Hause schmuggeln lassen. Das kam heraus, und der Betreffende wurde angeklagt.

Als weiterer Rechtfertigungsgrund wurde angeführt, dass die anhaltenden Studentendemonstrationen bei einer weiteren Fortdauer eine Einladung für eine kommunistische Machtübernahme darstellten. Dies war eine engstirnige und ungerechtfertigte Behauptung. Es ist wahr, dass sich die Demonstrationen seit der Studentenrebellion vom April vergangenen Jahres fortgesetzt hatten. Doch seit Anfang 1961 hatten sie deutlich nachgelassen. Auch in der Bevölkerung hieß es mehr und mehr, dass die Demonstrationen nicht mehr zu ertragen seien. Die damalige Berichterstattung der Zeitungen beweist eindeutig, dass die Demonstrationen im Abflauen begriffen waren. Alles in allem muss man also davon ausgehen, dass der Staatsstreich seine Ursache in der Machtgier seiner Urheber hatte.

Wie dem auch sei, als ich an jenem Tag schließlich in Seoul ankam, stand meine Anmeldung als Abgeordneter im Parlament an. Am folgenden Tag, dem 17.5., bat ich meinen Bruder, die Anmeldeformalitäten für mich zu erledigen. Aber das Parlament war bereits am 16. durch Artikel 4 der „Revolutionären Militärbeschlüsse" aufgelöst worden. Es war nicht zu fassen. Nach siebenjähriger Arbeit hatte ich endlich meinen Abgeordnetensitz erkämpft, und nun war mir mein Mandat geraubt worden, ohne dass ich ein einziges Mal auf diesem Platz hatte sitzen können. Gerade einmal zwei Tage hatte ich mich über meinen Wahlsieg freuen können.

Ich bedauerte mein schweres Schicksal und zog mich völlig in meine häusliche Abgeschiedenheit zurück. Aber auch diese war mir nur für kurze Zeit vergönnt. Ich wurde verhaftet und ins Gefängnis gesperrt.

Als Haftgrund wurde zunächst Korruption genannt. Der Staatsstreich der Armee war ja mit dem Kampf gegen die parteipolitische Korruption begründet worden. Verzweifelt wurde also versucht, entsprechende Anklagen zu formulieren, und als Parteisprecher gehörte ich immerhin zu den besonders wichtigen Repräsentanten. Der Zivilstaatsanwalt versuchte mir nachzuweisen, dass ich Parteigelder in die eigene Tasche gesteckt habe. Er verhörte alle Leute, denen ich im Wahlkampf Geld gezahlt hatte, und protokollierte exakt die Beträge. Dann verglich er die Summe mit dem Betrag, den ich von der Partei erhalten hatte. Das Ergebnis war erstaunlich. Ich hatte im Wahlkampf mehr Geld ausgegeben als ich von Partei oder Regierung erhalten hatte. Mir war das völlig klar, denn die Parteigelder waren meist so bescheiden, dass ich zusätzlich größere Summen aus meiner eigenen Tasche ausgeben musste. „Die Kerle machen was sie wollen", murmelte mir der Staatsanwalt verlegen zu, als niemand zugegen war. Das Verfahren wurde mit dem Spruch „nicht schuldig" eingestellt.

Die nächste Anklage lautete „prokommunistische Einstellung“. Die Polizei hatte bereits jeden noch so kleinen Verdachtsmoment genauestens geprüft. Auf der Grundlage dieser Untersuchungsergebnisse unterzog mich der Staatsanwalt einer hartnäckigen Befragung. So wurde ich auch gefragt, ob ich im Mai 1949 der prokommunistischen „Arbeiterpartei“ im Süden Geld gespendet habe. Dabei ging es um ein Darlehen, das ich damals einem Bruder meines Freundes gewährt hatte. Es stimmt, dass dieser Mann mit der Arbeiterpartei zu tun hatte. Aber als ich ihm zu jener Zeit das Geld lieh, wusste ich nichts davon. Es handelte sich um einen allseits bekannten Vorfall, der lange zurücklag, und meine Unschuld war bereits bewiesen. Immer weiter stocherte die Staatsanwaltschaft in den unwichtigsten Angelegenheiten herum. Sie merkte jedoch sehr bald, dass es keinen Haftgrund für mich gab und musste feststellen, dass ich auf keinen Fall als Kommunist beschuldigt werden konnte.

Nach drei Monaten wurde ich endlich aus dem Gefängnis entlassen. Damit waren die genauesten Untersuchungen über mich abgeschlossen. Es hieß damals über die Putsch-Armee, dass bei ihrem Anblick selbst ein kleines Kind sein Weinen unterdrücke und dass selbst Vögel das Fliegen vergäßen. Sie übte eine solche Macht aus, dass die Angst alles überschattete. Und sie hatte drei Monate lang versucht, mir etwas anzuhängen, musste mich dann aber als „nicht schuldig“ entlassen. Man sollte also davon ausgehen, dass dies nicht zu bestreiten ist, zumal mehr als 2000 Menschen als angebliche Kommunisten in Haft bleiben mussten.

Seit jener Zeit provozieren mich meine Gegner bis heute mit Vorwürfen über mein angeblich kommunistisches Gedankengut. Ich weise dann auf die damaligen Geschehnisse hin, wie die Putschisten zur Rechtfertigung ihres Staatsstreichs mit aller Härte gegen angebliche Korruption und Zusammenarbeit mit dem Kommunismus vorgingen. Alle Anstrengungen richteten sie darauf, immer mehr Menschen einzukerkern. Für die Armee war ich als Parteisprecher von besonderem Interesse, war genau nach ihrem Geschmack. Trotzdem mussten sie meine Unschuld eingestehen und mich aus der Haft entlassen.

In jenen dunklen Zeiten meines Lebens kam ich Frau Lee Hee-ho näher und heiratete sie im Mai 1962. Sie ist bis heute meine Lebensgefährtin, meine politische Kameradin und meine Freundin. Ich hatte sie in einem Leseclub kennengelernt, als ich noch in Pusan gelebt hatte. Sie absolvierte die Nationaluniversität in Seoul und war Sprecherin des „Internationalen Komitees der jungen Koreanerinnen". Damals war ich zwar als Geschäftsmann tätig, aber ich nahm gerne an den Treffen der jungen Leute teil, die über Bücher diskutierten, welche auch ich las. Außerdem tauschten wir unsere Meinungen über den Krieg und die Lage der Nation aus. Privat war es damals eine sehr schöne Zeit. Mit allen hatte ich gute persönlichen Beziehungen, aber mit ihr war eine sehr große Übereinstimmung vorhanden, so dass ich mich ihr recht nahe fühlte.

In Gespräche vertieft spazierten wir gemeinsam durch die Gassen. Meine Erinnerung an diese gemeinsamen Spaziergänge in den schmalen Gassen von Gamchon, einem Vorort von Pusan, ist noch sehr lebendig. Ich war damals schon verheiratet, und sie war ledig. Wir waren ungefähr gleichaltrig und vertraten übereinstimmende Meinungen. Wir waren gute Freunde aber nicht mehr. Unmittelbar nach dem Waffenstillstand ging sie dann zum Studium in die USA. In dieser Zeit musste ich das Unglück verkraften, dass meine Ehefrau starb. Vier Jahre später kam Frau Lee aus den USA zurück und wurde

Vorstandsmitglied beim YWCA (Christlicher Verein Junger Frauen).

Zu jener Zeit begegneten wir uns zufällig wieder und heirateten. Aber unsere Flitterwochen dauerten nicht lange, denn am zehnten Tag nach der Hochzeit wurde unser Glück gestört. Ich wurde erneut verhaftet und als „Gegner der Militärrevolution" beschuldigt. Die Führung der Demokratischen Partei wurde angeklagt, den Sturz der Militärregierung zu planen. Man hatte eine Falle gestellt, um uns zur Strecke zu bringen. Letztendlich wurde ich zwar wieder freigesprochen, doch immerhin musste ich einen Monat im Gefängnis verbringen.

Von Zeit zu Zeit necke ich meine Frau mit der Behauptung, sie habe sich bei mir zu bedanken, da ich sie schließlich vor ihrem Schicksal bewahrt hätte, eine alte Jungfer zu werden. Das ist freilich nur ein Spaß, den sie sehr gut versteht. Und ich bin sehr dankbar, dass sie diese schwere Entscheidung getroffen hat.

Gerade vor zwei Monaten im März 1962 war das äußerst strenge Gesetz zur Beschränkung der politischen Aktivitäten in Kraft getreten. Ich durfte mich daher für die nächsten sechs Jahre nicht frei politisch betätigen. Ich war arbeitslos, hatte keine politische Zukunft und musste für meine Mutter und meine kranke Schwester sorgen. Außerdem war ich Vater von zwei Kindern. Wenn jemand aus tiefer Not gerettet werden musste, so war ich es. Ein eigenes Haus konnte ich erst sehr viel später kaufen. Dann hängte ich an die Tür neben mein eigenes Namensschild auch immer das meiner Frau Lee Hee-ho. Und wann immer wir umzogen, haben wir diese Tradition beibehalten. Dies geschah ganz gewiss nicht zu Dekorationszwecken. Auch wenn manche Leute hinter meinem Rücken darüber lästern und protestieren, möchte ich unbedingt an dieser Tradition festhalten. Dies ist der Ausdruck meines Danks und meines Re-

Als Vorsitzender der Demokratischen Friedenspartei mit den Vorsitzenden der ebenfalls oppositionellen Demokratischen Wiedervereinigungspartei und Neuen Demokratisch-Republikanischen Partei bei der Vorbereitung eines gemeinsamen Vorgehens gegen die Regierung Präsident Rohs.

spekts gegenüber meiner Frau. Diese schlichten Gedanken waren der Anfang. Aber nachdem ich die Namensschilder so angebracht hatte, festigte sich der Gedanke der kollegialen Solidarität. Obwohl ich mit diesem Gefühl zunächst nicht gerechnet hatte, hielt ich meine Entscheidung später für sehr gut.

Bis zum Jahre 1989 verging sehr viel Zeit. Unter Präsident Roh Tae Woo war die Regierungspartei im Parlament sehr schwach, die Opposition hingegen stark. Ich brachte einen Gesetzentwurf zur „Reform des Familienrechts“ zur Verbesserung der Lage koreanischer Frauen ein. Es gab regelmäßige Treffen zwischen Präsident Roh, Vertretern der Regierungspartei und den damaligen Oppositionsführern Kim Young Sam, Kim Jong-Pil und mir. Außer dem Abgeordneten Park Joon-Kyu zeigte jedoch kaum jemand Interesse an diesem Thema. Ich versuchte, die damalige Stärke der Opposition für meine Vorstellungen zu mobilisieren. Schließlich konnte ich die halbherzige Zustimmung von Präsident Roh erreichen.

Bis zur Verabschiedung des Reformgesetzes gab es noch zahlreiche Schwierigkeiten. Zum Ende der Sitzungsperiode am 18.12. konnte ich die Reform jedoch schließlich durchsetzen. Zumindest vor dem Gesetz sind Frauen nun den Männern gleichgestellt. Ich bat die Abgeordneten, nach Verabschiedung der Gesetzesänderung zu applaudieren, obgleich dies eigentlich verboten war, denn ich hielt diese Reformen für bedeutsam. Aber die meisten männlichen Abgeordneten in meiner Nähe zeigten keine besondere Freude. Sie behaupteten, dass sie ihrer Rechte als Männer beraubt seien und fragten, worüber sie sich freuen sollten.

Ich bin jedenfalls bis heute stolz darauf, die damalige Reform des Familiengesetzes eingeleitet zu haben. Auch viele andere bedeutsame Dinge, wie zum Beispiel die kommunale Selbstverwaltung, die ich mit meinem Hungerstreik durchgesetzt habe, machen mir große Freude. Für meine Initiative zur Reform des Familienrechts gab es keinen besonderen Anlass. Sie ergab sich einfach aus den zwei Namensschildern am Eingang unseres Hauses und der darin dokumentierten kollegialen Partnerschaft mit meiner Frau.

„Den Frauen gehört die Hälfte der Welt", wurde kürzlich wieder von einem führenden Vertreter Chinas betont. Dies ist sicherlich eine passende Formulierung, die sich sicherlich nicht nur auf Anzahl und Arbeitskraft der Frauen bezieht. In aller Klarheit möchte ich betonen, dass Frauen als die eine Hälfte der Menschheit gleichberechtigte Partner der Männer sind.

9. Am Ende des langen, dunklen Tunnels

Am 27.2.1963 wurde der Bann, der durch das Gesetz zur Beschränkung der politischen Aktivitäten über mich verhängt worden war und mir meine psychische und physische Bewegungsfreiheit genommen hatte, aufgehoben. Er hatte beinahe zwei Jahre Bestand gehabt. Die Militärregierung, die durch den Putsch an die Macht gekommen war, ließ die Politiker in zwei Stufen wieder aktiv werden. Ich jedoch konnte nur mit Mühe und Not auf den anfahrenden Zug aufspringen. Selbstverständlich hatten sich auch mir Gelegenheiten geboten. Wiederholt hatte man mit Drohungen und Versöhnungsangeboten versucht, mich zu einer Zusammenarbeit mit der Militärregierung zu bewegen. Ich schüttelte den Kopf und war nicht bereit, mich zu beugen.

Besonders massiv wurden die Drohungen, als die Gründung der Demokratisch-Republikanischen Partei bevorstand. Ich wurde von einem Direktor des Geheimdiensts vorgeladen, der mir drohend erklärte: „Das ist Ihre letzte Chance. Wenn Sie diesmal nicht auf uns hören, werden wir Sie für acht Jahre aus dem Verkehr ziehen. Das kann ich Ihnen jetzt schon versprechen."

„Da kann man nichts machen."

„Warum sind Sie so stur? Andere machen doch auch mit ..."

„Ich bin anders als sie. Ich war Sprecher der Demokratischen Partei. Ich habe dem Volk gesagt, dass diese Partei die beste Partei in der Geschichte des Landes war. Wie könnte ich nun von heute auf morgen so einfach für diese neue Partei eintreten, als würde ich nur mal eben meine Hand umdrehen? Selbst wenn ich das täte, würden die Menschen mit dem Finger auf mich zeigen und mich als Verräter bezeichnen. Das würde auch Ihnen nur schaden. Ich denke nicht daran, meine Meinung zu ändern."

Trotzdem versuchte er mit allen Mitteln, mich auf ihre Seite zu ziehen. Als er schließlich einsah, dass seine Versuche zum Scheitern verurteilt waren, beschimpfte er mich und stieß wüste Flüche aus: Ich solle nur sehen, wie es mir in Zukunft erginge. Wenn einem Politiker die Möglichkeit politischer Betätigung genommen wird, so gleicht er einem Fisch, dem das Wasser abgegraben wird. Das wäre ein Schmerz, den ich kaum ertragen könnte. Mich für acht Jahre aus dem Verkehr zu ziehen, würde bedeuten, mein politisches Leben zu beenden.

Es waren wirklich schwierige Tage, in denen es mir gar nicht gut ging, zumal ich kurz zuvor den unglücklichen Tod meiner Schwester erleben musste. Mit ihrer herausragenden Intelligenz hatte sie es geschafft, sich als Studentin an der renommierten Ewha-Frauenuniversität zu immatrikulieren. Doch sie litt an einem Herzklappenfehler, den man heutzutage ohne weiteres heilen könnte. Sie wohnte damals bei mir, und ich musste hilflos mit ansehen, wie sie von Tag zu Tag ein Stückchen starb. Ich war unfähig, sie zu trösten oder aufzumuntern, musste ich doch alle meine Kräfte in die eigene Angelegenheit investieren.

„Bruder, es geht schon." Den Tod vor Augen bemühte sich meine Schwester ein wenig heiter zu wirken.

„Es tut mir so leid, wenn ich wenigstens meine Firma hätte ..."

„Nein, ich mag dich lieber so, mach weiter mit der Politik. Ich werde mich irgendwie darum bemühen, dass du dich bald wieder frei bewegen kannst."

Bei diesen Worten musste ich heftig weinen. Wenig später starb sie, und vielleicht half sie mir tatsächlich, dass ich dann bald meine politische Arbeit in Freiheit fortsetzen konnte.

Nachdem ich vom Bann befreit war, widmete ich meine ganze Kraft dem Wiederaufbau der Demokratischen Partei. Den Parteigängern, die inzwischen in alle Winde verstreut waren, präsentierte ich das Banner mit der Aufschrift „Für den Wiederaufbau der Demokratischen Partei". Einer nach dem anderen fand zurück, so dass wir uns im Juli 1963 versammelten, Frau Park Sun-Chon zur Vorsitzenden wählten und die Neugründung der Partei feierten. Ich wurde wieder zum Parteisprecher gewählt.

Die Menschen sprechen seit jener Zeit von dem „guten Rhetoriker" Kim Dae-jung, womit Verschiedenes gemeint sein kann. Sowohl jemand, der eine gute Rede halten kann, als auch jemand, der eine gute Ausdrucksweise hat, kann als guter Rhetoriker bezeichnet werden. Doch ein Politiker, der aufgrund seiner Reden als guter Rhetoriker beurteilt werden will, muss noch andere als die beiden erwähnten Eigenschaften aufweisen.

Nachdem ich längere Zeit als Parteisprecher tätig war, hatte ich gelernt, meine Worte keinesfalls gedankenlos heraussprudeln zu lassen. Also begann ich, meine Ausführungen zunächst aufzuschreiben, zu überprüfen und zu üben, wodurch ich von selbst sorgfältiger vorging. Ich habe mir angewöhnt, nicht sofort auf einen anderen Redner zu antworten, den ich gerade gehört habe. Wer meinen Charakter nicht so gut kennt, mag das leicht für Arroganz halten. Tatsächlich ist es jedoch das genaue Gegenteil. Ich denke zunächst gut darüber nach, was ich dem anderen zu erwidern habe, nachdem ich versucht habe, ihn zu verstehen.

Ein koreanisches Sprichwort sagt: „Selbst wenn man schweigt, zeigt man schon Maß." Dies bedeutet, dass derjenige, der einfach daherredet, ohne Ahnung zu haben, auf dem untersten Niveau steht. Also ist es besser, zu schweigen. Das Sprichwort wird im allgemeinen recht häufig benutzt, doch gerade Politiker sollten es sich noch viel mehr zu Herzen nehmen. Ich meine, dass man vor den Worten die gebotene Scheu haben sollte. Wenn man jedoch gut vorbereitet ist, kann man auch lange reden. Dann kann ein Politiker eine Stunde, zwei Stunden und wenn nötig auch zehn Stunden reden.

So hielt ich es während meiner Zeit als Parteisprecher. Für ein Statement von einer Minute habe ich mich manches Mal fünf Stunden vorbereitet. Das war durchaus normal. Später als Abgeordneter verbrachte ich viel Zeit damit, Material durchzuarbeiten, um ein oder zwei Fragen im Parlament stellen zu können. Aus diesem Grund schätzte man mich als den „guten Rhetoriker Kim Daejung".

Meine Gegner beargwöhnten dies immer mehr und wurden neidisch. Sie prägten daraufhin eine Formulierung, die ich sehr ungewöhnlich finde: „Wenn man so gut redet, muss man Kommunist sein." Allen Ernstes wurde dies behauptet. Auf solch einer Basis kann keine Demokratie wachsen. Ich mache mich gründlich wissend, schlage mir die Nacht um die Ohren, um eine fundierte Rede zu halten. Sie hingegen hängen nur an meinen Lippen, um dann eine solche Behauptung aufzustellen. Das ist keine Politik sondern eine Farce.

Meine Schwester hatte mir kurz vor ihrem Tod prophezeit, dass sie sich im Himmel für meine Freiheit einsetzen würde. Aber es gab auch einen ganz irdischen Grund dafür, dass ich so schnell wieder auf freiem Fuß meiner politischen Arbeit nachgehen konnte. Park Chung Hee, der Vorsitzende des „Obersten Ausschusses für den Wiederaufbau des Staates", war dabei, eine Zivilregierung vorzubereiten. Da er sich überdies mit der Absicht trug, selbst Staatspräsident zu werden, hatte er als Geste der Versöhnung das Gesetz zur Beschränkung der politischen Aktivitäten gelockert.

So begann der Wahlkampf für die Präsidentschaftswahl. Für die Opposition kandidierte der bisherige Präsident Yun Po-sun. Unsere wieder gegründete Demokratische Partei bekannte sich zu ihrer Verantwortung, den Staatsstreich von Park Chung Hee nicht verhindert zu haben, und stellte deshalb keinen eigenen Kandidaten auf. Stattdessen wurde beschlossen, den anderen Kandidaten der Opposition zu unterstützen. Während des Wahlkampfes zog ich vom Leder wie ich nur konnte. Ich geißelte die Korruption, forderte den Sturz der Militärdiktatur und warnte vor dem Schaden, den die Diktatur, die Park Chung Hee weiterhin anstrebte, verursachen würde. Dies war meine natürliche Aufgabe als ein Sprecher der Opposition. Meine Worte strömten heraus, als hätte man eine Schleuse geöffnet.

In jenem Frühling war ich eines Tages dabei, Material daraufhin zu prüfen, ob es irgendwelchen Anlass zur Kritik an Park Chung Hee hergebe. Da fiel mir etwas auf, das ich nicht nachvollziehen konnte. Es ging um das Sondergesetz über Maßnahmen zum Wiederaufbau der Nation, das die Militärregierung der Verfassung noch übergeordnet hatte. Es stand im Widerspruch zu diesem Gesetz, dass Park Chung Hee als ausgeschiedener Offizier in die Parteipolitik ging.

Aufgrund dieses Gesetzes waren so viele Leute wegen illegaler politischer Betätigung ins Gefängnis gesteckt worden, aber Park Chung Hee bewies, dass er nicht einmal die selbst erlassenen Vorschriften achtete. Sofort sprach ich diese Tatsache öffentlich vor der Bevölkerung an. Ich kritisierte seine Verlogenheit und wies darauf hin, dass seine Mitgliedschaft in einer Partei illegal sei. Das stürzte die Regierungspartei in große Verwirrung. In aller Eile versuchte sie, das Sondergesetz in ihrem Sinne zu reformieren. Wie ich später hörte, war dies der erste Anlass für Park Chung Hees Hass auf mich. Ob dies wahr ist, weiss ich zwar nicht, aber jedenfalls wurde er durch diese Angelegenheit auf mich aufmerksam.

Wie in den Geschichtsbüchern nachzulesen ist, gewann Park Chung Hee von der Regierungspartei die Präsidentschaftswahl. Aber auch sein oppositioneller Gegenkandidat hätte die Wahl durchaus gewinnen können. Sein großer Fehler war jedoch, dass er Park als Kommunisten beschimpfte. Dies weckte dunkle Erinnerungen in der Bevölkerung, und man befürchtete, dass unter einem Präsidenten Yun Po-sun Park womöglich als angeblicher Kommunist verfolgt und verschwinden würde. So hatten wir die günstige Gelegenheit vertan, einen ersten friedlichen Regierungswechsel in unserer Geschichte zu erleben. Die Differenz zwischen beiden Kandidaten betrug lediglich 156.000 Stimmen, wobei die regionalen Ergebnisse besonders interessant waren. Der Kandidat Yun Po-sun erzielte die absolute Mehrheit in Seoul, in den Provinzen Kyonggido, Kangwondo und Chungchongdo sowie im nördlichen Teil der Zentralregion. Park Chung Hee dagegen gewann in den Provinzen Kyongsangdo und Chollado und im gesamten Süden. Allein in Chollado hatte er einen Vorsprung von 1.250.000 Stimmen vor Yun. Eigentlich hätte Park also der Bevölkerung von Chollado für seinen Wahlsieg danken müssen, doch nach seinem Regierungsantritt betrieb er seltsamerweise eine Politik, die die dortigen Menschen diskriminierte. Das war sehr bedauerlich, weil so der Konflikt zwischen Kyongsangdo und Chollado in der koreanischen Gesellschaft wie ein Giftpilz weiter wucherte.

Einen Monat nach der Präsidentschaftswahl war die Parlamentswahl in 131 Wahlkreisen des ganzen Landes angesetzt. Ich ging zurück in meine Heimat Mokpo, um dort zu kandidieren. Hier war ich 1954 zum ersten Mal angetreten und hatte nur den vierten oder fünften Platz erreicht. Nun kehrte ich zehn Jahre später in meine Heimat zurück, welche Tatsache allein mich schon stark berührte. Viele meiner Landsleute hatten mich um diese Rückkehr gebeten. Sie wussten, wie aktiv ich im politischen Zentrum der Hauptstadt war. Vielleicht hatten sie den Eindruck, dass Kim Dae-jung in seiner Heimat unterdrückt wurde und sich allein in der Fremde durchschlagen musste, was ihr Mitleid weckte. Jedenfalls gewann ich diese Wahl, bei der Kwon Roh-Kap, der heutige Abgeordnete, erstmals als Sekretär für meinen Wahlkampf arbeitete. Der Wahlkampf war sehr hart gewesen, da die Bevölkerung von Chollado, wie sich ja bei der Wahl von Park zum Präsidenten gezeigt hatte, die Republikanische Partei der Regierung eigentlich blind bevorzugte. Trotz allem aber gewann ich, wozu mir ein Glücksfall verhalf. Ganz am Anfang des Wahlkampfs hatte die Regierungspartei versucht, die Polizeidienststellen im Lande zu illegalen Einmischungen anzustiften. Ein Abteilungsleiter der Polizei von Mokpo jedoch hatte kurzerhand eine Pressekonferenz einberufen und diesen Geheimbefehl der Regierung bekannt gemacht. So konnte ich zwar meinen Wahlkreis gewinnen, doch die Demokratische Partei insgesamt erzielte ein sehr schlechtes Ergebnis. Aufgrund des weit verbreiteten Wahlbetrugs errang die Regierungspartei einen überwältigenden Sieg: Von 170 Sitzen entfielen auf sie 110, wogegen die Demokratische Partei gerade 13 Sitze erreichte. Damit war sie noch nicht einmal die stärkste Kraft der Opposition geworden.

Meine Freude darüber, dass ich nun zum ersten Mal das Abgeordnetenabzeichen trug, war groß. Rückblikkend betrachtet, hatte ich viermal eine Wahl verloren und einmal gewonnen, doch bei diesem einen Mal hatte ich mich nur zwei Tage über den Sieg freuen können. Insgesamt waren darüber inzwischen neun Jahre vergangen. Wie gerne hätte ich die verlorene Zeit zurückbezahlt bekommen. Um so mehr stürzte ich die Zeit zurückgedreht. Umso mehr stürzte ich mich nun in meine Arbeit als Abgeordneter.

Der Erfolg ließ nicht lange auf sich warten. Wenn ich an das Rednerpult trat, um Fragen zu stellen oder einen Debattenbeitrag zu leisten, wurden die Parlamentskollegen sofort aufmerksam und hörten gespannt zu, auch die Minister auf der Regierungsbank. Selbst diejenigen Abgeordneten, die sich zu einer Runde Go in die Lobby zurückgezogen hatten, sagten sich, dass sie ins Plenum zurück müssten, weil sie dem Kollegen Kim Daejung zuhören sollten. Das sprach sich herum, so dass der Satz „du sollst die Worte von Kim Dae-jung hören“ unter den Abgeordneten, die gerne Go spielten, zum geflügelten Wort wurde, das dem Spielpartner bedeutete, er solle das Spiel verloren geben. Das hieß allerdings nicht, dass ich so viel redegewandter war als andere. Sowohl die damaligen wie die heutigen Parlamentsabgeordneten waren und sind redegewandt.

Je mehr Zeit verging, desto interessanter fand ich die Parlamentsarbeit. Wenn am nächsten Tag eine Sitzung bevorstand, wich meine Müdigkeit vollkommen. Ich saß den ganzen Tag in der Parlamentsbibliothek und arbeitete umfangreiches Material durch. Nachdem ich keine Universität besuchen konnte, war die Parlamentsbibliothek mein Studienplatz geworden. Auf der Grundlage hierdurch erworbenen Wissens forderte ich von den Regierungsvertretern im Ständigen Ausschuss auf meine konkreten Fragen handfeste Antworten. Das machte es ihnen nicht leicht, denn so wie noch heute war es auch damals üblich, dass Abgeordnete im Ausschuss vorab formulierte Fragen vortrugen, auf die die Minister dann mit schriftlich vorbereiteten Stellungnahmen antworteten. Bei diesem Verfahren kam es nur allzu häufig vor, dass die Antworten geschickt an den Fragen vorbei formuliert wurden. Manchmal waren sogar Fragen und Antworten von vornherein so unklar formuliert, dass sie den Windungen einer Schlange glichen, die über eine glatte Mauer gleitet. Leider ließ sich diese Tradition nicht durchbrechen, da die Regierungspartei die eindeutige Frage- und Antworttechnik nicht akzeptierte.

Bei einer Rede vor dem Parlament.

Auch Präsident Park verfolgte meine Parlamentsarbeit genau. Er stand dem Parlament als Anfänger gegenüber und nahm mich, der ich aktuelle Probleme klar und offen ansprach, sehr deutlich wahr. Als ich einmal den Ministerpräsidenten und andere Regierungsmitglieder besonders in die Enge getrieben hatte, so dass sie keine vernünftige Antwort mehr geben konnten, stellte er sie wütend zur Rede. Meine Kritik war jedoch niemals Selbstzweck. Immer verband ich sie mit dem Versuch, bessere Alternativen aufzuzeigen und zur Sprache zu bringen.

Präsident Park Chung Hee und ich bekämpften uns für lange Zeit als politische Gegner. Dabei vergaß er, wie wichtig es ist, den Charakter des politischen Kampfes zu verstehen. Mehrmals versuchte er später, mich umbringen zu lassen. Zunächst jedoch, als er sich in der Politik die Hände noch nicht schmutzig gemacht hatte, übernahm er auf Umwegen wissentlich oder unwissentlich einige meiner Vorstellungen und Pläne. Mal erfuhr ich davon, mal geschah es ohne mein Wissen.

Zum Beispiel ging Präsident Parks späterer Plan zur Wirtschaftsreform, die zum Aufblühen der koreanischen Wirtschaft führte, auf die Ideen der Demokratischen Partei zurück, die wir schon vor dem Staatsstreich ständig vertreten hatten. Und als wir uns dann in unterschiedlichen Positionen gegenüberstanden, der eine als Präsident des Landes und der andere als Abgeordneter der Oppositionspartei, gab es ein fortwährendes Tauziehen.

Ich rechnete ihm seine soldatische Geradlinigkeit hoch an. Eine Zeit lang war er auch durchaus in der Lage, auf Intrigen und schmutzige Tricks zu verzichten und die Bedeutung der Opposition anzuerkennen. Später jedoch trübte die Macht seinen Blick, so dass er sich mehr und mehr vom rechten Weg entfernte. Wegen solcher Positions- und Meinungsunterschiede konnten wir uns zu seinen Lebzeiten dann nicht mehr häufig treffen. Wir hatten leider keine Gelegenheit mehr, uns zu versöhnen. Dies bedauere ich sehr, aber in der Tat hat er es immer vermieden, mich persönlich zu treffen.

10. Sakura, wunderschöne Blüte

Nun, kurz gefasst ...

Mein Vater fragte mich in seinem Brief, warum ich, dessen Zukunft weit wie das offene Meer vor mir liegt, als „Sakura“ bezeichnet werde. Warum ich Dinge tue, auf die alle mit Fingern zeigen.

In dem Brief, der weit her von der Insel Hauido kam, stand es so geschrieben. Das war im Jahr 1964, als die Verhandlungen zwischen der koreanischen und der japanischen Regierung über die Normalisierung der Beziehungen fortgesetzt wurden. Mein Vater hatte sich bis zu seinem Tod zu keiner anderen Zeit in meine politischen Aktivitäten eingemischt. Er wollte mir in keiner Situation zur Last fallen. Aus der Ferne hatte er meine politische Laufbahn schweigend begleitet. Umso ungewöhnlicher war es, dass er mir nun Vorwürfe machte. Ich erforschte gründlich mein Gewissen, fand jedoch keinen Grund, mich zu schämen.

Leider wurde mein wahres Anliegen von einigen nicht richtig verstanden, aber auf jeden Fall wollte ich es durchsetzen. Im Gegensatz zu vielen anderen lehnte ich die Aufnahme von diplomatischen Beziehungen zwischen Korea und Japan nicht ab. Die Opposition und die Bevölkerung leisteten jedoch heftigen Widerstand. Yun Po-sun, der Vorsitzende der größten Oppositionspartei, bezeichnete die Normalisierungspläne sogar öffentlich als Landesverrat, und im Volk herrschte ein ähnliches Gefühl vor.

Ich dachte anders. Die ablehnende Haltung von Yun Po-sun hielt ich für falsch. Die Ablehnung normaler diplomatischer Beziehungen zwischen Korea und Japan war in meinen Augen anachronistisch. Ich diskutierte das Thema mit meiner Parteivorsitzenden, Frau Park

Sun-Chon, und sie stimmte mir zu. Es war für uns einfach eine rückständige Denkweise, die nicht in die moderne Zeit passte, wegen der kolonialen Vergangenheit die Aufnahme von diplomatischen Beziehungen zu verweigern und entsprechende Pläne sogar als Verrat zu bezeichnen. Schließlich hatten auch Frankreich und Großbritannien Kolonialkriege geführt, dann aber mit den unabhängig gewordenen Kolonien diplomatische Beziehungen und eine gleichberechtigte Zusammenarbeit aufgenommen. Unser Land war nun schon seit längerem unabhängig, außerdem sind Korea und Japan enge Nachbarn. Deshalb vertrat ich die Ansicht, dass die diplomatischen Beziehungen unverzichtbar seien, und forderte die Opposition auf, für bessere Alternativen zu kämpfen, damit unser Land daraus keinen Nachteil erleiden würde.

Bei meiner Rede vor dem Parlament am 21. April 1964, als ich die Freilassung des Oppositionsabgeordneten Kim Chun-Yon forderte, der wegen seiner öffentlich erhobenen Korruptionsvorwürfe im Zusammenhang mit der japanischen Wirtschaftshilfe inhaftiert war.

So vertraten Yun Po-sun und ich unsere unterschiedlichen Auffassungen in der Öffentlichkeit. Er war strikt dagegen, und ich argumentierte, dass die diplomatischen Beziehungen notwendig seien, um die in der Vergangenheit erlittenen Erniedrigungen zu überwinden und von Japan einen Ersatz für unsere Verluste fordern zu können. Allerdings war auch ich unzufrieden mit der Summe von 300 Millionen US-Dollar, die zur Debatte stand. Dies war viel weniger, als die vorherigen Regierungen gefordert hatten. Unter Präsident Rhee waren die koreanischen Forderungen an Japan auf zwei Milliarden US-Dollar beziffert worden, und die Regierung unter Dr. Chang Myon hatte 2,85 Milliarden US-Dollar als Bedingung für die Aufnahme normaler diplomatischer Beziehungen mit Japan genannt.

So betonte ich im Parlament: „Wenn dem so ist, sollten wir von Japan keinen einzigen Cent annehmen. Unser Land ist zwar arm, aber wir kommen auch ohne japanische Almosen zurecht. Was wir jedoch von Japan wollen, ist eine ernstgemeinte Entschuldigung. Dann können wir die Vergangenheit bewältigen und unsere Beziehungen neu aufbauen. Würden wir, anstelle von Japan auch nur einen einzigen Cent zu bekommen, einen fairen Handel zwischen zwei gleichberechtigten Partnern aufbauen, würde dies auch das japanische Volk beeindrucken. Der Ausgleich unseres Handelsdefizits würde uns im Endeffekt einen weit größeren Vorteil bringen und unsere Binnenwirtschaft beleben. Derzeit haben wir im Handel mit Japan jährlich ein Defizit von 300 Millionen US-Dollar, was schließlich eine beachtliche Summe ist. Die 300 Millionen US-Dollar, die uns von Japan als Wirtschaftshilfe angeboten werden, sollen ja auf zehn Jahre à 30 Millionen verteilt werden. Schätzen wir jedoch einmal den Schaden, der uns innerhalb von zehn Jahren aufgrund eines einseitig ausgerichteten Handels entsteht, so wird dieser, meiner Meinung nach, die 3 Milliarden Dollar noch überschreiten."

Meine Argumente leuchteten den Zuhörern zwar ein, doch war die Opposition in keiner Weise zu einem Kompromiss bereit. Zudem hatte die antijapanische Stimmung in der Bevölkerung ihren Höhepunkt erreicht. Ausgerechnet ich wurde also als „Sakura" beschimpft. Sogar im Oppositionslager wurde ich der Ehrlosigkeit bezichtigt und mit Vorwürfen überschüttet, ich sei ein von der Regierung bezahlter Agent, ein japanfreundlicher „Sakura". Wer als Mitglied der Opposition damals von der Bevölkerung als regierungsfreundlich und als „Sakura" abgestempelt wurde, dessen politische Karriere war so gut wie beendet. Zur damaligen Zeit hörte man diese Vorwürfe, mochten sie auch noch so irrational sein, häufig.

Genau zu dieser Zeit hatte ich den eingangs erwähnten Brief meines Vaters erhalten. Es war wohl eine der schwierigsten Perioden in meiner politischen Laufbahn. Wenn meine Frau außer Haus unterwegs war, wurde sie offen als Frau eines Handlangers der Regierung beschimpft. Meine Kinder wurden in der Schule von ihren Kameraden geschnitten und kamen weinend nach Hause. Es war schmerzlich für mich; ich litt wie man so sagt „Todesqualen".

Jeden Tag demonstrierten nun die Studenten und andere Bevölkerungsgruppen. Seit dem Staatsstreich der Armee waren dies in Seoul die größten Demonstrationsmärsche gegen die Regierung. Sie erreichten ihren Höhepunkt am 3. Juni. Wie später dokumentiert wurde, wollte Präsident Park Chung Hee aus diesem Grund zurücktreten. Doch US-Botschafter Samuel Berger und UN-Befehlshaber Hamilton Howze suchten ihn in seinem Amtssitz auf. Sie kamen per Hubschrauber, weil auf den Straßen wegen der Demonstrationen kein Durchkommen war, stärkten dem entmutigten Präsidenten den Rücken und diskutierten mit ihm, wie die Lage zu meistern sei.

Am Abend um 20 Uhr verhängte die Regierung den Ausnahmezustand über ganz Seoul. Es war der 72. Tag der Demonstrationen, die die Bevölkerung am 24. März gegen die Aufnahme diplomatischer Beziehungen mit Japan begonnen hatte. In die Geschichtsbücher sind diese Ereignisse als die „Affäre vom 3. Juni" eingegangen.

Ich hatte in Oppositionskreisen schon zuvor auf die Möglichkeit hingewiesen, dass der Ausnahmezustand verhängt werden könnte. Schließlich kannte ich inzwischen den Charakter der Regierung, hatte sie sich doch mit Hilfe der Armee an die Macht geputscht. Also würde die Armee so einfach den Ausnahmezustand verhängen „wie man im Liegen Kuchen isst". Meiner Warnung wurde von einem führenden Oppositionspolitiker jedoch nur mit Zynismus begegnet, indem er sagte, dass die Verhängung des Ausnahmezustands uns sogar nützlich sein könne. Der Vorsitzende der oppositionellen Hardliner, Yun Po-sun, brüstete sich wiederholt damit, dass er sich auf der Straße an die Spitze der Demonstranten stellen werde. Als dann der Ausnahmezustand in Kraft trat, war von den Vertretern der harten Oppositionslinie kein einziger mehr zu sehen. Alle waren untergetaucht. Das war die andere Seite dieser Menschen. Sie zeigten kaum mehr Gewissen als diejenigen, die mit Waffengewalt an die Macht gekommen waren und nun den Ausnahmezustand verhängt hatten.

Die damals von der Opposition vertretene Politik war in gewisser Weise ein Muster an verantwortungsloser Demagogie. Die USA standen der Regierung Park, die durch einen Staatsstreich an die Macht gekommen war, keineswegs besonders freundlich gegenüber. Ihnen war im Rahmen ihrer Ostasienpolitik lediglich an einer Normalisierung und Verbesserung der Beziehungen zwischen Japan und Korea gelegen. Lediglich deshalb sahen sie sich gezwungen, Präsident Park zu unterstützen.

Durch ihre Kompromisslosigkeit hatte die Opposition sich selbst geschadet, ihre Kräfte waren deutlich geschwächt. Außerdem bot sie Präsident Park einen willkommenen Anlass, seine Herrschaft immer diktatorischer zu gestalten. Ein weiteres ernsthaftes Problem ergab sich daraus, dass sich die Opposition durch ihr Vorgehen selbst jede Einflussmöglichkeit auf die koreanisch-japanischen Normalisierungsverhandlungen nahm. Die Regierung konnte so den Vertrag nach eigenem Gutdünken abschließen, wobei eine Reihe wichtiger Fragen nicht geklärt wurde. So gibt es bis heute keine Einigung mit Japan über die Entschädigung der koreanischen Atombombenopfer von Hiroshima, der koreanischen Zwangsarbeiter oder der koreanischen Zwangsprostituierten, über die Rückkehr der auf Sachalin angesiedelten Koreaner oder den Grenzverlauf um die Insel Tokdo.

Ich wurde damals als „Sakura“ beschimpft, was anzuhören mich sehr schmerzte. Aber noch heute stehe ich zu meiner Auffassung, die ich damals vertrat. Die Aufnahme von normalen diplomatischen Beziehungen mit Japan war zu jener Zeit überfällig. Wenn dem so war, hätte die Opposition sich nicht unter Berufung auf die koloniale Vergangenheit prinzipiell verweigern dürfen, sondern hätte sich mit der Frage „wie“ für die bestmögliche Durchsetzung koreanischer Interessen einsetzen müssen.

Nach den koreanisch-japanischen Verhandlungen ergab sich bald ein neuer Streitpunkt zwischen Regierung und Opposition. Diesmal ging es um die Entsendung koreanischer Soldaten nach Vietnam. Die Opposition, allen voran ich, war gegen den Einsatz unserer Soldaten in Vietnam. Einerseits befürchtete ich hierdurch eine Verschlechterung der angespannten Lage auf der koreanischen Halbinsel, andererseits Nordkorea hierdurch provoziert werden. Außerdem hatte unsere Armee genug mit der Bewachung der Demarkationslinie am 38. Breitengrad zu tun. Selbst wenn koreanische Soldaten in Vietnam eingesetzt würden, würde dies den Kriegsverlauf nicht entscheidend beeinflussen. Aber die Forderungen der Amerikaner waren beinahe ultimativ. Sie machten deutlich, dass sie ihre eigenen Truppen aus Korea nach Vietnam verlegen würden, wenn nicht koreanische Einheiten dorthin gingen.

Wenn diese Entwicklung so weiterging, drohten also große Probleme. Unter diesen Umständen begann ich gemeinsam mit der Parteivorsitzenden Park Sun-Chon und anderen aus diesem Kreis, eine „weiche" Oppositionslinie zu vertreten: Wir waren nun der Meinung, dass koreanische Soldaten als Freiwillige nach Vietnam gehen könnten. Es war klar, dass wir uns mit diesem Kompromissvorschlag nicht durchsetzen konnten, da die Regierung ihm nicht folgte. Andererseits wurde von der Gruppe um Yun Po-sun auch in dieser Frage eine „harte" Oppositionslinie vertreten: Man war prinzipiell gegen den Einsatz koreanischer Soldaten in Vietnam, da dies bedeute, das Blut des eigenen Volkes an andere zu verkaufen, zudem führe dies dazu, dass Koreaner zu amerikanischen Söldnern würden.

Diese Argumentation vertiefte die Kluft zwischen der koreanischen Opposition und den USA weiter und förderte stattdessen die Zusammenarbeit der USA mit dem Regime von Präsident Park. Trotz der problematischen Entscheidung muss ich zugeben, dass die Entsendung koreanischer Truppen nach Vietnam insgesamt wohl positive Effekte hatte. Die Soldaten kämpften in einem anderen Land und machten wertvolle militärische Erfahrungen. Sie überwiesen von ihrem in Vietnam verdienten Sold jährlich zwischen 100 und 150 Millionen US-Dollar in die Heimat. Am speziellen „Vietnam-Geschäft“ verdiente die koreanische Wirtschaft, und zusätzliche amerikanische Finanzhilfe förderte die wirtschaftliche Entwicklung enorm. Erste Autobahnen wurden gebaut, große Industriekomplexe errichtet. Das jährliche Wirtschaftswachstum in Korea erreichte mit mehr als 10% international beachtete Werte, so dass bald vom „Wunder am Han-Fluss“ gesprochen wurde. Unter diesen Vorzeichen stand für Mai 1967 die sechste Präsidentschaftswahl an. Ich forderte, dass Yun Po-sun für die Opposition kandidieren solle. Doch wie immer war bereits vor der Wahl über Sieg und Niederlage entschieden.

An dieser Stelle möchte ich einige Gedanken zum Thema Lüge und Wahrheit in der Politik einfügen. Nachdem ich beispielsweise 1992 meinen Rückzug aus der Politik angekündigt hatte, dann aber später doch weitermachte, wurde ich von einigen Menschen als Lügner bezeichnet und in die Ecke gedrängt. Ich glaube, dass in diesem Fall „Lügner“ jedoch der falsche Begriff ist. Es geht nicht darum, dass ich diese Bezeichnung nicht mehr hören mag. Vielmehr halte ich schon diesen Ausdruck für objektiv falsch, ganz zu schweigen von noch schlimmeren Bezeichnungen, mit denen mein Verhalten bedacht wurde.

Wenn sich z. B. zwei Menschen verabreden, dann kann es einem von ihnen passieren, dass ihm ein anderes wichtiges Anliegen dazwischenkommt und er die Verabredung nicht einhalten kann. Dürfen wir ihn deswegen als Lügner bezeichnen? Der Begriff der Lüge muss doch eigentlich im logischen Zusammenhang gesehen werden. Deswegen möchte ich mein Beispiel weiter durchspielen: Dem Betreffenden kann nur dann eine Lüge vorgeworfen werden, wenn eine entsprechende Wahrheit existiert. Seine Verabredung wäre also nur dann eine Lüge, wenn er zu diesem Zeitpunkt wüsste, dass er seine Zusage nicht einhalten kann. Wenn man also etwas mit dem festen Willen verspricht, es auch einzuhalten, dann aber durch nicht vorhersehbare Umstände daran gehindert wird, so war das Versprechen keine Lüge.

Welches wichtige Anliegen war denn nun in meinem Fall dazwischengekommen? Dazu möchte ich mich an dieser Stelle äußern, denn 1992 war ich mir sicher, mein Versprechen, mich aus der Politik zurückzuziehen, einhalten zu können. Doch meine damaligen Kollegen und Parteifreunde bestürmten mich eindringlich, sie auch weiterhin wenigstens zu unterstützen. Manche von ihnen knieten vor mir und baten mich unter Tränen, in der Politik zu bleiben. Auch ich war zu Tränen gerührt, änderte aber keineswegs meine Meinung. Schließlich hatte ich ein Versprechen gegeben.

Um es vorweg zu sagen, ich kehrte dann später doch zurück, weil mir immer deutlicher wurde, dass ich gebraucht werde. Die zivile Regierung, die ihre Arbeit mit großem Ansehen begonnen hatte, wurde von der Bevölkerung bald mit der seltsamen Wortschöpfung „Zivildiktatur" bedacht. Die Entwicklung eskalierte: Es häuften sich beispielsweise in Inchon oder Bupyong die Fälle von Steuerhinterziehung. Dann brach die große Sungsu-Brücke über den Han-Fluss zusammen, dann passierte die verheerende Gasexplosion von Ahyondong in Seoul. In der Bevölkerung befürchtete man weitere Katastrophen auf dem Meer oder am Himmel. Der Unmut wurde immer größer.

Die Opposition verhielt sich in allem meiner Ansicht nach falsch. All meine Kraft hatte ich in die Demokratische Partei gesteckt; sie war ein Teil von mir und bedeutete alles für mich. Umso mehr schmerzte es mich, dass sie ihrer Funktion als Oppositionspartei nicht gerecht wurde und der Alleinherrschaft der Regierungspartei lediglich tatenlos zusah. Sie engagierte sich weder in den Haushaltsberatungen noch in den herbstlichen Diskussionen um die Ernteprobleme, verzichtete darauf, die allgemeine Haushaltsführung der Regierung zu kontrollieren und tat im Grunde genommen alles, um der Regierung zu gefallen.

Als es 1995 um die Wahl der autonomen Regionalspitzen ging, war die Opposition untereinander völlig zerstritten. Es gab in der damaligen Demokratischen Partei neun unterschiedliche Fraktionen; ein Parteiprofil war kaum noch zu erkennen, es gab nur noch Fraktionskämpfe. Bei der Aufstellung des Kandidaten für das Amt des Gouverneurs der Provinz Kyonggido wurden alle Vorschläge abgelehnt, stattdessen wurde ein Kandidat nominiert, der von vornherein keine Chancen hatte. Hiervon profitierte im Endeffekt die Regierungspartei, und die Opposition verlor bedauerlicherweise dieses wichtige Amt.

Ich konnte diese Entwicklung, diesen Missbrauch der neu gewonnenen regionalen Autonomie, kaum noch mit ansehen. Wie war gerade hierfür gekämpft worden! Nachdem Präsident Roh Tae Woo seine Regierungszeit begonnen hatte, hatte ich mit einem Hungerstreik auf Leben und Tod bis zu ihrer Durchsetzung gekämpft. Aber nun war die Opposition in einer solchen Krise, dass sie nicht einmal die zuvor gewonnenen Positionen verteidigen konnte. Ihr Erscheinungsbild war abstoßend. In dieser Situation konnte ich mein Versprechen, mich aus der Politik zurückzuziehen, einfach nicht einhalten. Die Regierung war auf dem falschen Weg, und die Opposition war aufgrund der Umstände unfähig, den richtigen Weg zu weisen. Es war daher notwendig, dass ich wieder in die Politik zurückkehrte und als erstes die Opposition wieder auf den richtigen Weg brachte.

Ich habe natürlich nicht vor, unsere eigene Oppositionsgeschichte neu zu schreiben. Schließlich war ich, außer zu Anfang meiner Karriere unter Chang Myon, stets selbst in der Opposition gewesen. Immer war die Oppositionspartei mein „Zuhause", wo mich die „Familie" freundlich empfing, wenn es draußen kalt und dunkel war. Mit dieser Partei, der ich mich mit Leib und Seele verschrieben hatte, verband mich eine nicht enden wollende Liebe.

Aber die Opposition muss sich von der Regierung unterscheiden. Nein, sie muss nicht aus Prinzip anders sein. Man darf Opposition nicht nur um des Kampfes gegen die Regierung willen betreiben. Man muss vielmehr dem Volk Visionen und ein politisches Konzept anbieten können. Wenn diese nicht vorhanden sind, ist die Opposition nichts anderes als irgendein politischer Haufen. Wenn man andererseits jedoch kämpfen muss, dann soll man den Kampf nicht scheuen. Wenn man davon überzeugt ist, Recht zu haben, dann soll man – auch wenn man den Tod riskiert – seine Überzeugung kämpfend durchsetzen. Gerade wegen dieser Auffassung halten mich manche für radikal. Natürlich habe ich entsprechende Kampferfahrung gesammelt und lehne deshalb den Kampf nicht grundsätzlich ab.

Auf dieser Basis habe ich immer versucht, die Geschichte voranzutreiben. Als ich dann die Oppositionspartei führte, habe ich diesen Punkt wieder und wieder betont, bis einige Leute Ohrenschmerzen bekamen. Doch sollten die folgenden objektiven Fakten mich bestätigen.

Im Jahre 1996 wurde das Verhalten vieler Abgeordneter sehr genau untersucht, und von den 30, denen die beste Arbeit bescheinigt wurde, waren 26 aus der von mir geführten Partei „Nationalkongress für neue Politik". Außerdem wurde die Arbeit unserer Vertreter in 13 von 14 Ausschüssen am besten beurteilt. Diese Beurteilung stammt keineswegs von uns selbst, vielmehr wurde die Untersuchung von der „Bürgerinitiative für wirtschaftliche Gerechtigkeit" und von einer unabhängigen Vereinigung der Wahlberechtigten durchgeführt, die die Politiker nach Punkten bewerteten. Ich glaube, dass dieses Urteil nicht gering geschätzt werden sollte, und wir auf dieses Ergebnis stolz sein können.

Diese Fakten belegen eindeutig, dass meine Volkspartei mit ehrlicher Politik und Alternativvorschlägen einen wertvollen Beitrag geleistet hat. Anders gesagt haben die Vertreter meiner Partei nicht unbesonnen den Machtwechsel gefordert. Vielmehr haben wir uns miteinander inhaltlich und systematisch auf die Übernahme der Regierung vorbereitet.

11. Das war keine Wahl, das war Krieg

Nun also zurück zur siebenten Parlamentswahl, die sich unauslöschlich in mein Gedächtnis eingebrannt hat. Sie fand 1967 statt, und ich kandidierte wieder in Mokpo. An alle Details kann ich mich heute nicht mehr genau erinnern, aber in meinem Porträt, das das japanische Fernsehen NHK produzierte, wird die folgende Begebenheit geschildert. Die Geschichte ist vielleicht etwas lang, aber sie charakterisiert sehr gut den damaligen Wahlkampf. Deshalb möchte ich sie hier anführen.

Es berichtete der damalige japanische Korea-Korrespondent Yamamuro Hideo, der sein Interesse an diesem Wahlkampf auf einen einzigen Ort konzentrierte, nämlich auf Mokpo, wo ich kandidierte:

„Als der Wahlkampf begann, ging ich mit meinem einheimischen Kollegen Chon Hak-Bum nach Mokpo. Als politischer Journalist hatte ich damals ein gewisses Gespür. Ich dachte mir, dass der einzige, der etwas gegen das System von Park Chung Hee ausrichten könne, der Kandidat Kim Dae-jung sei. Ich wollte gerne wissen, wie er seinen Wahlkampf führt, außerdem wollte ich ihn auch privat unterstützen. Also fuhr ich nach Mokpo. Sein Wahlkampfbüro befand sich in der Nähe des Bahnhofs auf der zweiten Etage eines kleinen Hauses im japanischen Stil. Die Fußböden waren noch mit Tatami ausgelegt, denen man ihr Alter deutlich ansah. Ich hatte einen Umschlag mit 1000 US-Dollar vorbereitet. Da es damals noch keine 100er Scheine gab, war der Umschlag mit 100 Scheinen im Wert von jeweils 10 US-Dollar gefüllt und deshalb sehr dick. Ich legte also diesen Umschlag auf die Tatami, wo Kim Dae-jung saß, und bat ihn, dieses Geld für seinen Wahlkampf zu verwenden.

Zu jener Zeit waren 1000 US-Dollar ein großer Betrag.

Ich verfügte jedoch deswegen über so viel Bargeld, weil ich wie jeder andere ausländische Korrespondent auch ständig auf den Ausbruch eines neuen Korea-Krieges vorbereitet sein wollte. Alle hatten ständig ihre Kamera und ihre Schreibmaschine bei sich und hielten ihr Geld beisammen. Inzwischen hielt ich den Ausbruch eines neuen Krieges allerdings für unwahrscheinlich, so dass ich mein Geld für einen sinnvollen Zweck ausgeben wollte und deshalb aus Seoul mitbrachte.

Der Kandidat Kim Dae-jung war sehr erstaunt. ‚Das kann ich nicht annehmen', antwortete er. So wanderte der Umschlag auf den Tatami mehrmals zwischen uns hin und her. Schließlich einigten wir uns, dieses Geld später auszugeben, um gemeinsam seinen Wahlsieg zu feiern. Leider hatten wir beide dann aber so viel zu tun, dass wir nichtgemeinsam feiern konnten.

Nach diesem Treffen mit Kim Dae-jung besuchte ich einige Versammlungen seiner Anhänger, die in der Nähe eines Viertels mit japanischen ziegelgedeckten Häusern stattfanden. Bei diesen Versammlungen spürte ich immer eine gewisse ‚Hitze'. Als ich dann spät am Abend in meiner Hotelpension bereits schlief, erschien ein Polizist und befragte mich in allen Einzelheiten über unsere Aktivitäten. Wahrscheinlich hatte er uns schon seit dem Besuch in Kim Dae-jungs Büro beschattet. Mir war sofort klar, dass ich vorsichtig sein müsse, daher reiste am nächsten Tag früher als geplant nach Seoul zurück.

Es herrschten damals in Korea starke antijapanische Gefühle vor. Als im Kino beispielsweise der Film ‚Ito Hirobumi und Ahn Choong-Kun' gezeigt wurde, ging ein Zuschauer mit einem kleinen Messer auf die Standfotos los und schnitt das Gesicht von Ito heraus. Aber das Interesse der Polizei galt nicht mir, sondern dem Kandidaten Kim Dae-jung, man überprüfte diejenigen, die in seinem Wahlkampfbüro ein- und ausgingen."

Anfang Juni, als der Wahltermin kurz bevor stand, hatte sich Präsident Parks Regierungspartei auf ein Ziel eingeschworen. Selbst wenn 20 Regierungskandidaten in anderen Wahlkreisen verlieren würden, sollte mein Wahlsieg mit allen Mitteln verhindert werden. Dies hatte Park den Spitzen von Geheimdienst KCIA und Innenministerium bei einem gemeinsamen Essen unmissverständlich klargemacht. Seine Worte waren ein Menetekel für die künftigen chaotischen Zustände im Wahlkreis Mokpo. Es war ein Menetekel. Meine Freunde von der Neuen Demokratischen Partei hatten davon Wind bekommen und mir empfohlen, entweder als Kandidat in der Region Seoul oder aber als Listenkandidat anzutreten. Auch in unserer neu organisierten Partei war ich wieder mit der Funktion des Sprechers betraut und hielt die Gefahr eines Wahlbetrugs in Seoul für gering. Doch ich entschied mich für eine Kandidatur in Mokpo.

Mein Gegenkandidat von der Regierungspartei war ein Mann, mit dem ich nicht gerechnet hatte. Es war der ehemalige Postminister Kim Byung-Sam, der zuvor Generalmajor des Heeres gewesen war. Er stammte von der Insel Jindo und hatte bereits alle Vorbereitungen getroffen, um im dortigen Wahlkreis zu kandidieren. Doch er wurde von Präsident Park persönlich angewiesen, als Kandidat in Mokpo anzutreten. Er konnte sich dieser Anweisung nicht offen widersetzen, aber er suchte nach irgendeinem Ausweg und schoss sich mit seiner Pistole selbst ins Bein. Er wollte nicht in Mokpo kandidieren. In der Öffentlichkeit stellte er es so dar, dass er von in sein Haus eingedrungenen Einbrechern angeschossen worden sei. Dies erklärte er offiziell sogar in der Presse. Die polizeilichen Ermittlungen ergaben allerdings, dass diese Version nicht der Wahrheit entsprach, was natürlich nicht öffentlich zugegeben werden konnte. Also war er trotz aller Komplikationen nun doch gezwungen zu kandidieren und sich mit aller Kraft in den Wahlkampf zu stürzen.

Präsident Park persönlich trat während des Wahlkampfs sogar zweimal in Mokpo auf, obwohl es Spitzenbeamten und dem Präsidenten gesetzlich verboten war, einzelne Kandidaten im Wahlkampf zu unterstützen. Aber die offizielle Wahlkommission rechtfertigte sein Verhalten indem sie erklärte, dass er sich als Vorsitzender der Regierungspartei durchaus engagieren dürfe, auch wenn er Staatspräsident sei. Als er in der Nähe des Bahnhofs von Mokpo eine Rede hielt, waren ungefähr 10000 Zuhörer erschienen. Für den Fall, dass der Regierungskandidat gewählt würde, versprach er, die Wirtschaft der Region zu fördern und in der Stadt eine Universität einzurichten. Solche Verlockungen ließen die Wahlberechtigten natürlich unschlüssig werden.

Etwas später kam er erneut nach Mokpo und versammelte hier sogar die Minister zu einer Kabinettssitzung. So etwas hatte es noch nie zuvor gegeben. Nicht nur der Präsident, die gesamte Regierung kam in die kleine Stadt Mokpo. Das war wirklich eine erstaunliche Angelegenheit. Die Kabinettssitzung befasste sich mit dem Thema „Die Entwicklung von Mokpo". Alles war rosa-rote Propaganda und diente allein dem Zweck, die Wähler zu täuschen.

Ich habe inzwischen sehr viel darüber nachgedacht, warum Präsident Park ein solches Interesse daran hatte, dass ich nicht gewählt würde. Einen Grund kann ich vermuten: die Auseinandersetzungen um die dritte Verfassungsänderung. Ich hatte ihm bei seinem Besuch in Mokpo öffentlich die Frage gestellt, ob er nicht die Absicht habe, die Verfassung zu ändern, um erneut Präsident werden zu können.

In seiner Rede am folgenden Tag antwortete er darauf, dass er nie und nimmer durch eine Verfassungsänderung seine dritte Wiederwahl ermöglichen wolle. Laut und deutlich behauptete er, bei den Gerüchten, er plane eine dritte Verfassungsänderung, handele es sich um eine politische Intrige. Mir erschienen seine Worte unglaubwürdig. Und tatsächlich leitete er sofort nach der Parlamentswahl die notwendigen Schritte für die dritte Verfassungsänderung ein.

Als Sprecher der Neuen Demokratischen Partei mit dem seinerzeitigen Vorsitzenden Yu Chin-O und dem ehemaligen Präsidenten Yun Po-sun beim Protest gegen die dritte Verfassungsämderung.

Hierin sehe ich eine Lösung des Rätsels, warum er mit allen Mitteln meine Wahlniederlage erzwingen wollte. Ich hatte ihn frühzeitig allzu gut durchschaut, und er hatte dies erkannt. Schließlich wird man verletzlich, wenn die eigenen geheimen Absichten von einem anderen durchschaut werden. Dies kann man schon in der altchinesischen „Geschichte der drei rivalisierenden Reiche“ und den Berichten über die Kämpfe von Zhu

Geliang nachlesen. Im Krieg ist derjenige der Verlierer, dessen Absichten durchschaubar sind; dies ist hundertprozentig so. Präsident Park wusste als ehemaliger General natürlich bestens hierüber Bescheid und wollte mich deshalb fern halten.

Das ist aber noch nicht alles. Setzt man diese Überlegung fort, gelangt man möglicherweise zu einer interessanten Schlussfolgerung, denn Präsident Park war ein Mensch, der sich bemühte, langfristige Pläne zu verfolgen. Dabei beschränkte er sich nicht auf sich selbst. Vielmehr plante er weit voraus, gegen welchen Oppositionskandidaten er wohl in Zukunft kämpfen musste – auch nach der Verfassungsänderung. Der Gegner, mit dem er rechnete, war ich. Im Endeffekt war seine Vorahnung richtig, auch wenn zu jenem Zeitpunkt noch Yu Chin-O, der Vorsitzende der Oppositionspartei, als unser Präsidentschaftskandidat unumstritten war. Doch scharfsinnig wie er war, hatte Präsident Park bereits mich im Visier.

An diesem Punkt nahm unser Kampf seinen Ausgang, in dem jeder versuchte, die Psyche des anderen zu ergründen und darin zu lesen. Später belauerten wir uns ständig, und unser unerbittlicher Kampf, in dem keiner mehr zurückweichen konnte, hatte begonnen. Wenn ich ein wenig übertreiben darf, so war es ein Kampf, der ebenso von Schlauheit und Kriegslist geprägt war wie der zwischen Zhu Geliang und Sima Yi.

Es war dies alles zwar nicht meine Absicht, aber der Wahlkampf nahm dann manchmal sogar skurrile Züge an. Damals kursierten bereits Gerüchte, dass Präsident Park meine Wahl zum Abgeordneten verhindern wolle, weil er fürchte, ich würde nach den Parlamentswahlen als Präsidentschaftskandidat antreten. Diese Gerüchte waren unter der armen Bevölkerung in Umlauf gesetzt worden, wo man sich kaum durch Presse oder Rundfunk informierte. Gerade dort glaubte man sehr leicht an alles, was dahergeredet wurde, so dass sich die Gerüchte immer weiter verbreiteten.

Nach meinen Wahlkampfreden verharrten die Zuhörer an Ort und Stelle, um ein Autogramm von mir zu erhalten. Es war eine überwältigende Reaktion. Schülerinnen baten um meine Unterschrift auf ihren Blusen, Hausfrauen reichten mir ihre Taschentücher zum Signieren. Wer nichts dergleichen bei sich hatte, erbat sogar mein Autogramm auf seinem Ausweis.

Als der Wahlkampf schließlich zu Ende ging, war die ganze Stadt Mokpo in heller Aufregung. Sie schien wie ein Magnet zu wirken, der alles anzieht. Journalisten von Presse, Radio und Fernsehen blieben in Mokpo und berichteten über die sich tagtäglich ändernde Lage. Auch ausländische Journalisten waren vor Ort, und sogar ein Mitarbeiter der US-Botschaft war zur ständigen Beobachtung entsandt worden. Der Wahlkreis Mokpo stand zwangsläufig im Mittelpunkt des landesweiten Interesses. Unser Parteivorsitzende Yu Chin-O beschrieb die damalige Situation als Krieg statt Wahl, und fast jeden, der die Szene beobachtete, musste ein solches Gefühl beschleichen.

Nach dem Ende des Wahlkampfs ging der eigentliche Krieg weiter. Wie es bei Wahlbetrug eben der Fall ist, bestanden während Stimmabgabe oder Stimmenauszählung zahlreiche Möglichkeiten, Manipulationen vorzunehmen. Um diesen allfälligen Wahlbetrug zu verhindern, hatten wir einige Vorsorgemaßnahmen ergriffen. Sollten die offiziellen Wahlbeobachter von der Regierungspartei bestochen worden sein, wären alle Chancen dahin. Deshalb hatten wir von unserer Seite aus Beobachter angekündigt und eine Liste mit ihren Namen im Voraus veröffentlicht. Bereits in der ersten Dämmerung schickten wir unsere Beobachter in die Wahllokale, was die Regierungspartei in arge Verlegenheit brachte. Aber es war zu spät: Unsere Beobachter fanden schnell heraus, dass fast alle anderen – etwa 50 – mit jeweils 50000 Won von der Regierungspartei bestochen worden waren.

In einer solchen Situation waren auch die offiziell ernannten Wahlhelfer in Schwierigkeiten. Sie wollten ihre Plätze auf keinen Fall verlassen, so dass jeder eine Flasche mitgebracht hatte, um dringenden körperlichen Bedürfnissen an Ort und Stelle nachkommen zu können.

Wie auch heute noch üblich, begann die Stimmauszählung erst am Abend. Draußen regnete es, aber mehr als 10000 Menschen waren auf den Straßen, um auf etwaige Vorkommnisse reagieren zu können.

Den Wahlbetrug bei der Stimmauszählung nannte man „Betrug durch Stromunterbrechung". Gezielt wurde zu Beginn der Auszählung der Strom unterbrochen, und wenn das elektrische Licht plötzlich ausgefallen war, wurden im Schutz der Dunkelheit die abgegebenen Wahlzettel ausgetauscht. So sollte es auch diesmal geschehen, als das Licht bei der Auszählung wie erwartet erlosch. Jemand schrie „Betrug!" und sofort erleuchteten die Scheinwerfer der einheimischen Fernsehteams von MBC und KBS sowie der ausländischen Kameraleute den Raum. Noch dreimal gab es während der Stimmauszählung Probleme mit der Elektrizitätsversorgung. Aber jedesmal verhinderten die Scheinwerfer der Journalisten, dass es zu Manipulationen kam.

Letztendlich hatte ich die Wahl gewonnen, aber mein Vorsprung betrug nur 2000 Stimmen. Das zeigt, wie hart und unerbittlich der Wahlkampf gewesen war. Der Kandidat der Regierungspartei und Präsident Park hatten alles in ihrer Macht Stehende getan. Umso mehr bedauerten sie, dass sie mit nur 2000 Stimmen verloren hatten. Eine solch geringe Differenz hätten sie durch den vorgesehenen Austausch der Stimmzettel mit Leichtigkeit ausgleichen können. Dies wäre für Wahlbetrüger so einfach gewesen, wie einen Nagel in ein Stück Sojabohnenquark zu treiben. Aber glücklicherweise konnte dies durch meine Anhänger verhindert werden, und ich atmete erleichtert auf.

Bei einer Dankesrede am 8. Juni 1967 auf einem LKW, als ich nach meinem Wahlsieg durch den gesamten Bezirk zog.

In Mokpo hatten wir also gewonnen, aber in anderen Regionen sah es völlig anders aus. Die Regierungspartei hatte von vornherein darauf hingearbeitet, eine für die Verfassungsänderung notwendige Zweidrittelmehrheit im Parlament zu erreichen. Am Ende verfügte sie sogar über 130 Sitze, obwohl für eine Verfassungsänderung 117 ausreichten. Wir gewannen insgesamt 44 Sitze einschließlich 27 regionaler Direktmandate.

Ist in Geschichtsbüchern vom „Wahlbetrug am 8.6." die Rede, ist diese Wahl gemeint. Die Studenten gingen landesweit auf die Straßen, um gegen die Betrügereien zu demonstrieren. Sobald sich abzeichnete, dass die Agitation der Studenten bei der Bevölkerung breitere Wirkung zeigte, befahl die Regierung, nicht nur die Universitäten sondern auch alle Oberschulen bis auf weiteres zu schließen. Nun begann die Park-Regierung langsam, auch öffentlich für die angestrebte Verfassungsänderung einzutreten.

Als Abgeordneter während der 7. Legislaturperiode bei einer Rede in Mokpo, wo ich über meine politische Arbeit sprach.

Es verwirrte mich, mitansehen zu müssen, wie sich meine Vorahnungen bewahrheiteten. Die Geschichte schritt voran in eine Richtung, die mir noch Kummer und Schmerzen bereiten sollte. Es war wirklich keine glückliche Entwicklung. Hin und wieder begannen meine Zähne, vor Angst zu klappern.

Im folgenden werde ich noch dann und wann auf das Thema Voraussicht eingehen, sowohl auf die Politik wie auf die Menschen bezogen. Es ist ein sehr interessantes Thema. Denn nicht nur in der Politik, sondern auch in

Wirtschaft und Gesellschaft, beim Militär und in der Wissenschaft erweist sich Voraussicht als notwendig.

Erfahrung und Statistiken sind sicherlich entscheidend, dass Wahrsager mit so mancher Prophezeiung ins Schwarze treffen. So gesehen kann man Vorahnungen und Voraussagen sogar eine gewisse Wissenschaftlichkeit zugestehen. Auch politische Voraussicht basiert meiner Meinung nach auf solchen Zusammenhängen.

Um beispielsweise Präsident Park Chung Hee zu beurteilen, durfte man sich keineswegs auf ihn selbst und seine eigene Vergangenheit beschränken. Vielmehr musste man seine Charaktermerkmale mit denen Rhee Syngmans und anderer Diktatoren auf der ganzen Welt vergleichen. So erschien eine bessere Voraussicht durchaus möglich.

Als ich später erlebte, wie mein guter Freund Benigno Aquino am Flughafen von Manila im Auftrag des philippinischen Diktators Ferdinand Marcos ermordet wurde, spürte ich deutlich, dass mir das Gleiche geschehen konnte. Inzwischen war ich wegen früherer Erfahrungen schon etwas vorsichtiger geworden. Völlig unabhängig von Marcos wusste ich über das Verhalten von Diktatoren im Allgemeinen Bescheid. So ist es mit der Politik. Niemand sollte in der Politik eine wichtige Rolle spielen, der plötzlich wie aus dem Nichts auftaucht. Denn er hat kein Verständnis für die politischen Gesetzmäßigkeiten und kann keine auf Voraussicht basierende in die Zukunft gerichtete Politik betreiben.

12. Für den Neubeginn

Im Frühjahr 1970 machte Kim Young Sam, Generalsekretär unserer Neuen Volkspartei, völlig überraschend einen Vorschlag, mit dem niemand gerechnet hatte: „Die 40jährigen an die Spitze!“ Er wollte die künftige Politik nicht mehr den Älteren überlassen sondern einen Generationswechsel zu den etwa 40jährigen herbeiführen. Seine Bekannten wussten, dass seine plötzlichen Einfälle immer für eine Überraschung gut waren, aber dieser Vorschlag war in der Tat eine zeitgemäße und glänzende Idee. Ich war vollkommen damit einverstanden. Unser Parteivorsitzender Yu Chin-O, der bereits zum Präsidentschaftskandidaten nominiert war, war schwer an einer Lähmung erkrankt. Sein Nachfolger an der Parteispitze wurde Yu Chin-San, aber niemand dachte daran, ihn zum Präsidentschaftskandidaten zu machen, da ihm keinerlei Erfolgschancen eingeräumt wurden. Er war in der Bevölkerung nicht beliebt, ja man brachte ihm sogar ein tiefes Misstrauen entgegen.

„Die 40jährigen an die Spitze!“ wurde langsam zu einer starken Strömung in der Partei, und auch in der Bevölkerung wurde dies immer mehr gewünscht. Wie gesagt war auch ich eindeutig dafür, hatte jedoch im einzelnen etwas andere Vorstellungen. Ich war entschieden dagegen, einen Generationswechsel gezielt durchzusetzen. Dies widersprach meinen Prinzipien, denn meiner Meinung nach war eine bewusste und gezielte Verdrängung der älteren Generation undemokratisch. Ich war dafür, dass die ältere und die jüngere Generation frei und offen miteinander konkurrieren sollte. Sicherlich war das keineswegs ein neuer Gedanke, der mir eben erst gekommen war. Ich hatte ihn schon vertreten, als ich selbst 40 Jahre alt war und formulierte ihn auch in

Bei der Bekanntmachung meiner Nominierung als Präsidentschaftskandidat der Neuen Demokratischen Partei.

meiner in Japan erschienenen Biographie, die ich im dortigen Fernsehen NHK präsentierte. Manche Forderungen mögen noch so berechtigt sein, verstoßen sie jedoch gegen demokratische Regeln, lehne ich sie ab. Demokratie ist immer mein Traum gewesen, den ich in meinem Leben niemals vergessen habe.

Der Ruf „Die 40jährigen an die Spitze!" wirkte sich in unserer Partei natürlich auf die Suche nach einem Präsidentschaftskandidaten aus. Schließlich reduzierte sich die Zahl der potentiellen Bewerber auf drei. Es waren Kim Young Sam, Lee Chul-Seung und ich. Doch Lee Chul-Seung war durch die Vorschriften zur Säuberung der politischen Aktivitäten zehn Jahre lang daran gehindert worden, eine aktive Rolle in der Politik zu spielen.

Auch der Parteivorsitzende Yu Chin-San hatte zunächst die Hoffnung nicht aufgegeben, selbst doch noch Präsidentschaftskandidat zu werden. Und als er einsah, dass ihm dies keinesfalls gelingen würde, versuchte er, seinen Wunschkandidaten zu ernennen. Dies war Kim Young Sam. Sein Plan scheiterte jedoch, denn der Widerstand in der Partei gegen dieses Vorgehen war so stark, dass ein offizieller Parteitag zur Abstimmung über den Kandidaten durchgesetzt wurde. Auf diesem Parteitag im September 1970, an den viele sich auch heute noch erinnern, geschah folgendes.

Insgesamt waren 880 Delegierte anwesend, und die Parteisatzung sah vor, dass zur Wahl die absolute Mehrheit notwendig war. Im ersten Wahlgang erreichte niemand dieses Ergebnis. Im zweiten Wahlgang war ich erfolgreich, obwohl Kim Young Sam zuvor noch in Führung gelegen hatte. Mir war es zwar gelungen, das Blatt noch zu wenden, doch mit 443 Stimmen hatte ich gerade mal drei Stimmen mehr als notwendig erreicht. Mein Vorsprung vor Kim Young Sam betrug nur 33 Stimmen, jeder von uns hatte also ungefähr die Hälfte der Parteitagsdelegierten auf seiner Seite. Es war seit meinem Eintritt in die Politik das erste Kräftemessen zwischen Kim Young Sam und mir, und das als Kollegen in der gleichen Partei. Wir teilten sozusagen „den Reis aus dem gleichen Topf", waren also auf Gedeih und Verderb miteinander verbunden.

Zwei Wochen später, im Oktober, gab ich meine erste Pressekonferenz als Präsidentschaftskandidat der Opposition. Mir war klar, dass ich nun in dieser Rolle Alternativen aufzeigen sollte. Zwar hatte die Opposition ständig die Regierung und die sie tragende Partei angegriffen, doch hatte sie keine Alternativen für den Fall eines Machtwechsels präsentiert. Dies sah ich nun als meine Aufgabe an. Zunächst aber schwor ich, dass ich meine

Bei meiner Rede nach der Nominierung als Präsidentschaftskandidat der Neuen Demokratischen Partei.

politischen Gegner niemals in ihrer Privatsphäre angreifen würde, so wie sie es immer wieder taten. Ich hatte mehr als genug Material über sie in der Hand, aber ich wollte nicht die politische Atmosphäre vergiften. Bis heute glaube ich an die Richtigkeit dieses Verhaltens. Politik soll man mit Politik bekämpfen, auch wenn dafür die Zeit kaum reicht. Das ist meine Überzeugung.

Auf der Pressekonferenz gab ich zunächst meine Vorstellungen über eine koreanische Wiedervereinigungspolitik bekannt. Ich musste zu jener Zeit meinen ganzen Mut aufbringen, um das Wort „Wiedervereinigung" überhaupt in den Mund zu nehmen. Jeder, der über Wiedervereinigung redete, galt zunächst als Kommunist und wurde als „Roter" beschimpft. Man mag sich daran erinnern, dass das Lied „Unser Wunsch" damals verboten war. Als Präsidentschaftskandidat jedoch konnte ich den wichtigsten Problemen nicht einfach ausweichen. Hätte ich dies getan, wäre das eines zukünftigen Präsidenten nicht würdig gewesen.

Also schlug ich einen Austausch von Sportlern und Journalisten, die Aufnahme des Briefverkehrs und andere Kontakte nicht politischer Art zwischen Süd- und Nordkorea vor. Die vier Mächte USA, Japan, China und Sowjetunion sollten eine friedliche Entwicklung garantieren. Ich trug meine konkreten Ideen sehr detailliert vor, und wie erwartet lösten sie eine heftige Reaktion aus.

Präsident Park Chung Hee wandte sich sofort dagegen. Er stellte sich auf den Standpunkt, dass eine Einbeziehung der Sowjetunion und Chinas, die einer feindlichen Ideologie verhaftet seien, die Fundamente unseres Staates gefährden würde. Außerdem zog er mein ehrliches Anliegen in Zweifel. Ich hatte jedoch keineswegs gefordert, die Sicherheit unseres Landes den genannten vier Mächten anzuvertrauen. Mein Vorschlag lautete vielmehr, diese vier Länder sollten eine Art Nichtangriffspakt für die koreanische Halbinsel schließen. Auch die von mir angeregten Schritte zu einem Austausch und einer Versöhnung zwischen Nord und Süd wurden von der Regierungspartei strikt abgelehnt. Es hieß lapidar, dass man sich mit den Kommunisten auf keinen Fall versöhnen könne.

Die Kritik hatte den Tenor, den ich erwartet hatte. Kim Dae-jung sei „Kommunist“ usw. Es wurde sogar gehöhnt: „Wenn Kim Dae-jung die Flöte spielt, tanzt Kim Il-sung. Wenn Kim Il-sung die Trommel schlägt, dann singt Kim Dae-jung.“

Aber nur ein Jahr später lud die Park-Regierung selbst zu einer Konferenz von Vertretern des Roten Kreuzes aus Nord- und Südkorea ein, die dann am 4. Juli eine gemeinsame Erklärung verabschiedete. Ich hatte im Jahr zuvor lediglich über meine Ideen und Pläne gesprochen. Diejenigen, die mich nur wegen meiner Äußerungen als „Kommunist“ beschimpft hatten, waren nun selbst umso aktiver geworden. Insgeheim musste ich darüber lachen, aber dass Park Chung Hee meine Anregungen aufgenommen hatte, war eigentlich ein Grund zur Dankbarkeit.

Das Rätselhafte ist, dass ich auch später immer wieder als „Kommunist“ in die Ecke gedrängt wurde, wenn es opportun erschien. Man hatte dafür keinerlei Grund, und im Nachhinein tat man dann immer so, als sei nie dergleichen geschehen. Im Boxerjargon gesprochen, schlug man zu und zog sich wieder zurück. Dies geht bis heute so. Alle ehemaligen Regierungen haben diese Methode benutzt, um mich zu bekämpfen. Sie hatten gelernt, wie wirksam „zuschlagen und zurückziehen“ ist, und dies deshalb umso lieber gegen mich angewendet.

Auch als Hwang Jang-Yob aus dem Norden in den Süden kam oder als Oh Ik-Je aus dem Süden in den Norden ging, wurde diese Methode versucht. Eine Zeitlang war man erfolgreich. Das machte mich sehr betroffen, wusste ich doch nur allzu gut, dass in der Bevölkerung die düsteren alten Erinnerungen wieder lebendig wurden. Die koreanische Bevölkerung schreckte aus dem Schlaf hoch, wenn sie das Wort „Kommunist“ hörte. Egal in welchem Zusammenhang es auch genannt wurde, lähmte es den Verstand. Nur durch die Wiedervereinigung könnten Leid und Schmerz, die tief in unserer Brust sitzen, gelindert werden. Aber immerhin hat vor kurzem die Affäre um Oh Ik-Je gezeigt, dass die Methode, mich als „Kommunist“ abzustempeln, nicht mehr ohne weiteres funktioniert.

Noch immer sitzt das Leid tief im Herzen des Volkes, kann nicht so einfach überwunden werden. Doch inzwischen sind die Menschen gelassener geworden und nehmen sich Zeit, um darüber nachzudenken. Heute wird kaum jemand aus dem Schlaf schrecken, nur weil das Wort „Kommunist“ gerufen wird. Vielmehr wird man erst einmal die Tatsachen überprüfen und überlegen, welche Reaktion angemessen ist. Zuerst denkt man nach, dann ist es Zeit sich vom Schlaf zu erheben.

Ich achte unser kluges Volk. Darum glaube ich auch, dass eine gute Zukunft vor uns liegt. Wenn ein Volk, egal welches, sein Bewusstsein entwickelt hat, dann ist ihm seine Zukunft sicher. Leider ist das in Nordkorea nicht der Fall. Das Bewusstsein der dortigen Bevölkerung wird von den Machthabern gelähmt.

Die Bevölkerung im Süden besitzt jedoch inzwischen die Fähigkeit, die Entwicklungen in Bezug auf Nordkorea und den Kommunismus mit der notwendigen Distanz zu beurteilen und etwaige Intrigen oder Verunglimpfungen zu erkennen. Nochmals „zuschlagen und zurückziehen“? In dem Moment, in dem man heute versucht, mich mit dieser Methode zu verleumden, wird man feststellen, dass sich das Volk verändert hat und anders als früher reagiert. Das kann ich versprechen. Aber ganz egal, ob diese Taktik Erfolg hat oder scheitert, es besteht die Möglichkeit, dass sie auch in diesem Wahlkampf nochmals angewandt wird. Im Gefühl, es sei das letzte Mal und das ultimative Mittel, wird man nicht unbedingt davor zurückscheuen. Es könnte eine Spionageaffäre sein, es könnten angebliche Enthüllungen von Hwang Jang-Yob sein oder es kann ein selbst inszeniertes Schmierenstück sein, das kann man heute nicht wissen. Das Problem ist jedoch, dass man jederzeit wieder mit einem solchen Versuch rechnen muss. Ich hoffe nur, dass sich das Volk keinen Schrecken mehr einjagen und sich nicht aus seinem friedlichen Schlaf reißen lässt ...

Meine nächste Forderung auf der damaligen Pressekonferenz, schlug ebenfalls ein wie eine Bombe: Es war die Abschaffung der Reservisten zur Heimatverteidigung. Dieses System war in der Bevölkerung äußerst unbeliebt, weil die Reservisten einfach einberufen wurden, um irgendwelche Hilfsarbeiten in der allgemeinen Verwaltung zu leisten. Dies ging häufig genug so weit, dass sie in den Privathaushalten von Gemeindevorstehern, Polizeidirektoren oder sonstigen hohen Verwaltungsbeamten Holz hacken oder die Kinder betreuen mussten. Natürlich wurde auch diese Forderung von der Regierung stark kritisiert. Die Armeeführung brachte ihre Zweifel an mir zum Ausdruck, und Präsident Park befahl dem Verteidigungsminister, eine Konferenz aller leitenden Offiziere einzuberufen, die meine Idee folgerichtig verdammte. Es bedarf nicht der Erwähnung, dass die Bevölkerung meinen Vorschlag jedoch mit Begeisterung aufnahm. Manche Leute meinten sogar, mein Vorschlag sei so gut, dass er im offiziellen Wahlprogramm hätte propagiert werden müssen. Vielleicht hatten sie recht. Jedenfalls reformierte die Regierungspartei das Reservistensystem nach der Wahl. Es wurde zwar nicht abgeschafft, aber immerhin versuchte man, die Bevölkerung mit umfassenden Verbesserungen zu besänftigen.

Auch für die Wirtschaft brachte ich fortschrittliche Ideen in die Diskussion wie etwa die Einrichtung gemeinsamer Beratungskomitees von Arbeitgebern und Arbeitnehmern. Ein Teil dieser Ideen ging dann unter der Bezeichnung „Wirtschaftspolitik für das Volk“ in unser offizielles Wahlprogramm ein. Ziel dieser Politik war es, durch eine Beteiligung breiter Bevölkerungsschichten am Management und an der Produktion sowie an der Gewinnverteilung bei einem raschen Zuwachs der Produktion eine gerechte Verteilung zu ermöglichen. Kurz gesagt propagierte ich meine Gedanken unter dem Slogan „aktive Teilnahme der Bevölkerung an der Wirtschaft“.

Später konnte ich dann diese Ideen in einem Buch ausführen, das unter dem Titel „Mass Participatory Economy" 1985 in der Harvard University Press veröffentlicht wurde. Dieses Buch wurde nicht nur in Harvard sondern auch an anderen Universitäten zu Studienzwecken benutzt. In Korea stand es dagegen auf der Schwarzen Liste der verbotenen Bücher. Es konnte nicht verkauft werden, und niemand nahm Notiz von ihm, da alle ihre Augen und Ohren verschlossen hielten, obwohl es an den besten Universitäten der Wirtschaftsmacht USA zum Forschungsgegenstand wurde und meine Wirtschaftstheorie große Anerkennung fand.

Dass ich schon in jungen Jahren, etwa ab 20, ein großes Selbstvertrauen entwickeln konnte, führe ich darauf zurück, dass ich mit Erfolg ein eigenes Unternehmen führte und meine eigene Wirtschaftstheorie entwickelt hatte. Diese Theorie entstand nicht am Schreibtisch sondern war das Resultat meiner praktischen unternehmerischen Tätigkeit. Deshalb meine ich, dass ihre Umsetzung einen Versuch wert ist, um Süd-Korea zu Beginn des nächsten Jahrtausends zur Nr.5 in der Weltwirtschaft zu machen. Dies soll kein leeres Versprechen sondern ein ernsthafter Versuch sein.

Im Februar 1971 besuchte ich mit meiner Frau Japan und die USA. Es waren nur noch zwei Monate bis zum offiziellen Beginn des Präsidentschaftswahlkampfes. Obwohl dies eine Zeit der Entscheidung war, hatte ich mich zu dieser Reise entschlossen, um führende Persönlichkeiten im Ausland zu treffen und im Meinungsaustausch mit ihnen um Verständnis für die von mir geplante Politik der Kooperation zu werben. Das war mir sehr wichtig, da ich bisher sowohl in Japan wie in den USA eher unbekannt war. Ich sah die Notwendigkeit, für meine Vorstellungen zu werben, und wollte auf dieser Vertrauensbasis ein Interesse an unserer bevorstehenden

Wahl erreichen, damit das Park-Regime vor einem Wahlbetrug zurückschreckte.

In den USA war ich beim Außenministerium zu Gast und traf mit Außenminister William Rogers sowie seinem Stellvertreter Marshall Green und anderen führenden Persönlichkeiten zu einem regen Meinungsaustausch zusammen. Außerdem vermittelte mir Professor Jerome Cohen von der Harvard Universität ein erstes Treffen mit den Senatoren Edward Kennedy und William Fulbright. Wir hatten ausführliche Gespräche, in deren Verlauf wir eine wachsende Sympathie füreinander entwickelten. Als ich dann später in den USA vorübergehend im Exil lebte, verstanden wir uns sehr gut und wurden enge Freunde.

Bei der Begrüßung durch Senator Edward Kennedy (links) und Professor Jerome Cohen (rechts) in der Harvard-Universität anläßlich meines Aufenthalts in den USA.

Während meines Aufenthalts in Washington wurde mir auch die Gelegenheit gegeben, vor dem National Press Club zu sprechen. Dort konnte ich meine Pläne als

Präsidentschaftskandidat vortragen, was eine gute Gelegenheit war, meine Vorstellungen vor der internationalen Öffentlichkeit zu präsentieren. Ich stieß auf großes Verständnis. Ein Treffen mit Präsident Richard Nixon persönlich vermied ich aus Rücksichtnahme auf seine innenpolitischen Schwierigkeiten, doch traf meine Frau im Weißen Haus mit der First Lady Pat Nixon zusammen.

Meine Frau Lee Hee-ho beim Empfang durch Patricia Nixon anlässlich unseres Aufenthalts in den USA im Februar 1971.

Dieses Treffen der beiden Damen hatte in Korea noch ein lächerliches Nachspiel. Meine Frau hatte ein Erinnerungsfoto mit Pat Nixon gemacht und den Film nach der Rückkehr in Seoul in einem Fotogeschäft zur Anfertigung weiterer Abzüge abgegeben. Daraufhin wurde der Laden wegen angeblicher Steuerhinterziehung von Mitarbeitern des KCIA durchsucht. Nach ihrer Aktion war der Film meiner Frau verschwunden.

Unsere Partei organisierte sofort eine Pressekonferenz, um diesen Vorgang bekanntzumachen und das

Vorgehen des Geheimdienstes anzuprangern. Als hätten sie nur darauf gewartet, traten der Sprecher und der Vorsitzende der Regierungspartei ebenfalls vor die Presse und leugneten kurzerhand, dass es jemals eine Begegnung zwischen Frau Kim und Frau Nixon gegeben habe: „Es mag vielleicht den Wunsch gegeben haben, sich zu treffen, doch dieses Treffen kam nicht zustande. Um den Wahlkampf zu gewinnen, ist man sogar soweit gegangen, sich dieser Lüge zu bedienen.“ Das war wirklich eine kleinliche und primitive Schikane, aber damals wurden solche Methoden tatsächlich angewendet. Es lohnte kaum, über diese Angelegenheit zu streiten, aber wir sahen uns gezwungen, die anderen Fotos zu veröffentlichen. Geheimdienst und Regierungspartei hatten sich gewaltig blamiert.

Während unseres Aufenthalts in Washington war außerdem an der Eingangstür unseres Hauses im Seouler Stadtteil Donggyodong eine Bombe explodiert. Das war schon eine ernstere Angelegenheit, die uns durchaus in Angst versetzte. Wir hielten dies für einen Trick des KCIA, um unsere vorzeitige Rückkehr aus dem Ausland zu provozieren. Da jedoch niemand verletzt worden war, nahmen wir die Sache nicht ganz so wichtig. Unter dem Vorwand, den Urheber des Anschlags ausfindig machen zu müssen, befragte der KCIA daraufhin alle meine Mitarbeiter. Der Sekretär, der Fahrer, der Leibwächter und die Haushälterin wurden peinlich genau befragt, sogar über Dinge, die in keiner Weise mit dem Anschlag zu tun hatten. Auf diese Weise sammelten sie umfassende Informationen über mich. Natürlich mussten sie zur Wahrung des Scheins schließlich irgendjemanden als Urheber der Explosion präsentieren. Das bereitete nicht geringe Schwierigkeiten, so dass man auf meinen 14jährigen Neffen verfiel. Man inszenierte seine Verhaftung unter Mitwirkung von 120 Polizisten. Doch bei den Zuständen, die damals herrschten, gab es niemanden, der es nicht für einen Witz hielt, dass ein Mittelschüler mitten in der Nacht eine Bombe gelegt haben sollte.

Dann brannte auch noch das Haus von Dr. Chung Il-Hyong, einem meiner Vorgänger in der Opposition, der jetzt die Organisation meines Wahlkampfes übernommen hatte, nieder. Das Ergebnis der Ermittlungen löste in der Bevölkerung nur noch Hohnlachen aus: Eine Katze sollte das Feuer mit einem brennenden Papierstück aus der Heizstelle verursacht haben.

Das alles waren Menetekel für die bevorstehende Präsidentschaftswahl, in der die Regierung und der Geheimdienst KCIA alle Mittel einschließlich Betrug und Bestechung einsetzen sollten. In der Bevölkerung hieß es später: „Die Wahl war zwar gewonnen, doch im Grunde genommen verloren."

Dem damaligen Verteidigungsminister, General Kim Jae-Gyu, war von Präsident Park der strikte Befehl erteilt worden, die Verantwortung für die Wahl zu übernehmen und alle notwendigen Vorbereitungen zu treffen.

„Sie müssen meine Position retten", befahl Präsident Park.

„Ja, ich werde Eure Exzellenz wieder zum Präsidenten machen", musste der General versprechen.

Kim Jae-Gyus Bruder berichtete später in einem Zeitschrifteninterview über dieses Gespräch und bestätigte, dass der General einen Wahlsieg Kim Dae-jungs mit einem Vorsprung von einer Million Stimmen befürchtet hatte.

13. Vor und nach der Präsidentschaftswahl

Die Präsidentschaftswahl im Jahre 1971 verlor ich mit einem Rückstand von 947.000 Stimmen gegen den regierenden Präsidenten Park Chung Hee. Ich hielt dies für eine große Differenz, aber der Präsident dachte darüber wohl anders. Seit dieser Wahl mied er mich, und manche Leute können bezeugen, dass er begann, mich in gewisser Hinsicht zu fürchten. Dachte er daran, dass er trotz aller Bestechungs- und Betrugsmanöver doch nur mit einem Vorsprung von gut 940.000 Stimmen gewonnen hatte? Ich weiß es nicht.

Ich hatte mein Äußerstes gegeben. Seit Beginn des Wahlkampfes hatte ich nahezu jeden Tag 400 bis 800 Kilometer zurückgelegt und Wahlreden gehalten. Vom frühen Morgen bis abends gegen 22 Uhr oder sogar bis Mitternacht hielt ich Reden. Deshalb bezeichnete mich die Presse damals als „eisernen Kerl“. Ich konnte dies alles durchstehen, weil ich einerseits jung war und andererseits über einen guten Appetit und Schlaf verfügte. Letzteres ist auch jetzt noch der Fall, und da ich von Natur aus ein gesunder Mensch bin, fühle ich mich kaum müde. Das ist das Geheimnis, warum ich auch bei späteren Parlamentswahlen monatelang ohne einen einzigen Tag Pause kämpfen konnte.

Wenn ich an den damaligen Wahlkampf zurückdenke, komme ich mir vor wie der Marathonläufer Abebe, der mit nackten Füßen lief. Ich konnte keine große Unterstützung von meiner Partei erwarten. Nach außen hatte der Vorsitzende Yu Chin-San zwar versprochen, dass er selbst und die gesamte Parteiorganisation mich unterstützen würden. Da er aber ursprünglich die Kandidatur von Kim Young Sam gefördert hatte, fiel die Hilfe für mich nun nicht besonders großartig aus. Hinzu kam in der Opposition noch ein anderer Konflikt. Ein Abgeordneter aus der Provinz propagierte den unvorstellbaren

Bei einer Rede als Präsidentschaftskandidat im Hyochang-Park, Seoul.

Slogan „Park Chung Hee als Präsident, Kim Dae-jung als Abgeordneter", und manche Funktionäre steckten einen Teil der von der Zentrale zur Verfügung gestellten Wahlkampfgelder in die eigene Tasche.

Regierung und Regierungspartei setzten alles, bis hin zu den kleinsten, unter ihrem Einfluss stehenden Organisationen ein, um meine Wahlkampfauftritte zu behindern. Dort wo ich redete, wurden die Angehörigen der Territorialreserve einberufen, oder das örtliche Dienstleistungsgewerbe wie Hotels, Restaurants und Friseure wurde gezwungen, das Publikum mit einem besonderen Unterhaltungsprogramm anzulocken.

Doch die Reaktion der Bevölkerung war anders als erwartet. Überall wo ich hinkam, egal in welcher Region, strömten in Stadt und Land die Menschen zusammen um mich zu begrüßen. Bei dieser Wahl unternahm das Park-Regime erste Versuche, den Regionalismus der verschiedenen Provinzen zu schüren, doch zum damaligen Zeitpunkt reagierte die Bevölkerung anders als heute. Selbst in Taegu, dem Geburtsort von Park Chung Hee, kamen wohl 200.000 Menschen zu meinem Wahlkampfauftritt, und in Pusan versammelten sich etwa 500.000 Leute. Insbesondere meine Rede am neunten Tag des Wahlkampfes im Changchungdan-Park von Seoul ist mir unvergesslich. Die Straßen zum Park waren so voller Menschenmassen, dass es mit dem Auto kein Durchkommen mehr gab. Für den letzten Kilometer brauchten wir mehr als eine Stunde, eine solche Menschenmenge versammelte sich dort. Es müssen fast eine Million Menschen gewesen sein. Die japanische Presse berichtete von 700.000 Anwesenden, und amerikanische Zeitungen schätzten ihre Zahl auf 900.000. So etwas hatte es in Korea bisher nicht gegeben.

Obwohl dieser Tag ein Sonntag war, wurden vom Park-Regime für alle Beamten und sonstige Mitarbeiter des öffentlichen Dienstes Betriebsausflüge angeordnet. Wer nicht daran teilnahm, wurde als unentschuldigt fehlend registriert und musste mit Konsequenzen rechnen. Außerdem wurden in Seoul alle Angehörigen der Territorialreserve zu einer „Notfallübung" einberufen, und in den Kinos der Stadt wurden kostenlose Filmvorführungen angeboten. Trotzdem erschienen fast eine Million Menschen am Versammlungsort.

Bei meiner Wahlkampftour als Präsidentschaftskandidat durch die Provinz.

Auch Park Chung Hee hielt noch zwei Tage vor der Wahl eine Versammlung im Changchungdan-Park ab, so dass die Zahl der Teilnehmer sehr gut verglichen werden konnte. Diesmal transportierte die Regierungspartei ihre Anhänger mit einem riesigen Aufgebot von Bussen und Lastwagen zum Versammlungsort, so dass in der Bevölkerung seitdem gelästert wurde: „Den Kandidaten der Opposition hört man zu Fuß gehend und den der

Regierung mit dem Auto fahrend." Trotzdem kamen zu seiner Versammlung nur etwa ein Drittel der Teilnehmer, die meine Veranstaltung besucht hatten, was einige koreanische Medien aber keineswegs an der Behauptung hinderte, es seien viel mehr gewesen.

Wie schon gesagt, gab ich mein Äußerstes. Damit meine ich, dass ich trotz aller Behinderungen mein Bestes tat. Ich versuchte, mein politisches Programm in den Vordergrund zu stellen und dafür zu kämpfen. Außerdem warnte ich die Menschen immer wieder davor, dass Park Chung Hee erneut die Verfassung ändern wolle, um auf Lebenszeit Präsident bleiben zu können. Das war keineswegs eine Intrige gegen ihn, denn später tat er es wirklich.

Der Wahlkampf wurde also bis zum Ende ohne Pause mit Diffamierungen, Diskriminierungen und Intrigen gegen mich geführt. Beschimpfungen als Kommunist, das Schüren regionaler Ressentiments und die Behinderung meiner Wahlkampfauftritte waren an der Tagesordnung. Daher brauche ich nicht näher darauf eingehen, wie bei der Wahl und der Stimmauszählung betrogen wurde. Ich möchte nur kurz einige Beispiele anführen, die einen hinlänglichen Einblick in die damalige Situation geben.

Unter der Schlagzeile „Jede Menge ungültiger Wahlzettel aufgetaucht" berichtete die japanische Asahi-Zeitung in ihrer Abendausgabe vom 28. April: „Kim Daejung und seine Gattin haben am 27. um 9 Uhr morgens in der Nähe ihres Hauses in Seoul, Mapogu, Donggyodong ihre Stimmen im ersten Wahllokal abgegeben. Doch diese wurden für ungültig erklärt. Der Grund war, dass der örtliche Wahlleiter die Wahlunterlagen nicht wie gesetzlich vorgeschrieben mit seinem offiziellen Namensstempel versehen hatte. Er hatte einfach irgendeinen nicht registrierten Stempel benutzt, der ungültig war. Auf diese Weise wurde die Stimmabgabe von 1692

Wählern einschließlich des Ehepaars Kim ungültig gemacht. Auch im fünften Wahllokal in Yongdungpogu Sangdo 2-dong wurden auf gleiche Weise 2572 Stimmen ungültig. Darüber hinaus wurde von regionalen Beobachtern aus Sonsan, der Heimatgegend von Park Chung Hee berichtet, dass Wahlhelfer der Regierungspartei dort mit Zehnerbündeln von gefälschten Stimmzetteln zur Wahl erschienen. Zwei Studenten hatten dies am 27. beobachtet, und am frühen Morgen des 28. wurden im Wahllokal von Yongil in der Provinz Kyongsando mehrere Bündel von gefälschten Stimmzetteln für den Kandidaten Park gefunden. Im Wahllokal von Masan und Chejusi wurden von oppositionellen Wahlbeobachtern fünf Personen erwischt, die unter dem Namen von anderen Wahlberechtigten abstimmen wollten."

Es war unvorstellbar, sogar die Wahlzettel von mir und meiner Frau für ungültig zu erklären und andere unglaubliche Betrügereien zu begehen. Doch trotz aller Betrügereien betrug ihr Vorsprung nur 940.000 Stimmen. Ob Park Chung Hee deshalb begann, mich zu meiden und äußerst vorsichtig zu werden ... wenn man die Stimmzettel willkürlich aufgeteilt und beliebig gezählt hätte, hätte er dann einen Vorsprung von zwei Millionen Stimmen erwarten können?

Einen Monat nach der Präsidentschaftswahl stand die achte Parlamentswahl an. Aber viele Menschen wollten gegen den vorangegangenen Wahlbetrug protestieren und riefen zum Boykott der Parlamentswahl auf. Es bildeten sich Gruppen, die sich für eine demokratische Bewegung in Korea einsetzten. Auch an der Nationaluniversität von Seoul begannen Demonstrationen.

Der Vorsitzende unserer oppositionellen Neuen Demokratischen Volkspartei, Yu Chin-San, wollte die Lage mit anderen Oppositionellen besprechen und erklärte sich mit einem Boykott einverstanden, wenn die Mehrheit dafür sein sollte. Aber dann verhielt er sich sehr widersprüchlich. Die Mehrheit der Opposition sprach sich tatsächlich für einen Boykott aus, doch Yu erklärte nun plötzlich, dass es keinen Boykott geben werde. Es versteht sich von selbst, dass er hierfür starke Kritik hinnehmen musste

Ich weiß nicht genau, was ihn zu diesem Verhalten veranlasste, aber eine weitere Ungereimtheit lässt gewisse Vermutungen zu. Ohne weitere Erklärungen zog er plötzlich die Kandidatur für seinen Wahlkreis Yongdungpogu in Seoul zurück und trat als Spitzenkandidat der Landesliste an. In seinem Wahlkreis ließ er einen völlig unbekannten Kandidaten antreten, der überhaupt keine Chancen hatte. Dieser Wahlkreis zog einige Aufmerksamkeit auf sich, weil dort für die Regierungspartei der Ehemann einer Nichte der First Lady Yook Young-Soo kandidieren wollte. Wenn Yu Chin-San in Yongdungpogu kandidiert hätte, wäre er mit Sicherheit gewählt worden. Deshalb stieß sein Verhalten auf großes Misstrauen. Es kursierten Gerüchte, dass die Regierungspartei heimlich Geschäfte mit Yu Chin-San mache. Im übrigen gewann die Opposition dann auch alle Wahlkreise der Hauptstadt Seoul mit Ausnahme von Yongdungpogu.

Wegen dieser Angelegenheit musste Yu Chin-San vom Parteivorsitz zurücktreten. Er wurde nicht nur von den Parteimitgliedern stark kritisiert, hunderte von aufgebrachten Menschen belagerten darüber hinaus sein Haus und protestierten gegen ihn. Auch die Presse war äußerst kritisch und sprach von der „Chin-San-Affäre“. In der Auseinandersetzung um die Normalisierung der diplomatischen Beziehungen zwischen Korea und Japan hatte ich mir die Bezeichnung „Sakura“ anhören müssen, nun bekam Yu Chin-San sein Etikett angeheftet. Aber sein Fall war anders. Ich hatte im festen Glauben an das Volk und die Nation gehandelt, er jedoch nicht. Deswegen konnte er seine Ehre nicht mehr retten.

Als Studenten aus Protest gegen unsere Beteiligung an der Parlamentswahl unser Parteibüro für fast drei Stunden besetzten, forderte ich sie auf, lieber gemeinsam mit uns in den Kampf für einen Wahlsieg der Opposition zu ziehen. Und wieder reiste ich durch das ganze Land; während des 20tägigen Wahlkampfs war ich wohl noch mehr unterwegs als vor der Präsidentschaftswahl.

Ich argumentierte, dass eine Stärkung der Opposition im Parlament notwendig sei, um eine Verfassungsänderung und eine Diktatur Park Chung Hees zu verhindern, um seinen „ewigen Verrat“ zu beenden. Die Reaktion war noch überwältigender als im Wahlkampf um die Präsidentschaft. Unterwegs wurde ich beispielsweise von einem anderen Kandidaten der Opposition überrumpelt: Er legte sich kurzerhand vor meinen Wagen und bat mich inständig, eine Rede zur Unterstützung seiner örtlichen Wahlkampagne zu halten. Wenn ich mich nicht dazu bereit erklärte, würde er sich lieber von meinem Auto überfahren lassen. Also verabredeten wir, dass ich um 19 Uhr in Jinju, Provinz Kyongsangnamdo sein würde. Als ich schließlich erst gegen 23.30 Uhr dort eintraf, stellte ich fest, dass mehr als 30.000 Menschen geduldig auf mich warteten. Noch nie seit ich in der Politik tätig war, war ich so gerührt. Die Politik bereitete mir in dem Moment große Freude.

Es war zwei Tage vor der Parlamentswahl vom 25. Mai, als der folgende Zwischenfall passierte. Begleitet von meinem Leibwächter, meinem Sekretär und einigen anderen Leuten wollte ich per Auto zum Flughafen von Mokpo fahren, um von dort aus zu weiteren Wahlkampfveranstaltungen nach Seoul und Suwon zu fliegen. Da wurde uns mitgeteilt, dass das Flugzeug wegen schlechten Wetters nicht starten könne. Notgedrungen machten wir uns also mit den Autos auf den Weg in Richtung Kwangju. Erst später wurde bekannt, dass irgend jemand befohlen hatte, den Start des Flugzeugs zu verhindern. Dieser Jemand musste also in einer Position gewesen sein, die ihm ein solches Vorgehen erlaubte.

Mit meinem Sekretär Kwon Roh-Kap auf der Zugfahrt nach Seoul, nachdem wir während des Wahlkampfs für die Neue Demokratische Partei zur achten Abgeordnetenwahl bei einem als Verkehrsunfall getarnten Mordanschlag verletzt wurden und Erste Hilfe erhalten hatten.

Unsere Gruppe war mit insgesamt drei Wagen unterwegs, als sich ein Taxi dazwischenschob. Dessen Insassen hatten mich erkannt und wollten mich aus der Nähe begrüßen; es waren sechs Personen. Wir winkten uns gegenseitig mit der Hand zu und fuhren im Konvoi weiter in Richtung Kwangju.

Dann beobachteten wir, dass uns ein großer LKW entgegenkam. Wir achteten zunächst nicht weiter darauf. Als wir den LKW passieren wollten, riss dessen Fahrer das Lenkrad plötzlich herum und steuerte das Fahrzeug im rechten Winkel genau auf meinen Wagen. Mein Fahrer bewies in diesem Augenblick Geistesgegenwart. Anstatt zu bremsen gab er Vollgas und konnte so einen Frontalzusammenstoß vermeiden. Allerdings wurde noch das hintere Fünftel meines Wagens zerstört, und der LKW prallte mit voller Wucht gegen das direkt hinter uns fahrende Taxi. Drei der Insassen waren auf der Stelle tot, und die anderen drei erlitten schwere Verletzungen. Mein Wagen wurde durch den Aufprall des LKWs auf das Heck in die Höhe gehoben und landete in einem Reisfeld. Es war als ob ihn jemand mit der Hand leicht angehoben und dann wieder sanft abgesetzt hätte. Ich bemerkte nur leichte Schnittwunden an beiden Armvenen, die Gott sei Dank jedoch nicht besonders schlimm waren. Man legte mir Verbände an, und ich setzte den Wahlkampf für meine Partei fort.

Der Eigentümer des LKWs wurde ermittelt. Es war ein Rechtsanwalt, der eine recht hohe Position in der Regierungspartei innehatte. Er war die Nummer acht auf ihrer Landesliste für die Parlamentswahlen. Der Fahrer des LKWs konnte unmittelbar nach dem Zusammenstoß fliehen, tauchte dann aber später wieder auf und wurde zunächst wegen versuchten Mordes angeklagt. Doch seltsamerweise wurde der Staatsanwalt, der diese Anklage vertrat, sehr schnell auf einen anderen unbedeutenden Posten versetzt. Sein Nachfolger erledigte die Anklage dann als „leichten Verkehrsunfall". Außerdem sorgte die Regierung dafür, dass in der gesamten Presse kein Wort über diesen Zwischenfall berichtet wurde. Die Bevölkerung wurde darüber nicht informiert. Dies war das zweite Mal, dass ich dem Tode entronnen war.

Die Wahl brachte der Regierungspartei 123 Sitze, zehn mehr als für die Mehrheit im Parlament erforderlich. Die Neue Demokratische Partei errang jedoch 89 Sitze, obwohl zur Verhinderung einer Verfassungsänderung schon 65 Sitze ausgereicht hätten. Es war ein großartiger Erfolg, den wir nicht zu erhoffen gewagt hatten. In meinem tiefsten Inneren empfand ich ehrfürchtigen Dank für die Unterstützung des Volkes.

Persönlich allerdings erlebte ich großes Unglück. Ich litt an starken Schmerzen in Rücken und Beinen und ließ mich ärztlich untersuchen. Dabei wurden Verletzungen der Hüftgelenke festgestellt, die eine Folge des Autounfalls waren. Über ein halbes Jahr musste ich im Bett verbringen, und auch später waren immer wieder Klinikaufenthalte erforderlich.

Es ist auf dieses Attentat zurückzuführen, dass ich auch heute noch hinke und nicht so gut laufen kann. Es heißt zwar, dass ich über eine eiserne Gesundheit verfüge, doch bleiben mir als Geschenk dieser barbarischen Diktatur die Folgen des Autounfalls. Trotzdem fühle ich mich heute keineswegs zu müde, um Strapazen wie Fernsehdiskussionen, öffentliche Reden oder Reisen durch das In- und Ausland auf mich zu nehmen. Im Gegenteil wunderte sich sogar einmal ein Journalist von Mitte 30, der eine Reportage über mich machte, wie schwer es ihm fiel mir zu folgen, und fragte mich, was wohl mein Geheimnis sei.

14. Je tiefer die Dunkelheit, desto größer das Durchhaltevermögen

Es war der 17. Oktober 1972. Ich hielt mich in Japan auf, um meine Arthritis auszuheilen, und wollte zwei Tage später heimkehren. Dies war der Beginn der als „Oktober-Yushin" bezeichneten „Erneuerungsmaßnahmen". Aber welcher Vorwand auch immer herhalten musste, es war elf Jahre nach dem Militärputsch vom 16.5.1961 der zweite Putsch. Und wieder war er von Park Chung Hee persönlich durchgeführt worden.

„So etwas passiert immer dann, wenn ich nicht in Seoul bin!" brach es nach der ersten Sprachlosigkeit aus mir heraus. Mit einem Freund zusammen verfolgte ich im Hotelzimmer die Fernsehnachrichten. Er war ein beredter Geschäftsmann, aber als er mein erstarrtes Gesicht sah, wagte er kein Wort mehr zu sagen. Wir hätten nicht im Traum an so etwas gedacht. Es gab zu jenem Zeitpunkt keine besonderen politischen Auseinandersetzungen mehr. Und nach der gemeinsamen Erklärung Nord- und Südkoreas vom 4. Juli hatte sogar auf dieser Ebene ein Dialog begonnen.

Wenn ich in Seoul gewesen wäre, hätte ich mit allen Mitteln den Kampf aufgenommen. Ich machte mir selbst Vorwürfe, dass ich die politische Lage nicht richtig eingeschätzt hatte und mich vom „Oktober-Yushin" überraschen ließ. Nach meiner Analyse hatte ich nicht im Traum damit gerechnet, dass das Park-Regime so weit gehen würde. Zwar stützte sich die Regierung auf das Militär und dessen Waffen, doch dachte ich, dass man es nicht wagen würde, sich durch ein solches Vorgehen selbst zu schaden.

Ich hatte schon zuvor einige Informationen über Pläne zur Verfassungsänderung erhalten und dachte, dass ich ungefähr Bescheid wisse. Die Regierung versuchte, weiteren Streit in der Opposition zu schüren und sie so zu entzweien. Einen Teil hoffte man dann in das Regierungslager hinüber zu ziehen, um eine Zweidrittelmehrheit für die Änderung der Verfassung zu erreichen. Tatsächlich war die Oppositionspartei seit der Präsidentschaftswahl in zwei Lager gespalten. Die Affäre um Yu Chin-San hatte dazu geführt, dass sich eine „Chin-San-Gruppe" mit Kim Young Sam und Lee Chul-Seung an der Spitze und eine „Anti-Chin-San-Gruppe", zu der neben mir auch Kim Hong-Il und Yang Il-Dong gehörten, gegenüberstanden.

Aber nun war ich hier in Japan, lief in einem fremden Hotelzimmer hin und her und konnte nicht einschlafen. Das Parlament war bereits aufgelöst und alle politischen Aktivitäten verboten worden. Dies wurde damit begründet, dass Ordnung und Sicherheit des Staates dies erforderten. Außerdem wolle man den Nord-Süd-Dialog ungestört weiterführen und das Land international voranbringen. Das alles war ein unmöglicher Vorwand. Wie kann man die Ordnung und Sicherheit des Staates auf Gewalt gründen?

Vor meinen Augen liefen Schreckensszenen ab, wie die Armee mit Kampf- und Schützenpanzern überall in den Straßen von Seoul auftauchte, Zeitungsverlage, Rundfunksender und Universitäten besetzte. Die Gesichter der Soldaten, die Armbinden mit der Aufschrift „Ausnahmezustand" trugen und ihre Gewehrläufe auf die Bevölkerung richteten, wollten mir nicht aus dem Kopf gehen. So schnell wie möglich wollte ich zurück nach Seoul. Trotz Lebensgefahr musste ich jetzt bis zum Schluss kämpfen. Es war wohl mein Schicksal, gegen die Diktatur zu kämpfen. Sollte mein Wunschtraum Demokratie erst nach meinem Tode in Erfüllung gehen?

Tiefe Dunkelheit senkte sich über Tokyo. Ich beneidete

Widmung für meine Frau: „Ewig Dein Kim Dae-jung".

die Menschen hier, die in süßem und friedlichem Schlummer lagen. Ich zerbrach mir den Kopf darüber, was ich nur tun könnte. Mir wurde klar, dass ich selbst dann nicht viel bewirken könnte, wenn ich nach Seoul zurückkehren würde. Was kann schon getan werden, wenn alle politischen Aktivitäten verboten sind. Es erschien mir sogar leichter zu sterben. Ich könnte es einfach nicht aushalten, meine Tage tatenlos in Unfreiheit zu verbringen. Daher beschloss ich, in Tokyo zu bleiben. Meiner Ansicht nach war es auf jeden Fall besser, vom Ausland aus weiter gegen das Park-Regime zu kämpfen. Dies war der Grund für mein Exil.

Am nächsten Tag begann ich meine Aktivitäten und nahm Kontakt mit den in Tokyo ansässigen Vertretern der internationalen Medien auf. Wegen des Staatsstreichs, der sich die Nacht zuvor in Korea ereignet hatte, waren die Medienleute stark daran interessiert, die Meinung eines Oppositionsführers direkt zu hören. Sie erschienen in großer Zahl, als ich meine Sondererklärung abgab, in der ich auf den antidemokratischen und gewalttätigen Charakter der Entwicklung hinwies. Ich verdeutlichte, dass dies in Wirklichkeit der Versuch sei, im ganzen Land eine Diktatur zu errichten, hinter der der Traum von einer ewigen Herrschaft stehe. Punkt für Punkt trug ich meine vorbereitete Erklärung vor.

„Die aktuellen Maßnahmen von Park Chung Hee sind antidemokratisch. Zwar wird nach außen hin die koreanische Wiedervereinigung beschworen, doch in Wirklichkeit geht es um die Errichtung einer Diktatur, die Durchsetzung einer Herrschaft auf Lebenszeit. Dieses Verhalten verstößt gegen die Verfassung, ist Nordkorea vergleichbar und richtet sich gegen das in der Bevölkerung wachsende demokratische Bewusstsein. Der Wunsch des koreanischen Volkes nach einer möglichst baldigen Wiedervereinigung wird gnadenlos mit Füßen getreten.

Ich bin sicher, dass Präsident Park Chung Hees Verhalten von der Weltpresse scharf kritisiert wird. Gleichzeitig wird das Volk, das bereits durch den Sturz der Diktatur von Rhee Syngman sein Verlangen nach demokratischer Freiheit demonstriert hat, dafür sorgen, dass die Pläne zum Scheitern verurteilt sind.

Tokyo, den 18.10.1972, Kim Dae-jung“

Auch Yang Il-Dong und Song Won-Yong, beide Abgeordnete der Neuen Demokratischen Partei, waren zu jener Zeit in Tokyo. Mit ihnen diskutierte ich ausführlich die Frage des Exils. Ich wusste, dass auch der Abgeordnete Kim Young Sam in Tokyo war und versuchte mehrfach, seinen Aufenthaltsort ausfindig zu machen. Es gelang mir jedoch nicht herauszubekommen, wo er war, und später war er dann nach Seoul zurückgekehrt.

Was mich die ganze Zeit besonders quälte, war der Gedanke an meine Frau und die Kinder sowie die Verwandten und Mitarbeiter, die sich noch in Seoul befanden. Während meines Exils in Japan wären sie Geiseln des Park-Regimes und müssten den Druck des KCIA aushalten, das war völlig klar. Aber ohne selbst Opfer zu bringen konnte man nichts ausrichten. Also machte ich mit einer Erklärung deutlich, dass ich persönlich gegen das Park-Regime kämpfen würde.

In Korea hatte Präsident Park durch einen Sondererlass eine „Außerordentliche Beratungsversammlung" an die Stelle des gewählten Parlaments gesetzt und die „Yushin-Verfassung" verkündet. Hierbei ging es vor allem darum, die Rechte des Präsidenten so stark zu erweitern, dass in eine Präsidialdiktatur mehr oder weniger durchgesetzt werden konnte. Die Yushin-Verfassung gab dem Präsidenten das Recht, das Parlament nach Belieben aufzulösen. Seine eigene Wahl sollte künftig nicht mehr direkt sondern durch einen „Volkskongress der nationalen Einheit" erfolgen. Auch ein Drittel der künftigen Parlamentsabgeordneten sollte von diesem Gremium bestimmt werden.

Als diese Verfassungsänderung offiziell vorgelegt wurde, nahm ich sofort in einer Erklärung dagegen Stellung. Ich konnte dies nicht einfach hinnehmen. Wieder fanden sich viele Medienvertreter ein, und ich war nun von der Richtigkeit meiner Entscheidung für das Exil überzeugt. Wäre ich in Seoul gewesen, hätte man mich ins Gefängnis gesteckt oder unter Hausarrest gestellt. So war dort die damalige politische Lage.

Über die neue Verfassung wurde per Volksabstimmung entschieden. Es wurde berichtet, dass 91% der Bevölkerung zugestimmt habe. Natürlich hatte die Regierung keine freie Diskussion über ihren Verfassungsentwurf zugelassen. Die Zustimmung der Bevölkerung war erzwungen, nur so konnte eine solche Mehrheit erreicht werden. Zwar hätte man sich in dieser Situation einer Beteiligung an der Abstimmung verweigern können, doch selbst wenn dies in großem Umfang geschehen wäre, hätte die Regierung keine Schwierigkeiten gehabt, die Abstimmung und ihr Ergebnis entsprechend zu manipulieren. Sie war auf alles vorbereitet, um unabhängig vom tatsächlichen Abstimmungsergebnis nach außen hin eine breite Zustimmung der Bevölkerung zu demonstrieren.

Ich erklärte, dass diese Abstimmung jeder gesetzlichen Grundlage entbehre und das Ergebnis folglich ungültig sei. Die Erklärung gab ich am Tag der Volksabstimmung in Washington ab, von wo aus ich versuchte, wenigstens noch einen gewissen Einfluss auf die koreanische Politik auszuüben. Deswegen hielt ich mich in den USA auf.

Dort konnte ich durch die Vermittlung von Professor Edwin Reischauer und Professor Cohen von der Harvard Universität einige weitere einflussreiche Politiker kennenlernen, wie z.B. den damaligen Fraktionsvorsitzenden der Demokratischen Partei und späteren US-Botschafter in Japan Mike Mansfield. Auch hielt ich Vorträge an bekannten amerikanischen Universitäten wie Columbia, Missouri, Westminster, Chicago oder Washington. Das Publikum bei diesen Vorträgen setzte sich sowohl aus Amerikanern wie auch in den USA lebenden Koreanern zusammen. Der koreanische Geheimdienst KCIA versuchte vergeblich, auf die Universitätsverwaltungen Druck auszuüben, damit sie keine Räume für meine Vorträge zur Verfügung stellten.

Währenddessen trat in Korea am 23. Dezember der neue „Volkskongress der nationalen Einheit" zusammen. Von diesen Marionetten ließ sich Park Chung Hee mit einer Mehrheit von 99,9% zum Präsidenten der achten Wahlperiode bestimmen. Ein Fehler der Marionetten verhinderte ein 100%iges Ergebnis. Eine von ihnen hatte nämlich den Namen Park Chung Hee falsch auf den Stimmzettel geschrieben. Es hieß, er sei Analphabet. Zwar hatte die Bevölkerung mit ihm persönlich Mitleid, doch wurde über diese Schmierenkomödie verächtlich gelacht.

Im Januar 1973 kehrte ich nach Japan zurück. In den USA hatte ich gespürt, dass außer einigen Politikern oder Wissenschaftlern kaum jemand Interesse an Korea hatte – weder am Land im allgemeinen noch an der Diktatur Parks im speziellen. Wahrscheinlich lag das an der eher auf sich selbst bezogenen amerikanischen Mentalität. Die Menschen allerdings, mit denen ich zusammentraf, hatten durchaus Verständnis für meine Situation und waren meiner Meinung.

In Japan dagegen war es anders. In den japanischen Medien wurde ausführlich über die Entwicklungen in Korea berichtet, und die Bevölkerung war sehr gut über die Verhältnisse informiert. Als z.B. die Yushin-Verfassung verkündet wurde, konnte man in der amerikanischen Presse kaum etwas darüber lesen. Die japanischen Zeitungen und Fernsehsender berichteten dagegen mit großen Schlagzeilen.

Dann fanden in Korea die ersten Parlamentswahlen der Vierten Republik statt. Sogar in Japan wurde darüber berichtet, wie die Opposition großartig Werbung machte. Aber in Wirklichkeit steckten Regierung und Opposition nun unter einer Decke und zogen die sogenannten Wahlen gemeinsam durch. Dies ließ sich deshalb gut bewerkstelligen, weil nun aus jedem Wahlkreis zwei Kandidaten ins Parlament gewählt wurden. In den 73 Wahlkreisen stellte die Regierungspartei nur jeweils einen Kandidaten auf, so dass das zweite Mandat automatisch an einen Kandidaten der oppositionellen Partei oder einen Unabhängigen fiel. Auf diese Weise stellte die Regierungspartei schließlich 73 Abgeordnete und die Oppositionspartei 52 Abgeordnete, und beide konnten ihres Erfolgs rühmen. Das Park-Regime konnte sich ein solches Vorgehen deshalb leisten, weil ein weiteres Drittel der Parlamentsabgeordneten von den Marionetten im „Volkskongress der nationalen Einheit" bestimmt wurde. Alle diese 73 Abgeordneten waren von Park persönlich nominiert und dann von seinen Marionetten bestätigt worden.

Zwar gehörten die 73 vom „Volkskongress" bestimmten Abgeordneten nicht der Regierungspartei an, das war für das Regime ziemlich egal, schließlich ist es gleich, „ob das Geld in der Tasche oder in der Zigarettendose steckt". Um aber den Eindruck eines halbwegs funktionierenden Parlamentarismus zu erwecken, mussten diese Abgeordneten nach außen hin ihre Unabhängigkeit von der Regierung betonen. Also gründeten sie unter dem Namen „Gesellschaft der Freunde der Erneuerungspolitik" eine neue Partei. Zusammen mit dem „Volkskongress der nationalen Einheit" wurde diese „Gesellschaft" eine der unehrenhaftesten und unglücklichsten Organisationen in der koreanischen Geschichte.

Der Winter jenes Jahres war in Korea besonders kalt, und meine dort lebende Familie stand unter ständiger Kontrolle und war in ihren Freiheiten extrem eingeschränkt. In unserem Haus waren die Kohleöfen durch Ölöfen ersetzt worden, die aber wegen der hohen Kosten nun kaum benutzt werden konnten. So musste meine Familie den Winter verbringen; unter warmen Decken verkrochen wartete sie auf das Ende dieses harten Winters.

Der KCIA belästigte jeden, der auch nur ein paar Worte mit meinen Familienangehörigen wechselte, und schleppte ihn zum Verhör. So wurde versucht zu verhindern, dass andere Menschen meine Familie besuchten. Selbst in- und ausländische Journalisten fürchteten die Beschränkung ihrer Bewegungsfreiheit und zeigten sich kaum noch. Der KCIA observierte mein Haus rund um die Uhr und hatte zu diesem Zweck bereits seit der letzten Präsidentschaftswahl mehrere Häuser in der Nähe angemietet.

Zu jener Zeit besuchte ein japanischer Journalist meine Frau in Donggyodong und versprach, so gut es ging zu helfen. Über ihn konnten meine Frau und ich miteinander kommunizieren, was allerdings nicht in unserem Haus geschah. Vielmehr mussten die Briefe mit Ach und Krach wie in einem Versteckspiel bei Geheimagent 007 ausgetauscht werden.

Ich verstärkte meine politischen Aktivitäten in Japan. Wie schon in den USA lernte ich auch in Japan die verschiedensten Abgeordneten sowohl aus dem Regierungs- wie aus dem Oppositionslager kennen. Einige wurden später Parteivorsitzende oder Ministerpräsidenten oder gelangten in sonstige einflussreiche Positionen wie beispielsweise Tanaka Kakuei, Fukuda Takeo, Hashimoto Tomisaburo, Kono Genjo, Utsunomia Tokuma oder Ishibashi Masashi. Selbst dem, der kein ausgesprochener Experte für japanische Politik ist, werden diese Namen nicht ganz fremd sein. Seit ich diese Menschen kennengelernt habe, pflege ich mit ihnen Kontakt. Da wir uns in einer für mich schwierigen Zeit kennenlernten, gehen wir heute bei einem Wiedersehen umso fröhlicher und freundschaftlicher miteinander um.

Ich möchte mich hier nicht mit meinen Freunden unter den japanischen Politikern brüsten. Dann müsste ich auch solche Freunde auf der ganzen Welt aufzählen, nicht nur in den USA sondern auch in Großbritannien, Frankreich, Deutschland, Kanada, in Skandinavien und in Russland und einflussreiche Politiker in China. Man kann sie alle kaum zählen, aber vielleicht ergibt sich später noch die Gelegenheit, näher darauf einzugehen. Das damalige Regime jedenfalls neidete mir meine Kontakte und intrigierte gegen mich. Man konnte wichtige ausländische Politiker natürlich auf offizieller Ebene treffen, jedoch keine persönliche Beziehung mit ihnen aufbauen.

Heutzutage kann kein Land in Isolation leben. Wer sich isoliert, muss dafür in Armut und Elend leben. Darum ist es so wichtig, die internationalen diplomatischen Beziehungen zu pflegen.

Anfang der 70er Jahre mit Ehefrau Lee Hee-ho und den Söhnen Hong-il (hinten rechts), Hong-up (hinten links) und Hong-gul (vorn rechts).

Ein koreanischer Präsident erzählte einmal, dass ihn ein ausländischer Präsident sitzend, mit übereinandergeschlagenen Beinen empfangen hatte. Daraufhin hatte er selbst auch diese ungezwungene Position eingenommen. Das Problem war jedoch, dass er dies nach seiner

Rückkehr in Korea ständig hervorhob. Die Sitzposition war vielleicht ungezwungen gewesen, die diplomatischen Beziehungen dagegen wohl weniger. So schätze ich diese Episode jedenfalls aufgrund meiner persönlichen Erfahrungen ein, könnte das Verhalten doch in mancher Hinsicht als Anbiederung an eine Grossmacht verstanden werden. Dass ich dagegen im Ausland Freunde unter den einflussreichen Politikern habe, hat mit Anbiederung nichts zu tun. Diese Beziehungen haben einen anderen Charakter und liegen auf einem anderen Niveau, auch wenn Intriganten und Neider mir vorwarfen, mich an die Großmächte anzulehnen.

Selbst wenn es bei mir nichts mit einer Ideologie der Anbiederung an die Großen zu tun hat, brauche ich doch auch nicht besonderen Stolz über meine internationalen Kontakte zu zeigen. Ich berichte nur deswegen darüber, weil es meine Absicht ist, anhand dieser internationalen Freundschaften zu zeigen, wie ich im Gespräch das nötige Selbstvertrauen entwickelt habe, um in der internationalen Diplomatie Erfolge zu erzielen. Mein qualvolles Leben im Exil war für mich im Grunde genommen eine Lehre für meine künftige Diplomatie.

Wieder ging ich in die USA und verbrachte dort drei Monate, bis ich Anfang Juli erneut nach Japan zurückkehrte. Es war dies mein dritter Aufenthalt in Japan, einschließlich meiner Exilzeit. Meine Entführung ereignete sich in dieser Zeit. Ich musste einen zu hohen Preis bezahlen und die Prinzipien der internationalen Diplomatie nochmals erlernen.

15. Die Sonne geht gewiss wieder auf

Der Morgen des 8. August 1973 war in Tokyo extrem feucht und schwül. Bereits seit Tagen hielt die Hitze an. Gegen 10.30 Uhr wollte ich mich auf den Weg machen, um den Parteivorsitzenden Yang Il-Dong zu treffen, der die Neue Demokratische Partei verlassen und die Demokratische Vereinigungspartei gegründet hatte.

Einige Tage zuvor hatte ich im Grand Palace Hotel übernachtet, doch nach ein oder zwei Nächten wechselte ich meine Schlafstelle. Die letzte Nacht hatte ich deshalb im Harada Apartmentkomplex verbracht, wo ich in meinem Büro auch einen Schlafplatz hatte. Ich hatte Anzeichen dafür bemerkt, dass der Geheimdienst KCIA mich beschattete und beachtete gewisse Vorsichtsmaßregeln.

In Begleitung meiner beiden Mitarbeiter Kim Kun-Pu und Kim Kang-Su verließ ich das Apartment. Sie waren für mich sowohl als persönliche Sekretäre wie als Leibwächter tätig. Außerdem arbeiteten dort noch Cho Hwal-Chun als Büro- und Sekretariatsleiter sowie Pae Chung-To als Bürogehilfe. Er war mir von einer christlichen Organisation empfohlen worden und machte sich jeden Tag im Büro nützlich.

„Herr Kim, heute Vormittag haben Sie doch keine Termine?“ fragte Kim Kun-Pu erstaunt, während er mich an meiner Jacke festhielt. Freundlich lächelnd gab ich zurück: „Darum brauchst du dich nicht zu kümmern ...“ Er und die anderen waren rechtschaffene junge Männer, die in Japan lebten und mich politisch unterstützen wollten, nachdem sie hier meine Reden gehört hatten. Sie waren gute Freunde, zu denen ich volles Vertrauen hatte, egal was passieren mochte. Sie würden auf mich achten und waren bereit, sich unter Lebensgefahr für mich aufzuopfern.

Draußen vor der Tür wollte ich in ein Taxi steigen, als auch Kim Kun-Pu Anstalten machte, zuzusteigen. „Hör mal Gun-Bu“, wandte ich mich an ihn, „heute brauchst du nicht mitkommen.“ „Wirklich?“ Währenddessen hatte Kim Kang-Su sich bereits vorne neben den Taxifahrer gesetzt. Es war nichts zu machen, ich konnte nicht auch noch seine Begleitung ablehnen, ohne dass es Protest gegeben hätte. Sie wollten mir früher sogar bis zur Toilette folgen. Darum hatte ich sie lächelnd einmal darauf hingewiesen, dass sogar US-Präsident Kennedy während seiner Amtszeit ermordet worden war.

„Kang-Su! Dann berichte mir hinterher bitte!“ rief Kim Kun-Pu hinter dem Taxi her, als es sich in Bewegung setzte und direkt zum Grand Palace Hotel fuhr. Dort hatte der Parteivorsitzende Yang Il-Dong das Zimmer 2211. Als wir vor die Zimmertür kamen, bat ich Kim Kang-Su, wieder nach unten zu gehen und dort auf mich zu warten. Ich wollte in aller Ruhe unter vier Augen mit Yang Il-Dong reden und vor allem über die innenpolitische Lage in Korea diskutieren. Außerdem ging mein Geld hier in Tokyo zur Neige, so dass ich ihn um finanzielle Unterstützung bitten wollte.

„Kommen Sie herein“, begrüßte mich Yang freundlich. Er hielt sich in Tokyo auf, um seine chronische Zuckerkrankheit behandeln zu lassen. Ich war eng mit ihm befreundet, da wir schon früher in der Neuen Demokratischen Partei gemeinsam gegen die Linie von Yu Chin-San gekämpft hatten. „Sie sollten sich schnell von Ihrer Krankheit erholen, damit wir den Kampf gemeinsam fortsetzen können“, versuchte ich ihn aufzumuntern und ließ mich auf dem Sofa nieder.

Er berichtete mir der Reihe nach über die verschiedenen Dinge, bis plötzlich Kim Kyong-In die Tür öffnete und zu uns ins Zimmer trat. Er war entfernt mit mir verwandt und als Abgeordneter zu Yangs Demokratischer

Vereinigungspartei gestoßen. Zu dritt setzten wir das Gespräch fort und bestellten beim Zimmerservice etwas zu essen. Da schnitt Yang plötzlich ein neues Thema an.

„Du, der Gesandte der hiesigen koreanischen Botschaft, Herr Kim Chae-Kwon, hat mich zur Begrüßung in Japan besucht. Bei der Gelegenheit betonte er, dass er dich unbedingt treffen müsse. Er bedauerte sehr, dass dies bisher nicht möglich war. Deshalb sagte ich ihm, dass ich dich bald treffen werde."

„Ich wüßte nicht, warum ich mich mit ihnen treffen sollte ..." Ich hörte seine Worte ohne ihnen besondere Aufmerksamkeit zu widmen. Erst eine Stunde später erkannte ich ihre Bedeutung. Man hatte uns eine Falle gestellt: Man brauchte Yang Il-Dong nur noch aufmerksam beobachten, und schon konnte man mich früher oder später erwischen.

Für den Nachmittag hatte ich eine Verabredung mit dem ehemaligen japanischen Außenminister Kimura Toshio. So verabschiedete ich mich gegen 13.15 Uhr und verließ das Zimmer. Der Abgeordnete Kim Kyong-In begleitete mich kurz hinaus. In diesem Moment stürzten sich fünf oder sechs muskulöse Männer auf mich und umklammerten meinen Hals.

„Was soll das!?" versuchten Kim Kyong-In und ich lautstark zu protestieren, aber es half alles nichts. Mir wurde der Mund zugehalten, während ich in das Zimmer 2210 und Kim zurück in 2211 gedrängt wurde. „Wer sind denn die? Was soll das alles?" bestürmten sich der Abgeordnete Kim und der Vorsitzende Yang gegenseitig.

„Sie sind wohl Yang Il-Dong?" bemerkte einer der Unbekannten mit Seouler Dialekt. „Wir sind aus Seoul herübergekommen und haben unsere Sache bald erledigt. Wir müssen uns nur noch ein wenig unterhalten."

„So? Darf man uns denn so behandeln?"

„Ich bin sicher, dass Sie Kim Kyong-In sind. Das ganze ist eine innerkoreanische Angelegenheit. Also seien Sie ruhig und schreien hier nicht so herum. Das wäre eine Schande für Korea."

Es war für mich offensichtlich, dass die Fremden sehr genau über die beiden Anwesenden informiert waren. Sie dachten sich, dass irgendwelche unüberlegten Ausbrüche nur Unannehmlichkeiten für ihre Leute in Korea verursachen würden. Also versuchten sie zunächst einmal Zeit zu gewinnen.

Inzwischen war ich ins Nebenzimmer geschleppt worden. Dort warf man mich auf das Bett und hielt mir ein mit Betäubungsmittel getränktes Tuch vor die Nase. Vorübergehend verlor ich das Bewusstsein, aber die Betäubung war so dosiert, dass ich kurz darauf wieder teilweise zu mir kam.

„Sei ruhig, sonst bringe ich dich auf der Stelle um!" fuhr mich einer der Männer in fließendem Koreanisch an. Selbst unter diesen dramatischen Umständen konnte ich deutlich merken, dass er kein in Japan lebender Koreaner war. Währenddessen wartete mein Sekretär und Leibwächter Kim Kang-Su immer noch in der Hotelhalle auf mich. Als ich nicht wieder auftauchte, rief er schließlich im Zimmer 2211 an. Eine Stimme antwortete hektisch in Koreanisch: „Komm schnell herauf!" Er konnte jedoch nicht genug Koreanisch, um den Ruf zu verstehen, und rief deshalb vom Hotel aus in unserem Büro an, um nach weiteren Anweisungen zu fragen. Kim Kun-Pu nahm den Anruf entgegen und fragte seinerseits den Büroleiter Cho Hwal-Chun, was zu tun sei. Der entschied, dass das Gespräch der hohen Politiker nicht gestört werden und Kim Kang-Su weiter warten solle. Diese Entscheidung nahm sich Cho dann sein ganzes Leben lang schwer zu Herzen.

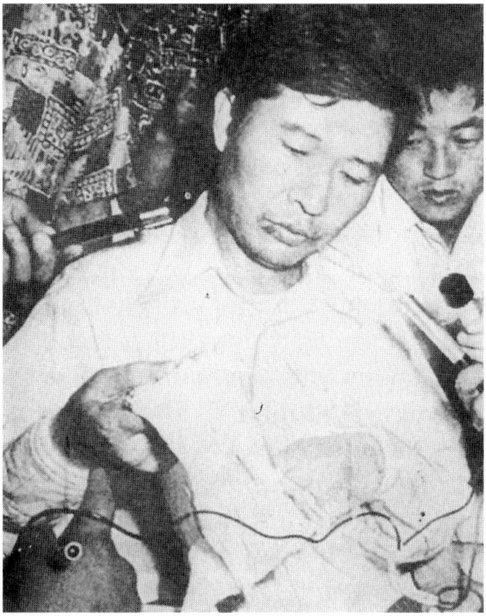

Bei der Pressekonferenz nach der Rückkehr von meiner Entführung aus Tokyo, als ich der drohenden Zerstückelung meines Körpers und der Versenkung meiner Leiche im Meer gerade noch entgangen war.

Ich wurde dann von den Tätern im Hotel zum Aufzug geschleppt. Wie ich später erfuhr, hatten sie bereits einen großen Sack, Papiertücher und Toilettenpapier sowie Stricke vorbereitet. Ursprünglich war geplant gewesen, mich direkt im Hotel umzubringen, meinen Körper zu zerstückeln und die Teile im Sack herauszuschaffen. Da wir jedoch bei dem Überfall laut geschrien hatten, änderten sie vorsichtshalber ihre Planung und wollten mich erst einmal woanders hinbringen. Als wir mit dem Aufzug abwärts fuhren, stiegen zwei weitere Personen zu. Wie die späteren Ermittlungen ergaben, waren es zwei Männer, doch ich hielt die beiden damals für Mann und Frau. Ich war zwar nicht völlig bewusstlos, aber sehr stark in meiner Wahrnehmungsfähigkeit beeinträchtigt.

„Die Männer wollen mich umbringen, bitte helfen Sie mir!“ flehte ich die beiden unfreiwilligen Zeugen auf Japanisch an. Doch sie bekamen es mit der Angst zu tun, ließen den Aufzug auf der nächsten Etage halten und stiegen eilends aus. Sofort anschließend schlugen mich meine Entführer unter wüsten Beschimpfungen brutal zusammen: „Du Mistkerl! Haben wir nicht gesagt, du sollst den Mund halten!?“ So verpasste ich meine letzte Chance, während das Zimmer 2211 nach wie vor streng bewacht wurde. Yang Il-Dong und Kim Kyong-In konnten überhaupt nichts zu meiner Rettung unternehmen.

In der Tiefgarage wurde ich auf den Rücksitz eines Autos verfrachtet und in die Mitte genommen. Vorne warteten bereits zwei weitere Männer. Schließlich wurde ich mit dem Kopf nach unten auf den Wagenboden vor dem Rücksitz gedrückt, die Täter pressten ihre Füße auf meinen Körper, und die Fahrt begann. So fuhren die Täter mit einem ehemaligen koreanischen Präsidentschaftskandidaten von einem Hotel im Zentrum Tokyos am hellichten Tag durch die Stadt. Sie hatten einen Mordversuch und eine Entführung begangen. Sie gingen sehr professionell vor und schienen in diesen Dingen Übung zu haben.

Noch bis 14 Uhr wartete mein Leibwächter Kim Kang-Su in der Hotelhalle auf mich. Erst als ich bis dahin immer noch nicht erschienen war, machte er sich auf den Weg in die 22. Etage. Inzwischen hatten sich natürlich auch die restlichen Männer, die Yang Il-Dong und Kim Kyong-In bewacht hatten, aus dem Staub gemacht. Kim hatte bereits mehrmals versucht, die Tür zum Zimmer 2210 zu öffnen, aber das Schloss war verriegelt.

„Ich bin Kim Dae-jungs Leibwächter. Wo ist er?“ stieß Kim Kang-Su hastig hervor. Es klang fast wie Schluchzen. Seine Gedanken überstürzten sich, und er ahnte was passiert war. Er wusste, dass unser Büro im Harada Apartmentkomplex seit längerem beobachtet wurde; schließlich hatte er es selbst bemerkt. Auch der Eigentümer des Gebäudes hatte uns bereits zugeflüstert, dass uns von außen irgendjemand observierte. Direkt gegenüber auf der zweiten Etage eines Nudelrestaurants und in einer Teestube am Hintereingang des Gebäudes tauchte immer wieder ein Mann auf, der uns beobachtete.

„Vielleicht ist er im Nebenzimmer ..." Der Abgeordnete Kim Kyong-In war völlig durcheinander, und in Kim Kang-Sus Augen stand die nackte Panik. Erst jetzt sagten sie dem Hotelpersonal Bescheid und ließen das Zimmer 2210 öffnen. Es war niemand dort, aber es roch noch nach irgendeiner Medizin, und in einer Ecke lag das Magazin einer Pistole. Kim Kang-Su rief sofort wieder im Büro an, um einen ersten Schritt „in die Außenwelt" zu tun. In den letzten Minuten hatte der Parteivorsitzende Yang schon mit der koreanischen Botschaft sowie dem japanischen Parlamentsabgeordneten Utsunomiya Tokuma von der Liberaldemokratischen Partei telefoniert. Dieser wiederum informierte sofort Minister Gotoma Masaharu. Im Büro schätzte derweil Cho Hwal-Chun die Lage ein und entschied um 14.40 Uhr, die Polizei über den Notruf 110 zu alarmieren.

Die Polizei nahm vor Ort ihre Ermittlungen auf, und auch Reporter und Kameramänner waren schnell informiert erschienen. Zwischen den beiden Betten des Zimmers fanden die Polizisten zwei große und einen etwas kleineren Sack sowie einen Strick von etwa 1,30 m Länge. Auf einem Beistelltisch lag das siebenschüssige Magazin einer Pistole deutscher Herkunft und ein kleines Fläschchen, das eine helle Flüssigkeit enthielt, die ein Betäubingsmittel zu sein schien. Auf dem Boden waren Papiertücher und Toilettenpapier verstreut, und dazwischen lag meine Lieblingspfeife, die ich gerade vor ein paar Tagen in Ueno gekauft hatte. Um 15.50 Uhr blendete das japanische Fernsehen die erste Sondermeldung über meine Entführung ins Programm ein.

Das Auto verließ das Stadtzentrum und befuhr nun eine Autobahn. Ich krümmte mich immer noch unter den Füßen meiner Entführer, die mir ein Tuch in den Mund gesteckt und meinen Körper mit Jacken bedeckt hatten. Als ich versuchte, mir in dieser unbequemen Lage etwas Bewegung zu verschaffen, traten sie mich gnadenlos. Sie schleppten mich einfach mit und fuhren weiter ihres Weges. Ich konnte überhaupt nichts machen; ich wusste weder, wo wir uns befanden, noch konnte ich abschätzen, wieviel Zeit verging.

Schließlich wurde ich in irgendein Gebäude geschleppt. Dort lösten sie zunächst meine Fesseln und zogen mich bis auf die Unterwäsche aus. Einer durchsuchte die Taschen meiner Kleidung und fand 200.000 Yen Bargeld, meinen Ausweis und meine Visitenkarten. Dies alles und auch meine Armbanduhr beschlagnahmten sie. Dann zogen sie mir andere Kleider und Schuhe an. Schließlich wurde ich erneut mit einem Strick gefesselt, und mein Gesicht wurde bis auf die Nasenlöcher mit Klebeband umwickelt. Inzwischen war es Abend geworden. Der Aufenthalt hatte etwa zwei Stunden gedauert, aber nun ging es zurück zum Auto. An Armen und Beinen gefesselt lag ich wieder zu ihren Füßen.

Vielleicht waren wir nun 30 Minuten unterwegs? Ich glaubte, in der Ferne Meeresrauschen zu hören. Möglicherweise war das Geräusch der Wellen sogar viel lauter zu hören, aber weil das Klebeband meinen ganzen Kopf bedeckte, drang das Rauschen nur gedämpft an meine Ohren. Dieser Klang erinnerte mich an das Meer in meiner Heimat. Als ich dort am Hafen noch meine Schifffahrtsfirma betrieben hatte, hörte ich die Wellen Tag und Nacht. Mir kam der Spruch in den Sinn: „Der Mensch wird aus der Erde geboren und wird wieder zu Erde." Sollte ich, der ich „aus dem Meer geboren war, wieder zum Meer zurückkehren?"

In einem Hafen wurde ich auf ein Motorboot gebracht. Ich ahnte, dass sich weitere Schiffe in der Nähe befanden. Sobald wir an Bord des Bootes waren, wurde mein Kopf mit einem Tuch umhüllt. Ich dachte, dass nun wirklich alles vorbei sei, und schlug mit meinen gefesselten Händen ein Kreuz. Sofort erhielt ich Schläge.

„Schlagt mich doch nicht. Ich habe mich bereits mit dem Tod abgefunden. Also braucht ihr mich nicht mehr zu schlagen“, bat ich sie, aber die Männer wurden kurz darauf von anderen abgelöst. Gegen ein Uhr in der Nacht wurde ich dann auf ein größeres Schiff gebracht. Die Uhrzeit konnte ich vermuten, weil ich in der Lage war, einige Gesprächsfetzen meiner Bewacher aufzuschnappen.

Das Schiff, auf das ich kam, musste recht groß sein, da der Seegang ihm nur wenig ausmachte. Ich schätzte es auf mindestens 500 Tonnen mit einer Maschine von 1000 PS. Aufgrund der Reedereierfahrungen, die ich als junger Mann gesammelt hatte, fiel mir diese Schätzung nicht schwer. An Bord wurde ich unter Deck geführt. Das Klebeband um meinen Kopf wurde nun entfernt, aber dafür wurden die Fesseln um meinen Körper noch fester angezogen. Die Hände wurden mir vor der Brust zusammengebunden, und auf meinem Rücken wurde ein schweres Brett dreifach verschnürt. Ich wurde mit einem Holzstück geknebelt, die Augen wurden mit fünf Lagen Klebeband verschlossen und nochmals verbunden.

Während der ganzen Prozedur wurde kein einziges Wort gesprochen, aber ich hatte den Eindruck, dass mindestens fünf bis sechs Männer beteiligt sein mussten. Schweigend arbeiteten sie weiter, bis sie an meinen beiden Händen Eisengewichte von jeweils 30 bis 40 Kilo befestigten. Nun beratschlagten sie leise miteinander: „Wird das Ganze auch nicht abgehen, wenn wir ihn hinunterwerfen?“ „Nun ja, ich habe gehört, wenn man ihn noch in eine Decke wickelt, wird er bestimmt nicht wieder auftauchen.“

So redeten sie miteinander, wickelten mich dann aber doch nicht mehr in eine Decke. „Jetzt ist es also aus“, dachte ich voller Verzweiflung. In diesem Augenblick dachte ich nicht ans Beten, sondern nur noch daran, dass mein Schicksal in wenigen Minuten besiegelt sei. „Wäre es möglich, im Wasser die Fesseln zu lösen? Nein, das ist wohl unmöglich. In ein paar Minuten bin ich erledigt ... dann hätte die Qual ein Ende. Wäre das nicht gut? ... Aber selbst wenn mein Unterleib von den Haien gefressen wird, möchte ich doch wenigstens meinen Oberkörper irgendwie gerettet wissen ...“ So kreisten meine Gedanken.

In diesem Moment meinte ich Jesus vor meinen Augen zu erblicken. Es war sehr rätselhaft, da ich doch keinerlei Anstalten zu Beten gemacht hatte. Nun aber griff ich nach seinem Gewand und flehte ihn inbrünstig um Kraft an: „Bitte verschone mein Leben. Ich habe noch so viele Dinge zu vollenden, die ich bisher nicht geschafft habe. Es sind Dinge, die ich für das koreanische Volk tun muss. Das Volk zählt auf mich, und ich will es nicht enttäuschen. Errette mich!“ Zwar hatte ich zuvor wohl schon tausende Male gebetet, doch dies war das erste Mal, dass ich um meine Rettung betete. Meine Augen waren immer noch verklebt, aber trotzdem konnte ich plötzlich einen grellen roten Lichtschein wahrnehmen.

„Ein Flugzeug!“

Die Männer auf dem Schiff rannten aufgeregt umher. Dann hörte ich einen lauten Knall, als ob irgend etwas explodierte. Das Schiff beschleunigte auf volle Fahrt voraus. Offensichtlich war etwas Unvorhergesehenes passiert, aber wie konnte ich wissen, was es war? Etwa eine halbe Stunde lang machte das Schiff volle Fahrt, dann wurde die Geschwindigkeit wieder zurückgenommen. Wie ein Holzstück lag ich derweil völlig unbeachtet herum, bis auf einmal ein Mann zu mir trat: „Sie sind Kim Dae-jung?" Die im Dialekt der Provinz Kyongsang gestellte Frage wurde von mir mit einem Kopfnicken beantwortet. „Bei der Präsidentschaftswahl 1971 habe ich in Pusan für Sie gestimmt." Als ich diese Worte hörte, beruhigte ich mich zunächst einmal. Seine Worte munterten mich auf. „Sie sind gerettet", flüsterte er mir ins Ohr, löste den Knebel aus meinem Mund und zündete mir eine Zigarette an. Ich rauchte, während der Mann mir Saft holte.

„Wo sind wir hier?" fragte ich ihn.

„In der Nähe von Tokushima."

„Dann wird das Schiff wohl wieder einen japanischen Hafen anlaufen. Dort gehen Sie bitte zur Polizei. Die japanische Polizei wird mir dann helfen."

„In Ordnung."

„Und wenn Sie mir geholfen hast, werde ich für Ihren Aufenthalt in Japan sorgen. Dann können wir gemeinsam für die Wiederherstellung der Demokratie kämpfen."

„Ja, in Ordnung", antwortete er bereitwillig.

Den 9. und 10. August verbrachte ich auf dem Schiff meist dösend. Am späten Abend des 10. hörte ich von den Seeleuten, dass wir uns nun in den Gewässern um Shikoku befänden. Am frühen Morgen des 11. wurde ich durch lautes Reden darauf aufmerksam, dass wir einen koreanischen Hafen erreicht hatten. Ein Arzt kam an Bord, um mich zu untersuchen und meine Wunden an den Armen und Beinen zu versorgen. Er gab mir eine Spritze und erklärte, dass er mir aufgrund meiner körperlichen Schwäche Dextrose verabreicht habe.

Gegen 9 Uhr abends wurde ich fortgeschleppt und in ein Auto verfrachtet. Es war ein Pickup, wie er häufig von amerikanischen Soldaten gefahren wurde. Meine

Fesseln waren zwar gelöst worden, aber Mund und Augen waren noch immer fest verbunden. Mir wurde befohlen, mich auf die Bretter der Ladefläche zu legen. So fuhren wir mehrere Stunden, bis in einen Jeep umgestiegen und die Fahrt fortgesetzt wurde. Bei einem kurzen Stop wies ich darauf hin, dass ich Wasser lassen müsse. Man führte mich zu einer primitiven Toilette, die aus der Hülse einer Artilleriegranate gebastelt war. Daraus schloss ich, dass wir uns auf einem Bauernhof befanden, denn auf dem Lande war diese Art von Toilette damals weit verbreitet.

Nach dem Gang zur Toilette wurden mir zwei kleine Tabletten gereicht: „Es sind Vitaminpräparate, schlukken Sie sie herunter." Ohne misstrauisch zu werden, nahm ich sie, aber es waren Schlaftabletten. An die folgenden Stunden konnte ich mich nicht mehr erinnern. Als ich wieder erwachte, hatte sich die Binde vor meinen Augen gelockert, und ich konnte die Umgebung in Augenschein nehmen. Ich befand mich im zweiten Stock eines Hauses westlichen Stils. Meine Bewacher trugen die Haare sehr kurz wie Soldaten, auch benutzten sie ein militärisches Funkgerät. Sie waren also entweder von der Armee oder hatten zumindest gute Kontakte zu ihr, schließlich waren im KCIA auch viele Soldaten tätig.

Am Nachmittag des 13. August, des sechsten Tages meiner Entführung, kam ein junger Mann zu mir: „Herr Kim Dae-jung, wir sollten einmal miteinander reden." Ich wartete schweigend darauf, was er zu sagen hatte, während er sich auf einen Stuhl setzte: „Warum kämpfen Sie im Ausland gegen Ihr Land?"

„Das stimmt nicht. Ich arbeite niemals gegen meine Heimat Korea. Es ist das Park-Regime, gegen das ich kämpfe, nicht aber das Land Korea." Ich wich keinen Schritt zurück und sagte ihm ins Gesicht, was ich wirklich dachte.

Meine Position hatte ich bereits klar gestellt, als ich in den USA die „Volksbewegung für Demokratie und Wiedervereinigung in Korea“ vorbereitete. Gleich zu Beginn hatte ich zwei Punkte besonders betont: das unbedingte Eintreten für die Republik Korea und den Vorrang der Demokratisierung vor der Wiedervereinigung. Andere setzten die Wiedervereinigung noch vor der Demokratisierung an die erste Stelle, doch ich war absolut gegen diese Einstellung. Mir erschien eine solche Betonung der Wiedervereinigung lediglich als Vorwand, um die Demokratie im Lande zu unterdrücken. Für mich konnten nur demokratische Verhältnisse und eine freie Meinungsbildung im Volk „das Gewissen für die Wiedervereinigung“ schaffen. Erst eine demokratische Regierung konnte vielleicht eine vom Volk unterstützte Wiedervereinigung erreichen.

Außerdem wurde hartnäckig gefordert, ich solle eine Exilregierung bilden. Aber auch einen solchen Schritt lehnte ich eindeutig ab. Die Republik Korea existierte, und es war abwegig, eine Gegenregierung zu proklamieren. Ich hatte keinerlei Zweifel an meiner Ansicht zu diesem Punkt aufkommen lassen und war gerade deshalb wieder nach Japan zurückgekehrt, um hier die „Volksbewegung für Demokratie und Wiedervereinigung in Korea“ offiziell zu gründen. Ganz bewusst hatten wir hierfür den 15. August vorgesehen, der als Nationalfeiertag der koreanischen Befreiung gewidmet ist.

Die Behauptung, ich arbeitete gegen unseren Staat, war unsinnig. Noch lange Zeit versuchte das Park-Regime trotzdem mit allen Mitteln, Beweise für meinen angeblichen Hochverrat zu finden. Aber es konnte ihm nicht gelingen, da ich noch nicht einmal im Traum an so etwas gedacht hatte. Man kann keine Beweise für etwas finden, was nicht existiert.

„Wo gibt es denn einen Unterschied zwischen dem

Park-Regime und dem Staat?“ fragte mich der auf dem Stuhl sitzende Mann halb spöttisch und halb ärgerlich. Ich konnte nur lachen, hatte ich doch keine Nerven, ihm seine grundsätzlichen Denkfehler zu erklären. Aber schon wechselte er das Thema: „Herr Kim Dae-jung, wir können ja einen Kompromiss schließen.“

„Was für einen Kompromiss meinen Sie?“ fragte ich lächelnd zurück. Schon so viele Kompromisse hatte mir das Park-Regime angeboten. Als man die neue Regierungspartei gründete, versuchte man mich unter dem Vorwand der Versöhnung für sich zu benutzen. Immer wieder versuchte man es auf indirekte Art und Weise, und einmal hatte man mir sogar das Amt des Vizepräsidenten angeboten. Ich hatte jedoch all diese Anbiederungsversuche abgelehnt.

„Wir werden Sie dann also in der Nähe Ihres Hauses freilassen. Das ist ein Befehl von oben. Nachdem Sie aus dem Auto ausgestiegen sind, können Sie erst mal Wasser lassen. Sie dürfen aber weder Lärm machen noch die Augenbinde abnehmen. Wenn Sie Wasser gelassen haben, können Sie sich auf den Heimweg machen. Wie finden Sie den Vorschlag?“

„Okay ...“, nickte ich und versprach, mich an die Anweisungen zu halten. Zusammen stiegen wir in einen Wagen und fuhren davon. Bei einer Mautstation an der Autobahn wurden mir mein Ausweis und meine Visitenkarten zurückgegeben. „Ihr Portemonnaie mit dem Geld bekommen Sie später zurück ...“ „Ist in Ordnung“, antwortete ich achselzuckend. Solch ein Versprechen konnte nur jemand abgeben, der in amtlichem Auftrag handelte. In diesem Augenblick war ich mir endgültig sicher, dass hinter der ganzen Affäre die koreanische Regierung stand. Das mir weggenommene Geld und meine Armbanduhr habe ich allerdings bis heute nie wieder gesehen.

Wie versprochen passierten wir das Zentrum von Seoul und bogen irgendwann in eine kleine Seitengasse ein. Ich durfte aussteigen und erleichterte mich, bevor ich meine Augenbinde löste. Meine Begleiter waren in der Zwischenzeit spurlos verschwunden. Ich befand mich an einer Tankstelle in Donggyodong, in der Nähe meines Hauses. Der Mond schien so hell vom Himmel wie damals, als ich in Mokpo aus dem Gefängnis flüchtete ... Hier und da waren noch Leute auf den Straßen, die die frische Abendluft genossen. Die Atmosphäre dieses Abends war so friedlich, als sei überhaupt nichts passiert. Es hatte den Anschein, als käme ich soeben von einem Abendspaziergang nach Hause.

Gegen 22 Uhr stand ich vor meiner Haustür. So wie ein Ehemann, der von der Arbeit nach Hause kommen, klingelte ich. Es war der sechste Abend nach meiner Entführung aus Tokyo.

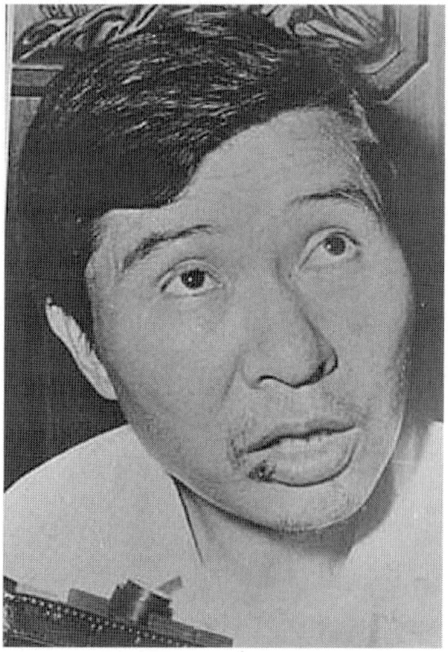

Zu Hause bei der Beantwortung von Journalistenfragen nach meiner Entführung aus Tokyo.

16. So vieles, was ich nicht verstanden habe

Kaum eine Stunde war nach meiner Rückkehr vergangen, als Reporter und Kameraleute herbeiströmten. Ich hatte mit meiner Familie gerade erst zu Ende gebetet und noch keine Gelegenheit gehabt, mich umzuziehen. Nachdem ich meinen Angehörigen davon erzählt hatte, wie mir auf dem Schiff Jesus Christus erschienen war, waren wir alle zunächst im Gebet auf die Knie gesunken.

Später zweifelte ich selbst an dieser Christuserscheinung und versuchte in einem Gespräch mit Kardinal Stephen Kim Klarheit darüber zu gewinnen, ob es wirklich eine Erscheinung war, oder ob die Gefahr, in der ich schwebte, meinen Geist so weit getrübt hatte, dass mir Hirngespinste kamen: „Was sagen Sie zu diesem Phänomen? Ich weiß wirklich nicht ..." „Nun, wenn Sie damals beteten, kann es eine Wunschvorstellung gewesen sein. Aber wenn Sie völlig anderen Gedanken nachhingen und Jesus trotzdem auftauchte, dann kann es sein, dass er Ihnen tatsächlich erschienen ist. Aber es ist nicht wichtig zu wissen, ob es Ihre Phantasie war oder nicht. Es ist eine Frage des Glaubens." Seine Antwort war für mich klar und eindeutig. Der Glaube ist ewig, aber die Erscheinung ist vergänglich.

Das plötzliche Auftauchen so vieler Journalisten vor meinem Haus war von einem Unbekannten ausgelöst worden, der entsprechende Informationen an die Medien gegeben hatte. Zunächst war vom Park-Regime jegliche Berichterstattung über mich verboten worden, erst am Vormittag des 9. gab die Zensur ein Minimum an Informationen frei. So verfügten die Medien auch später nicht über ausführliches Material, als sie am 13. August von einem unbekannten Mann angerufen wurden, der sich als Mitglied einer ominösen „Nationalen Jungen Garde zur Rettung des Landes" bezeichnete. Er erklärte: „Kim Dae-jung ist nach Hause zurückgekehrt. Wir haben ihn geholt. Wir werden es nicht zulassen, dass irgendjemand wie Kim Dae-jung ins Ausland geht und sich dort so verhält." Er ließ keinerlei Rückfragen zu und hängte das Telefon einfach ein. Auf diese Weise wurden die Medien aufmerksam gemacht, und mehr als 50 Journalisten, darunter amerikanische und japanische Korrespondenten, eilten neugierig herbei.

Dr. Chung Il-Hyong und seine Ehefrau Lee Tae-Young zu Besuch in meinem Haus in Donggyo-dong nach meiner Entführung aus Tokyo.

Ich berichtete ihnen ausführlich, was ich während meiner Entführung in den letzten sechs Tagen erlebt hatte. Zwischendurch wurde ich von Tränen übermannt, meine Worte stockten. Aber jetzt ließ ich meinen Tränen freien Lauf, die ich während meiner Entführung noch hatte unterdrücken können.

Nachdem ich meinen Bericht beendet hatte, prasselten Fragen auf mich nieder, die sich im großen und ganzen auf zwei Punkte konzentrierten. Zum einen ging es um die Person Yang Il-Dongs, zum anderen um den Verdacht, dass die ganze Entführung ein von mir selbst inszeniertes Theater sei. Yang Il-Dong stand natürlich deswegen im Mittelpunkt des Interesses, weil ich bei dem Treffen mit ihm entführt wurde. Diese Tatsache löste einige Zweifel und Gerüchte aus, gegen die ich ihn vehement verteidigte. Ich war von seiner Aufrichtigkeit überzeugt und betonte, dass er nicht der Mann sei, der mich in eine Falle locken würde. In Bezug auf die Entführung als solche wurden in der politischen Szene besonders viele Zweifel angemeldet. Sogar Yu Chin-San, der ehemalige Vorsitzende der Neuen Demokratischen Partei, fragte, ob sie nicht von mir persönlich inszeniert worden sei. Das machte mich ratlos. Es blieb mir in dieser Situation nichts anderes übrig, als das Urteil dem Volk zu überlassen.

Am nächsten Tag, dem 14. August, gab die Regierung eine offizielle Erklärung ab, dass sie nichts mit dem Vorfall zu tun habe. Sie kündigte an, die ganze Affäre unabhängig von den japanischen Behörden genauestens untersuchen zu wollen, und versprach zügige Ermittlungen. Aber bereits nach drei Tagen, am 16. August, nahmen diese Ermittlungen eine seltsame Wende und büßten ihren ursprünglichen Charakter ein. Angehörige des KCIA nahmen das Heft in die Hand. Sie interessierten sich kaum noch für die Fahndung nach den Tätern.

Dafür verhörten sie mich um so intensiver über meine Aktivitäten im Ausland.

Betreuung durch meine Frau nach meiner Entführung aus Tokyo.

Beim Verfolgen der Fernsehnachrichten über meine Entführung.

Am 28. August dann gab Kim Yong-Chu, der nordkoreanische Co-Vorsitzende des Nord-Süd-Koordinierungskomitees, eine Erklärung ab. Insbesondere für die Familien, die sich eine Verbesserung der Kontakte zwischen Angehörigen in Nord- und Südkorea wünschten, war diese Erklärung eine große Enttäuschung: „Die Affäre um Kim Dae-jung ist eine Verschwörung des KCIA. Wir können vor diesem Hintergrund keine weiteren Gespräche mit Lee Hu-Rak, dem Verhandlungsführer der südkoreanischen Seite, akzeptieren." So wurden die erst am 4. Juli des Vorjahres begonnenen Gespräche zwischen Nord- und Südkorea abrupt beendet. Sie hatten gerade mal ein Jahr, einen Monat und zwanzig Tage gedauert. Welche Kenntnisse Nord-Korea nun genau über die Rolle des KCIA bei der ganzen Angelegenheit hatte, und aufgrund welcher Indizien man dort die Lage beurteilte, bleibt bis heute ein Rätsel.

Am 5. September schließlich berichtete die japanische Polizei von der Entdeckung eines Fingerabdrucks, der der Schlüssel zur Aufklärung der Entführungsaffäre sein könnte. Im Hotelzimmer war ein Fingerabdruck von Kim Dong-Un, dem ersten Sekretär der Koreanischen Botschaft in Tokyo identifiziert worden. Die japanischen Ermittlungsbehörden verlangten sein persönliches Erscheinen, um ihn befragen zu können. Dies wurde von der Koreanischen Botschaft unter Hinweis auf die diplomatische Immunität abgelehnt, was die japanisch-koreanischen Beziehungen nur noch weiter belastete. Es war also offensichtlich, dass ein koreanischer Diplomat mit der Affäre zu tun hatte, so dass Japan seine Souveränität durch den koreanischen Staat verletzt sah.

Außerdem hatten die Ermittlungsbehörden die beiden Personen ausfindig gemacht, die ich im Aufzug des Hotels flehentlich angesprochen hatte, und von ihnen weitere Einzelheiten gehört. Die beiden hatten mich tatsächlich verstanden, als ich um Hilfe bat. Sie empfanden jedoch den Gesichtsausdruck der Täter, insbesondere ihre Blicke, als so bedrohlich, dass sie so schnell wie möglich flohen.

Am 7. September wurde meine Entführung in der Tageszeitung „Chosun Ilbo" erstmals in Korea kritisch kommentiert. Es war ein Leitartikel des bekannten Kolumnisten Sonu Hwi mit der Überschrift „Zur Herbstsaison", den er am Tag zuvor bereits angekündigt hatte. Hierbei ging es eigentlich um ganz gewöhnliche Themen, wie sie die gesamte Presse damals abhandelte. Nachdem der Artikel in den Teilauflagen 1 bis 9 problemlos erschienen war, ersetzte man den eigentlich zum Druck vorgesehenen Text für die zehnte Teilauflage durch einen heimlich vorbereiteten Artikel. Sein Titel lautete: „Was wir uns von der Regierung wünschen – Je schneller man eine Entscheidung trifft, desto besser". Er hatte gemerkt, dass der die Redaktion überwachende Geheimdienstmitarbeiter sich nicht mehr für die letzte Teilauflage interessierte. Im folgenden möchte ich einige Auszüge aus diesem Leitartikel von Sonu Hwi wiedergeben:

„Wir sind zur Zeit betrübt und niedergeschlagen, da wir gerne etwas erfahren möchten aber nicht erfahren können, da wir über etwas sprechen möchten aber nicht darüber sprechen können. Wenn man uns fragt, was wir erfahren und worüber wir sprechen möchten, dann ist es nichts anderes als die Entführungsaffäre Kim Dae-jung. Man sagt uns, dass die Angelegenheit untersucht wird und wir abwarten sollen. Wenn wir ewig auf ein Untersuchungsergebnis warten sollen und uns der Weg versperrt ist, nachzufragen, dann betrübt uns dies noch mehr...

Wir müssen die Einzelheiten der Entführungsaffäre Kim Dae-jung nicht nur wegen des politischen Drucks der befreundeten Länder Japan und USA auf uns ans Licht bringen. Vielmehr geht es um die Wiederherstellung der Menschenrechte des koreanischen Volkes, um die Zurückgewinnung seiner Selbstachtung, um die Verwirklichung seiner moralischen Integrität. Deshalb appellieren wir in diesem wichtigen Augenblick an die Ministerialbürokratie, einen entscheidenden Schritt zu tun.

Unsere Vorfahren haben uns die Flüsse und die Berge hinterlassen. Sie stehen noch in vollem Grün, während Korn und Reis heranreifen. Der Gesang der Vögel am Himmel und das Brüllen der Kälber auf den Feldern durchdringt die Luft. Wenn wir heute mit dem Auto durch Wald und Feld fahren, öffnet sich vor uns im Gegensatz zu früher ein breiter Weg, und unser Herz schlägt froh und glücklich bei diesem Anblick. Doch in dieser Zeit, in der das koreanische Volk die Reiskuchen für die Ahnenopfer aus dem Getreide der neuen Ernte zubereiten möchte, ist sein Herz schwer. Woran liegt das, warum müssen immer die Herzen der unschuldigen und tugendhaften Menschen darunter leiden? Oh Gott, bitte verzeih diesem Volk und gib ihm Deinen Segen!"

Die großen japanischen Zeitungen Asahi Shimbun und Yomiuri Shimbun druckten den Artikel in vollem Wortlaut auf Japanisch nach. Es war und ist eine große Seltenheit, dass eine japanische Zeitung einen vollständigen Artikel aus Korea oder eine koreanische Zeitung einen vollständigen Artikel aus Japan nachdruckt. Mainichi Shimbun, die dritte der großen japanischen Zeitungen, nahm die Veröffentlichung zum Anlass, um unter der Schlagzeile „Journalist bricht das Schweigen – Mutiger Leitartikel" die ganze Angelegenheit ausführlich zu analysieren.

Bereits zuvor hatte die Zeitung Yomiuri am 23. August die erste Seite des politischen Teils mit einer „Top-Meldung“ des Redaktionsbüros in Seoul über die dortige politische Situation aufgemacht. Schon der Titel war ausführlich genug: „Die Affäre um Kim Dae-jung – Beteiligung von Regierungsbeamten – Politische Führung zeigt Einsicht – Mögliche Entlassung des Geheimdienstchefs Lee – Kim Dae-jung wegen seiner politischen Aktivitäten im Ausland des Hochverrats bezichtigt – Intensivierung der Ermittlungen“. Das war der Einstieg in den Bericht, der die koreanische Regierung dazu veranlasste, die Korrespondenten der Yomiuri Shimbun vorzuladen und von ihnen eine Korrektur zu verlangen. Dies wurde von der japanischen Zeitung strikt abgelehnt, so dass die koreanischen Behörden die Schließung ihres Büros in Seoul anordneten. Am 24. August musste das Yomiuri-Büro in Seoul seine Arbeit einstellen, der Leiter und zwei Korrespondenten wurden des Landes verwiesen. Die ganze Affäre nahm immer größere Ausmasse an.

Daraufhin verschob die japanische Regierung die für den Herbst geplante bilaterale Regierungskonferenz auf unbestimmte Zeit. Das war ihre stärkste und wirkungsvollste Reaktion, nachdem die japanisch-koreanischen Beziehungen durch meine Entführung so sehr belastet wurden. Es war die erste große Belastung des Verhältnisses zwischen unseren beiden Ländern nach der Normalisierung der diplomatischen Beziehungen.

Am 2. November schließlich sah sich Ministerpräsident Kim Jong-Pil zu einem Besuch in Japan gezwungen, um eine Lösung herbeizuführen. Hätte sich die Situation weiter verschärft, hätte womöglich ein Stop der japanischen Wirtschaftshilfe gedroht. Kim Jong-Pil überreichte seinem japanischen Amtskollegen Tanaka Kakuei ein persönliches Schreiben von Präsident Park und musste eine förmliche Entschuldigung abgeben. Nur auf dieser Basis war es beiden Regierungen dann möglich, die durch meinen Fall verursachten Probleme gemeinsam zu überwinden. Gerüchtweise hieß es, dass zusätzlich 300 Millionen Yen an Japan gezahlt werden mussten.

Während meines Hausarrests am Telefon, meiner einzigen Verbindung nach draußen.

Bei der Markierung des 263. Tages meines Hausarrests auf dem Kalender im Jahre 1979.

Vor dem amerikanischen Kongress hatte inzwischen auch der im US-Außenministerium für Korea zuständige Abteilungsleiter Donald Renard eine offizielle Stellungnahme abgegeben. Sie stieß allerdings auf harsche Kritik; die japanische Asahi Shimbun bezeichnete Renards Auftritt beispielsweise als „pures Theater". Aber wie dem auch sei, ist die ganze Wahrheit über meine Entführung bis heute nicht bekannt geworden. Die Zeit blieb jedoch nicht stehen, und über mich wurde ein Hausarrest verhängt, der lange Jahre ohne Unterbrechung galt.

Er war für die folgenden 14 Jahre offiziell in Kraft. Erst nach der Erklärung Roh Tae Woos vom 29. Juni 1987 wurde er in aller Form aufgehoben, das heißt, ich wurde aus dem „Gefängnis ohne Mauern" entlassen. In jener Zeit war mein Haus von sieben Polizeistationen umgeben, und zwischen 200 und 300 Militärpolizisten hielten sich normalerweise in der Nähe auf. In Krisensituationen wurden jedoch auch mehr als 3000 Militärpolizisten zur Abschirmung meines Hauses eingesetzt. Die Überwachung war so streng, dass manche Leute im Spaß sagten, es sei das sicherste Haus der Welt.

Der lange Hausarrest war für mich wirklich schwer zu ertragen. Um mit all diesen Unterdrückungsmaßnahmen geistig fertig zu werden, hatte ich mein Leben zwischen Schlafzimmer und Bibliothek eingerichtet. Am Vormittag begab ich mich, mit Anzug und Krawatte bekleidet, in die Bibliothek, um dort zu arbeiten, am Abend kehrte ich wieder in mein Schlafzimmer zurück.

Es gibt eine Erinnerung an die Zeit meines Hausarrests, die mir besonderen Schmerz bereitet. Es ist der Tod meines Vaters. Im Februar 1974 starb er im Alter von 82 Jahren. Als ich von seinem lebensbedrohlichen Zustand erfuhr, musste ich an den Tod meiner Mutter denken. Sie war Gott sei Dank gestorben, bevor ich politische Unterdrückung und Hausarrest erleben musste.

Beim Gruß an Nachbarn, Parteifreunde und andere Mitbürger, als ich wegen meiner Proteste im Juni 1987 im „Gefängnis von Donggyodong“ unter Hausarrest stand.

Das erschien mir jetzt, als mein Vater auf dem Sterbebett lag, beinahe als Glück im Unglück. Natürlich durfte ich ihn wegen des Hausarrests nicht besuchen. Ich konnte nicht zu ihm eilen, obwohl mir klar war, dass seine letzte Stunde geschlagen hatte. Und selbst als es dann um seine Beerdigung ging, stellte sich das Park-Regime taub. Mir wurde nicht erlaubt, zur Teilnahme an der Beerdigung in meine Heimat Hauido zu reisen. Es ist wohl die wichtigste Pflicht eines Kindes, am Sterbebett der Eltern zu sein und ihnen bei der Beerdigung die letzte Ehre zu erweisen, aber ich konnte diese Pflicht nicht wahrnehmen. Welche Umstände mich auch daran hindern mochten, ich vernachlässigte die höchste Pflicht gegenüber meinen Eltern. Denke ich an damals, fühle ich mich noch heute, als laste eine tonnenschwere Schuld auf mir.

Trotz meiner Verzweiflung machten die Untersuchungen über meine Entführung gewisse Fortschritte – allerdings nur in Japan. In Korea wurde nichts bekannt, niemand wagte die Wahrheit preiszugeben, wie die folgende Entwicklung beweist.

Am 14. August 1974 waren genau ein Jahr und ein Tag seit meiner Heimkehr vergangen. Der koreanische Außenminister Kim Dong-Cho empfing den japanischen Botschafter Ushiroku in Seoul, um ihm das offizielle Ergebnis der koreanischen Ermittlungen zu überreichen. Der Abschlussbericht umfasste fünf Seiten in koreanischer und drei Seiten in englischer Sprache. Er war wie eine taube Nuss ohne jeglichen Inhalt, er enthielt keinerlei Antworten. Trotzdem wurde mitgeteilt, dass die Untersuchungen abgeschlossen seien und die Ermittlungskommission aufgelöst werde.

Wörtlich hieß es in diesem Bericht: „Herr Kim Dong-Un, der erste Sekretär der Koreanischen Botschaft in Japan, dessen Fingerabdruck angeblich gefunden wurde, bestreitet seine Anwesenheit am Tatort. Gegen die fünf anderen Personen, die angeblich an den Vorgängen beteiligt gewesen sein sollen, wurden keine Beweise gefunden. Aus diesen Gründen wurden die Ermittlungen eingestellt."

Selbstverständlich protestierten die japanischen Ermittlungsbehörden auf das heftigste. Schließlich ist die japanische Polizei stolz auf die im weltweiten Vergleich herausragende Effizienz und Qualität ihrer Ermittlungsarbeit. Aus ihrer Sicht war der koreanische Untersuchungsbericht unannehmbar. Doch bereits am nächsten Tag ereignete sich in Korea ein folgenschwerer Zwischenfall, der nicht nur in Japan Aufsehen erregte, aber gerade der japanischen Polizeibehörde die Sprache verschlug.

Es geschah bei den Feierlichkeiten zum 29. Jahrestag der Befreiung Koreas von der japanischen Kolonialherrschaft. Im Nationaltheater von Seoul nahmen Präsident Park Chung Hee und seine Gattin Yook Young Soo an einer prunkvollen Gedenkfeier teil. Als der Präsident seine Rede hielt, fielen plötzlich Schüsse. Und wegen der Hintergründe dieses Attentats sah sich die japanische Seite dann gezwungen, ihre Proteste gegen den nichtssagenden Abschlussbericht zu meiner Entführung herunterzuschlucken.

Fünf oder sechs Minuten zuvor hatte Präsident Park seine vom Fernsehen live übertragene Rede begonnen, als um 10.23 Uhr plötzlich ein Mann aus dem Publikum hervortrat, eine Pistole auf den Präsidenten richtete und feuerte. Allerdings verfehlten die Schüsse den Präsidenten und trafen stattdessen unglücklicherweise seine Gattin, die schräg hinter dem Rednerpult saß, in Kopf und Oberkörper. Park selbst ließ sich geistesgegenwärtig hinter das Rednerpult fallen, während seine Leibwächter das Feuer des Attentäters erwiderten. Eine wilde Schießerei stürzte den Festsaal ins Chaos, wobei eine Schülerin, die dem Chor angehörte, ebenfalls unglücklich von einem Schuss getroffen wurde und auf der Stelle starb.

Der Attentäter konnte noch am Tatort verhaftet werden. Bald stellte sich heraus, dass es sich um einen in Japan ansässigen Koreaner namens Mun Se-Kwang handelte. Die Ermittlungen ergaben weiter, dass die Tatwaffe eine aus japanischen Polizeibeständen gestohlene Pistole war. Der Täter hatte außerdem Instruktionen von einer in Japan für Nord-Korea tätigen Vereinigung erhalten.

Die Tat war also in Japan geplant worden, und obendrein stammte die Tatwaffe aus Japan. Deshalb mussten sich jetzt die japanischen Polizeibehörden scharfe Kritik aus Korea gefallen lassen, und die diplomatischen Beziehungen kühlten erneut ab. Unter diesen Umständen verstummten die japanischen Klagen über den nichtssagenden Untersuchungsbericht der koreanischen Behörden zu meiner Entführung natürlich wie von selbst.

17. Die Ruhe vor dem Sturm und die Befreiung

Bei meiner Beschäftigung mit der Geschichte waren für mich immer die grundsätzlichen Auffassungen der Historiker von besonderem Interesse. Beispielsweise bezeichnet E. H. Carr die Geschichte als Dialog mit der Vergangenheit, wogegen A. Toynbee sie im Prinzip unter dem Begriffspaar „Herausforderung und Erwiderung" sieht.

Dabei hilft mir Carrs Geschichtsauffassung, die Zielrichtung der geschichtlichen Entwicklung zu analysieren. Toynbees Denkansatz hat mir andererseits die Augen dafür geöffnet, dass es für das Verständnis historischer Ereignisse unabdingbar ist, ihren konkreten Ursachen nachzugehen. Inzwischen habe ich mich bemüht, sehr viele geschichtswissenschaftliche Werke zu studieren, und habe dabei festgestellt, dass der Denkansatz Toynbees für mich besonders fruchtbar ist. Interessanterweise hatte sich Toynbee zunächst jedoch kaum mit der koreanischen Zivilisation und ihrem Stellenwert in der Weltgeschichte befasst. Erst höfliche Einwände und Hinweise koreanischer Fachkollegen ließen ihn diese Fehleinschätzung später korrigieren und Koreas Rolle in der Weltzivilisation akzeptieren.

Gerade in der modernen koreanischen Geschichte folgten die Ereignisse dem Prinzip „Herausforderung und Erwiderung". Wenn eine Diktatur in unserem Land herrschte, versuchte sie alles unter Kontrolle zu halten und die Geschichte in ihrem Sinne zu schreiben. Doch damit forderte die Diktatur eine Erwiderung des Volkes heraus. Diktatur und Volk begannen ein Tauziehen, und die Geschichte nahm einen neuen Anlauf.

Am 1. März 1976 fanden in der Myongdong-Kathedrale von Seoul aus Anlass der Unabhängigkeitsbewegung von 1919 zwei Messen statt, eine am Vormittag und eine am Nachmittag. Die Vormittagsmesse stand im Zeichen der offiziellen Feierlichkeiten und wurde von den Behörden ausdrücklich unterstützt. Ministerpräsident Choi Kyu Hah verlas eine Grußbotschaft von Präsident Park, in der es hieß, dass sich im „Yushin"-System der Geist der Unabhängigkeitsbewegung von 1919 manifestiere. In der Nachmittagsmesse hingegen wurde eine Erklärung derjenigen führenden Persönlichkeiten verlesen, die als Stützen des demokratischen Geistes galten. Diese „Erklärung zur Demokratie und Rettung des Landes" enthielt eine ganze Reihe von Feststellungen und Forderungen, die folgerichtig im Wunsch nach der Ablösung des Park-Regimes gipfelten.

Natürlich verhinderte die Zensur, dass in den koreani-

Beim Lichterprotest in der Myongdong-Kathedrale während der dunkelsten Zeit von Präsident Parks Yushin-Regime.

schen Medien über diese Erklärung berichtet wurde. Schlagzeilen machte sie dagegen vor allem im Rahmen der internationalen Berichterstattung japanischer Zeitungen. Übereinstimmend wurde kommentiert, dass das Park-Regime erstmals unter der „Yushin"-Verfassung offen kritisiert wurde.

Zuvor hatte ich mich mit Kardinal Stephen Kim getroffen und ihm meine Entschlossenheit mitgeteilt, notfalls ins Gefängnis zu gehen. Ich hatte die feste Absicht, dem Volk einen neuen Anstoß zur Wende zu geben. Seine Grundrechte waren extrem eingeschränkt; die Pressefreiheit war im Prinzip schon lange außer Kraft. Außerdem wurde gerade in dieser Zeit die sich als besonders übel erweisende „Informationspolitik" der Regierung forciert. Nicht nur Nachbarn, selbst Verwandten konnte man jetzt kaum noch vertrauen. Deshalb hatte ich mich als Politiker der Oppositionspartei entschlossen, dem Volk einen Anstoß und ein Zeichen der Hoffnung zu geben, und mich entsprechend zu engagieren. Dies war der Hintergrund der „Erklärung zur Demokratie und Rettung des Landes", die von Yun Po-sun, Ham Sok-Hon und mir als hartem Kern der demokratischen Kräfte initiiert wurde.

Die Neue Demokratische Partei, die das Zentrum der Widerstandsbewegung gegen das „Yushin"-System bildete, befand sich zu jener Zeit in großen Schwierigkeiten. Eine Woche nach Verkündung der Notstandsverordnung Nr. 9 hatte eine Geheimkonferenz zwischen Präsident Park und dem Parteivorsitzenden Kim Young Sam stattgefunden, die das Misstrauen gegen die Parteispitze lawinenartig anwachsen ließ. Beide Seiten hatten fest vereinbart, nichts über den Inhalt der Gespräche zu verlautbaren.

Zunächst zeigte das Park-Regime keinerlei Reaktion auf unsere Erklärung, erst fünf Tage später, am 6. März,

Forderung nach Freilassung der 18 Führer der demokratischen Opposition in Korea, die nach Verlesung ihres Aufrufs vom 1. März 1976 aufgrund der Yushin-Gesetze inhaftiert waren.

wurden die Unterzeichner verhaftet. Die Vorwürfe lauteten auf Widerstand gegen die „Yushin"-Verfassung und Verstoß gegen die Notstandsverordnung Nr. 9. Als Präsident Park unter den Unterzeichnern auch meinen Namen entdeckt hatte, wurde er besonders wütend und machte sich für eine exemplarische Bestrafung aller Beteiligter stark. Es wurde eine Gerichtsverhandlung anberaumt, die große Aufmerksamkeit auf sich zog.

Zunächst einmal war die Zusammensetzung der Angeklagten interessant: ein ehemaliger Präsident, ein ehemaliger Präsidentschaftskandidat, ein prominenter Abgeordneter der Oppositionspartei, der Vorsitzende des Kirchenrats der oppositionellen Christen, die sich für die Demokratie einsetzten, führende Persönlichkeiten der katholischen und protestantischen Amtskirche, Professorinnen und Professoren, Rechtsanwälte usw. Die große Anzahl und die unterschiedliche Zusammensetzung der Angeklagten sorgten für ein ungeheuer spektakuläres Ereignis. Unsere „Erklärung zur Demokratie und Rettung des Landes" bewirkte auf diese Weise ein riesiges Echo und ließ die Bewegung für eine Wiederherstellung der Demokratie neu erblühen. Die Bewegung wuchs und trieb neue Äste und Zweige.

In der ersten Instanz wurde ich zu sieben Jahren Gefängnis verurteilt. Es war von vornherein klar, dass mir eine besonders schwere Bestrafung zuerkannt wurde; darüber braucht man kein weiteres Wort verlieren. Natürlich ging ich in die Berufung, wo ich am 20. Dezember mein Schlusswort sprach:

„Hiermit gelobe ich, mich auf Befehl Gottes und meines Gewissens für mein misshandeltes und unterdrücktes Volk aufzuopfern. Ich glaube unerschütterlich an die politische Freiheit, an die wirtschaftliche Gleichberechtigung und an die soziale Gerechtigkeit. Hier im Gerichtssaal sitzen meine beiden Söhne, um ihren Vater zu sehen. Ich möchte mich als Vater nicht vor ihnen schämen, ich möchte niemand sein, auf den die Kinder und Kindeskinder mit dem Finger zeigen. Deswegen werde ich für meine Grundprinzipien auch mein Leben aufs Spiel setzen. Ich fühle mich frei und unabhängig von einer Verurteilung durch dieses Gericht, frei und unabhängig von dem was diese Regierung mir antut. Wir alle wissen, dass die koreanische Justiz nicht in der Lage ist, meine Unschuld festzustellen und mich freizusprechen. Trotzdem werde ich meine Pflicht tun und meine Versprechen gegenüber Gott und dem Volk einhalten.

Die Menschen hier im Gerichtssaal und die Menschen draußen, wir alle bemühen uns um die Realisierung einer Gesellschaft, in der die Menschenrechte und politischen Freiheiten geachtet werden und in der eine gerechte Wirtschaftsordnung herrscht, unter der ehrliche, fleißige und gewissenhafte Menschen ein erfolgreiches

Meine Ehefrau Lee Hee-ho (rechts) beim gemeinsamen Protest gegen die Inhaftierung der Oppositionsführer wegen ihres Aufrufs vom 1. März 1976.

Leben führen können. Wir alle streben mit ganzem Herzen danach, dass auf der Basis einer solchen gerechten Gesellschaft die Freiheit von Gewissen, Religion und Wissenschaft Wirklichkeit wird. Ich strecke jedem meine Hand entgegen, um ihn anzuspornen und möchte hiermit mein Schlusswort beenden."

Im darauf folgenden Jahr 1977 wurde dann das Urteil in letzter Instanz gesprochen: Ich erhielt fünf Jahre Gefängnis; außerdem wurden mir für diesen Zeitraum alle Rechte aberkannt. Natürlich hatte ich mich für die Demokratiebewegung engagiert. Eine solche harte Strafe nur für die Unterzeichnung einer kritischen Erklärung wurde in Korea nicht einmal unter der Herrschaft des japanischen Imperialismus verhängt.

Zu dieser Zeit geriet die koreanische Regierung auch in den USA wieder unter Druck. Ein Untersuchungsausschuss des Kongresses befasste sich mit einer Affäre, die allgemein als „Koreagate" bezeichnet wurde. Hierbei ging es zunächst um den Vorwurf, dass der KCIA-Agent Park Dong-Sun im Auftrag der koreanischen Regierung illegale Wahlkampfspenden an gewisse Abgeordnete und Bestechungsgelder an Beamte gezahlt habe. In diesem Zusammenhang wurde auch der ehemalige KCIA-Chef Kim Hyong-Uk, der zwischenzeitlich ins Exil nach Amerika gegangen war, vor den Ausschuss geladen.

Er wurde unter Eid befragt, wie es die Geschäftsordnung vorsieht, und machte interessante Aussagen, die weit über den zur Debatte stehenden Fall hinausgingen. Seiner Aussage zufolge gab es zwei Dinge, vor denen sich Präsident Park Chung Hee besonders fürchtete: den Präsidentschaftskandidaten von 1971 Kim Dae-jung und den amerikanischen Kongress. Kim Hyong-Uk hatte sogar den Text seiner schriftlich vorbereiteten Aussage, den er dann vortrug, unter den Titel „Kim Dae-jung und der US-Kongress" gestellt.

Darin führte er aus: „Park Chung Hee empfindet gegenüber Kim Dae-jung ein starkes Hassgefühl, welches auf seinen eigenen Minderwertigkeitskomplex zurückzuführen ist." Konkret ergänzte er: „Es gibt zwar keine Beweise, dass Park Chung Hee direkt etwas mit dem Kommando über die Entführung Kim Dae-jungs zu tun hatte. Es ist jedoch unvorstellbar, dass eine Aktion von solch großer Bedeutung ohne seine Zustimmung durchgeführt worden wäre." Außerdem identifizierte er die an der Aktion Beteiligten:

- Die Gesamtverantwortung hatte sich KCIA-Chef Lee Hu-Rak vorbehalten.
- Die Operationsleitung in der Seouler Zentrale lag bei seinem Stellvertreter Kim Chi-Yol und dessen Adjudant Lee Chol-Hui.
- Die Operationsleitung vor Ort in Japan hatte Kim Chai-Kwon, Gesandter an der Botschaft in Tokyo, inne.
- Die direkt an der Operation Beteiligten waren Yun Chin-Won (Leiter der ersten Operationsabteilung des KCIA), Yun Yong-Ro (Botschaftsrat in Tokyo), Kim Dong-Un (Erster Botschaftssekretär in Tokyo), Yu Chun-Kuk (Zweiter Botschaftssekretär in Tokyo) sowie der Botschaftsrat Hong Song-Chae, sein Erster Sekretär Baek Chul-Hyon und der Vizekonsul Yu Yong-Bok vom Generalkonsulat in Yokohama.

Derweil war ich nach wie vor in Haft. Aus gesundheitlichen Gründen wurde ich zwar in der Klinik der Nationaluniversität von Seoul gefangen gehalten, doch empfand ich dies sogar um einiges schlimmer als einen Gefängnisaufenthalt. Meine Freilassung erfolgte am 27. Dezember 1978 aufgrund einer Amnestie durch Park Chung Hee, die er nach seiner Wiederwahl zum Präsidenten durch den „Volkskongress der nationalen Einheit" am 6. Juli erlassen hatte.

Bei meiner ersten Pressekonferenz nach der Entlassung aus 33 Monaten Haft, die ich wegen des Aufrufs vom 1. März 1976 verbüßt hatte.

Um 4 Uhr morgens am 27. Oktober 1979 schrillte plötzlich das Telefon durch unser Haus. Meine Frau nahm den Hörer ab, wandte sich dann aber an mich: „Da ist Los Angeles, nimmst du bitte mal?“ Der Anruf kam von einem guten Bekannten, so übernahm ich den Hörer, obwohl ich noch gar nicht richtig wach war.

„Ich habe gerade gehört, dass Präsident Park ermordet wurde. Wissen Sie etwas davon?“

„Wie bitte?!“ überschlug sich meine Stimme. Ich war erschüttert.

„Ist es nicht gut, dass die Diktatur jetzt endlich ein Ende hat?“

„Ach nein, man weiß doch noch gar nicht, was eigentlich dahinter steckt. Und so sollte es ja auf keinen Fall zu Ende gehen.“

Ich legte den Hörer auf, saß ratlos da und starrte eine

Zeit lang ins Leere. Es war eine schockierende Nachricht. Auch meine Frau schwieg, da sie meine Überzeugungen kannte. „Der nackte Wahnsinn“, brach ich schließlich mein Schweigen gegenüber ihr. „Irgendjemand hat ihn umgebracht. Eine schreckliche Tat!“ Eine gewisse Angst überschattete ihr Gesicht, machte doch auch sie sich Sorgen, wie es nun mit der Regierung weitergehen sollte.

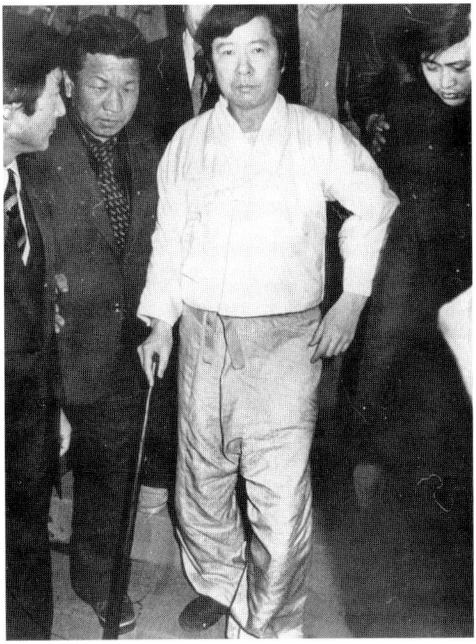

Auf dem Heimweg nach Donggyodong als ich nach Verbüßung meiner Strafe aus der Klinik der National-Universität Seoul entlassen wurde.

Eigentlich sollte man sich freuen, wenn der Hauptverantwortliche einer langjährigen Diktatur endlich tot ist. Doch ich war anderer Meinung. Die Demokratie muss durch die Kraft des Volkes verwirklicht werden und nicht durch Mord oder Staatsstreich. Das war schon immer meine Überzeugung gewesen, die ich seit jeher vertrat.

Auch kurze Zeit später, als ich vom amerikanischen Magazin Newsweek befragt wurde, hatte sich an dieser Überzeugung nichts geändert. In der Öffentlichkeit wurde Kim Jae-Kyu, der Leiter des Geheimdienstes KCIA und Mörder Parks, als Held gefeiert, der den Weg zur Demokratie neu eröffnet habe. Als der Interviewer mich fragte, was ich davon hielte, antwortete ich kurz und bündig, dass diese Einschätzung falsch sei. Nur durch einen Mord werde man noch kein Held. Dann betonte ich, dass man eine wahre Demokratie nicht auf einem Mord gründen könne.

Wegen dieser Überzeugung wurde von verschiedenen Seiten der Opposition heftige Kritik an mir geübt. Sie waren voll des Lobes für Kim Jae-Kyu, weil er die langjährige Diktatur gestürzt hatte, und feierten ihn als Helden. Doch ich änderte meine Ansicht nicht: Das Park-Regime war nicht durch die Kraft des Volkes gestürzt worden. Zunächst sah es für kurze Zeit so aus, als ob wir durch die Schüsse eines ehemaligen Offiziers die Demokratie gewinnen könnten. Aber gerade deshalb mussten noch einmal zehn Jahre nutzlos verstreichen.

Park Chung Hee starb im Alter von 62 Jahren. Mit seinem Tod ging eine 18-jährige Diktatur zu Ende. In einem Interview stellte ich klar: „Ich wollte ihn gerne einmal treffen und mit ihm diskutieren. Nun ist es zu spät. Das bedauere ich sehr." In der Tat waren dies meine ehrlichen Gefühle.

Lediglich nach der Parlamentswahl 1963 waren wir uns einmal kurz begegnet. Ich hatte am Neujahrsempfang teilgenommen, den er in seinem Amtssitz, dem Blauen Haus, gab. Wie die anderen Abgeordneten begrüßte ich ihn stehend, und er beantwortete mir freundlich und zuverlässig einige meiner Fragen. Seitdem hatte ich bis zu seinem Tod keine weitere Gelegenheit, ihn wiederzusehen. Hatte ich vielleicht sogar eine Vorahnung? Im Sommer, etwa drei oder vier Monate vor seinem Tod, hatte ich mich um einen Gesprächstermin mit ihm bemüht. Ich hatte mehrere mir nahe stehende Herren, wie Ye Chun-Ho, Yang Sun-Chik und Park Chong-Tae gebeten, Kontakt mit Cha Ji-Chol, dem Chef der Präsidentengarde, aufzunehmen und ihm mein Interesse an einem Treffen mit Präsident Park mitzuteilen. Folgendes ließ ich im Wortlaut übermitteln:

„Wir sind zwar Gegner, aber ist es nicht problematisch, dass es keinerlei Kommunikation zwischen uns gibt? Sie und ich, wir beide sind die Persönlichkeiten, die einen bestimmenden Einfluss auf das Schicksal unseres Landes haben und deren Beziehung zueinander von großer Bedeutung ist. Ich möchte Sie gerne einmal treffen. Sie können mir dabei alles sagen, was Sie nur wollen. Egal ob es sich um positive oder negative Dinge handelt, Sie können mit mir ohne Einschränkung über alles reden. Meine einzige Bedingung ist, dass auch Sie mir aufmerksam zuhören, was immer ich Ihnen auch sage. Was denken wir voneinander? Es braucht sicherlich nicht betont zu werden, wie wichtig es ist, in den Augen des Gegenüber zu lesen, seine Stimme zu hören und ihn anzusprechen.

Wenn wir bei einem solchen Gespräch zu gewissen Übereinstimmungen kommen könnten, wäre es ideal. Aber selbst wenn wir in keinem einzigen Punkt Gemeinsamkeiten finden würden, hätten wir uns wenigstens persönlich getroffen und unsere Meinungen ausgetauscht, was nützlich für uns beide wäre. Sie und ich, wir sind seit zwanzig Jahren Gegner. Es ist im Grunde genommen eine Schande für die Nation, dass wir uns kein einziges Mal getroffen und miteinander diskutiert haben. Ich wünsche von ganzem Herzen, Sie einmal zu treffen und mich mit Ihnen zu unterhalten."

Leider erhielt ich einige Zeit später eine Absage. Im

Sprachschatz des Militärs gibt es eben nur Feindschaft, aber nicht fairen Wettbewerb.

Präsident Park war viel älter als ich, aber wir lebten in der gleichen Ära. Ich konnte nicht mit ihm zusammenkommen und war in seiner Amtszeit unglücklich. Vielleicht war sein Unglück sogar deswegen nicht zu vermeiden, weil er mich nicht treffen wollte.

18. Der allzu kurze Frühling 1980 in Seoul

Als am 12. Dezember 1979 ein Teil der Armee putschte, waren die „Blumen der Demokratie“ schon gut gewachsen. Trotzdem war der Putsch eine ernste Angelegenheit. Er machte mir deutlich, dass der dahinter stehende General Chun Doo Hwan nach der Macht strebte. Allerdings war der richtige Zeitpunkt für ihn noch nicht gekommen.

Ich war entschlossen, eine solche Entwicklung nicht zuzulassen. Die Regierungspartei unter der Führung von Kim Jong-Pil und die Neue Demokratische Partei unter der Führung von Kim Young Sam mussten jetzt notwendigerweise einen gemeinsamen Widerstand gegen das Machtstreben des Militärs aufbauen.

General Chun war der Leiter des militärischen Sicherheitsdienstes und hatte darüber hinaus als Vorsitzender des Untersuchungsausschusses, der die Hintergründe der Ermordung von Präsident Park aufklären sollte, direkten Zugriff auf den gesamten Sicherheitsapparat des Staates. Das galt jedoch nur, solange der Ausnahmezustand herrschte. Hätte das Parlament beschlossen, den Ausnahmezustand aufzuheben, hätte die Sache anders ausgesehen: Der gemeinsame Untersuchungsausschuss wäre aufgelöst worden, und General Chun hätte zwar seine Position in der Armee behalten, seine weiterreichende Machtbasis jedoch eingebüßt. Seine Macht war zum gegenwärtigen Zeitpunkt keineswegs gefestigt. Wir hatten noch Chancen, weshalb ich mich sofort um intensive Kontakte mit der Regierungs- und der Oppositionspartei bemühte.

Ich persönlich konnte politisch kaum etwas unternehmen, da mir nach wie vor alle Rechte aberkannt waren.

Ich gehörte keiner Partei an, durch die ich meinen Einfluss hätte geltend machen können, und verfügte auch sonst über keinerlei organisierte politische Basis.

Es war zum verrückt werden. Weder in der Regierungspartei noch in der Neuen Demokratischen Partei fanden meine Worte Gehör. Alle versuchten mich zu beschwichtigen und meinten, ich brauche mir keine Sorgen zu machen, da das Land auf dem sicheren Weg zur Demokratie sei. Das war ihre ehrliche Überzeugung, so dass sie ihre ganzen Aktivitäten auf die Ausarbeitung demokratischer Gesetzesänderungen konzentrierten. Auch die Presse berichtete täglich in immer neuen Schlagzeilen über den Fortgang der demokratischen Reformen. Niemand hörte auf meine ständig wiederholten Warnungen, dass der Weg zur Demokratie gefährdet sei.

Mit dem ehemaligen Präsidenten Yun Po-sun und Ham Sok-Hon im Januar 1980.

Der amtierende Präsident Choi Kyu Hah, der als Ministerpräsident automatisch Parks Nachfolge angetreten hatte, hatte nichts anderes im Sinn, als seine Position auf Dauer zu sichern. Es musste ihm klar sein, dass er nichts anderes als ein Übergangspräsident war. Dennoch hegte er wohl insgeheim die Hoffnung, dass seine Vertrauten im Regierungsapparat ihn zum offiziellen Staatspräsidenten machen würden und vertraute fest auf die entsprechende Unterstützung.

So war es uns in diesem Winter und Frühling nicht möglich, die letzte Chance richtig zu nutzen. Das Verhalten des amtierenden Präsidenten war unsicher, und sowohl die Regierungs- als auch die Oppositionspartei sahen die Lage zu optimistisch. Ihre falsche Einschätzung der Situation verursachte das dann folgende Unglück. Freilich mussten sie deswegen Nachteile in Kauf nehmen, doch ich musste wiederum mit persönlichem Leid bezahlen. So manchem von ihnen wurde die politische Arbeit verboten, doch ich wurde grundlos verhaftet, vor das Militärgericht gestellt und zum Tode verurteilt. Noch schwerer als mein persönliches Leid wog jedoch das Leid, das die folgenden politischen Umstände dem Volk aufzwangen.

An dieser Stelle möchte ich gerne auf eine Episode eingehen, die sich Ende Januar 1980 abspielte. Interessanterweise wurde mir mitgeteilt, dass General Chun Doo Hwan mich zu treffen wünsche. Ich dachte sofort, dass ein Treffen mit ihm von Angesicht zu Angesicht mir vielleicht helfen würde, seine Gedanken und Pläne zu durchschauen. Also nahm ich den angebotenen Termin am vereinbarten Ort wahr. Unser Treffen fand in einem gut bewachten Haus in der Nähe der Zentralverwaltung statt. General Chun war allerdings nicht persönlich anwesend, lediglich zwei seiner Mitarbeiter empfingen mich.

„Bitte unterstützen Sie uns. Wenn Sie bereit sind, sich kooperativ zu verhalten und uns dies mit Ihrer Unterschrift bestätigen, werden wir Sie in Ihre sämtlichen Rechte wieder einsetzen. Wären Sie dazu bereit?“ Aus ihren Worten wurde deutlich, dass das Militär sich noch nicht sicher genug fühlte, um seine Kräfte auszuprobieren. Andererseits war ihre Ungeduld zu spüren, mit der sie ihre Absichten verfolgten.

Auf einen solchen Kompromissvorschlag konnte ich nicht eingehen. „Wenn Sie das von mir wünschen, brauchen Sie mir gar nicht erst meine Rechte zurückgeben. Es ist doch sowieso ein offensichtliches Unrecht, dass mir meine Rechte genommen sind. Warum sollte ich irgendetwas unterschreiben, nur um mein Recht zu bekommen? Bevor ich so etwas unterschreibe, verzichte ich lieber weiter auf meine Rechte. Machen Sie sich darüber keine Gedanken.“ Mit dieser Antwort verließ ich leichten Herzens das Treffen. Es lag mir fern, auf diese Art und Weise meine Rechte wiederzuerlangen.

Am 1. März, nur gut einen Monat später, wurden meine Rechte dann ohne mein weiteres Zutun wiederhergestellt. Erstmals nach sehr langer Zeit konnte ich an diesem Tag wieder eine Presseerklärung abgeben. Ihr Titel lautete „An die Bürger nach sieben Jahren“. Es wurde eine lange Erklärung, weil ich zuvor so lange auf meine Rechte verzichten musste:

„... Es ist eine Tatsache, dass die jetzige Regierung die unrechtmäßige Aberkennung meiner Rechte zunächst weiterhin auf sich beruhen beließ, und auch den Erwartungen der Bürger nach einer Erweiterung ihrer Rechte nicht entsprach.

Außerdem verlängert die Regierung den Ausnahmezustand, ohne dass es hierfür einen überzeugenden Grund gibt, versucht die Freiheit der Presse weiterhin zu unterdrücken sowie die demokratischen Kräfte auszuschalten und verzögert die Freilassung aller politischen Gefangenen. Hierdurch wird die Bevölkerung verunsichert, ihre Unruhe wird weiter geschürt. Trotz der Tatsache, dass die Bevölkerung in zahlreichen Meinungsumfragen zum Ausdruck brachte, dass sie diese Regierung nur als Übergangsregierung mit einer möglichst kurzen Amtszeit ansieht, will die Regierung noch lange an der Macht bleiben. ... Ich möchte es ganz deutlich aussprechen: Wenn die jetzige Regierung nicht sehr schnell das tut, was sich das ganze Volk wünscht, wenn sie Zweifel in der Bevölkerung weckt und wenn sie es sogar mit Absicht verzögert, auf die Wünsche des Volkes einzugehen, dann ist diese Regierung selbst der größte Unruhe- und Unsicherheitsfaktor. Dessen sollte sich die Übergangsregierung bewusst sein ...“

Bei der Diskussion mit Studenten anlässlich einer Rede auf Einladung der Hansin-Universität am 6. April 1980.

Am 14. April wurde General Chun darüber hinaus zum amtierenden Chef des KCIA ernannt, so dass er jetzt offiziell sowohl den militärischen wie den zivilen Geheimdienst leitete. Dies hielt ich für äußerst problematisch und trug meine Bedenken auch in der Öffentlichkeit vor: „Die Doppelfunktion von Chun Doo Hwan bedarf einer besonders wachsamen Beobachtung. Für die Zukunft der Demokratie stellt dies ein großes Problem dar."

Meine Warnung wurde in den Zeitungen nur klein und am Rande erwähnt. Wenn man heute einen Blick in die damaligen Zeitungen wirft, kann man ahnen, dass meine Warnung wiederum von niemandem ernst genommen wurde. Nicht nur die Regierungspartei, auch die Neue Demokratische Partei behauptete, dass Chuns Doppelfunktion kein Problem sei. Die Kritik aus den Reihen der Neuen Demokratischen Partei fiel sogar noch schärfer aus: „Die Demokratie wird auf jeden Fall verwirklicht. Dann werden wir die Regierungsmacht in Händen halten. Das ist der richtige Weg. Wer an der Verwirklichung der Demokratie zweifelt, hat kein Selbstvertrauen."

So wurde ich kritisiert, und diese unterschiedliche Einschätzung der aktuellen Situation setzte sich den nächsten Monat hindurch fort. Wir erlebten also die folgende Entwicklung bis hin zur Unterdrückung durch die Militärdiktatur durchaus unterschiedlich. Hätte auch ich mich damals süßen Träumen hingegeben und dem Vorgehen des Militärs keine Beachtung geschenkt, wäre ich später nicht derart unterdrückt worden – genau wie unter dem Park-Regime. Weil ich ihre Pläne jedoch so gut durchschaute, hassten sie mich so sehr, dass sie mich am liebsten umgebracht hätten.

Die Studentendemonstrationen, die sich zunächst als universitätsinterne Angelegenheit meist auf dem Campus abgespielt hatten, nahmen Anfang Mai immer größere Ausmasse und zunehmend regierungsfeindlichen Charakter an. Das eröffnete dem Militär willkommene Gelegenheiten zum Eingreifen. Ich versuchte, die Studenten zu bremsen und vor den möglichen Folgen ihrer Aktionen zu warnen, doch die Demonstrationen gegen die Regierung wurden von Tag zu Tag massiver.

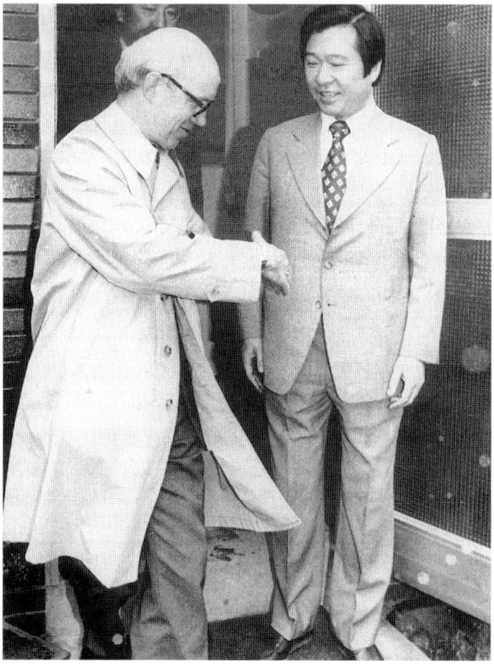

Beim Besuch von US-Botschafter Gleysteen in meinem Haus in Donggyodong am 14. Mai 1980 kurz vor Ende des Frühlings von Seoul.

Am 14. Mai suchte mich US-Botschafter William H. Gleysteen, jr. zu Hause auf und bat mich, die Wogen zu glätten. Ich war vollkommen seiner Meinung und beraumte sofort eine Pressekonferenz an, bei der ich an die Studenten appellierte, keine weitere Unruhe zu stiften. Das Problem war jedoch, meinen Appell durch die Pressezensur zu bringen. Das war der Prüfstein für die Armee. Wäre sie eine normale Armee ohne politische Ambitionen gewesen, hätte sie meinen Appell zur Beendigung der Demonstrationen begrüßen und schlagzeilenträchtig propagieren müssen. Würde sie aber meinen Aufruf in ihrem Sinne zensiert veröffentlichen, dann war klar, dass sie damit etwas bezweckte. Sie würde abwarten, bis die Lage noch chaotischer wird. Und tatsächlich wurde über meine Pressekonferenz nur am Rande berichtet. Die Lage war also äußerst ernst.

In diesem Zusammenhang gibt es noch eine weitere Episode zu berichten. Ein Journalist der Zeitung Dong-A Ilbo kam zu mir und bat mich um einen Sonderbeitrag, in dem ich auf ein Ende der Demonstrationen drängen sollte:

„Nur Sie können die Studenten hierzu auffordern."

„Nun gut, wenn Sie mich darum bitten, werde ich das schreiben. Aber sind Sie überhaupt sicher, dass es auch veröffentlicht wird?"

„Warum denn nicht? Es wäre doch nur ein Appell an die Studenten."

„Aber der Armee kommt es sehr gelegen, dass die Studenten Unruhe stiften. Das müssen Sie wissen. Ich frage mich inzwischen sogar, wer eigentlich das Unglück mit dem Polizeibus im Bezirk Namdaemunro tatsächlich verursacht hat."

Trotz meiner Einwände bestand er auf meinem Manuskript. Ich gab seiner Bitte nach und wünschte mir nichts sehnlicher, als dass mein Beitrag wirklich abgedruckt würde ... Aber es kam in der Tat so, wie ich es befürchtet hatte ... Mein Aufruf wurde von der Zeitung nicht veröffentlicht.

Ebenfalls am 14. Mai fand noch ein weiteres wichtiges Ereignis statt. Einige führende Persönlichkeiten, die aktiv für die Sache der Demokratie eintraten, kamen mit einer vorbereiteten Erklärung zu mir und baten mich um meine Unterschrift. Es waren Moon Ik-Hwan, Lee Mun-Yong, Ye Chun-Ho und Lee Hae-Dong; unterschrieben hatte auch schon der ehemalige Präsident Yun Po-sun. Diese Erklärung enthielt einige Forderungen, die mich in

Erstaunen versetzten. So hieß es gleich in der ersten, die Soldaten sollten ihre Waffen niederlegen und die Kasernen unbewaffnet verlassen.

Dies konnte als Aufforderung an die Soldaten verstanden werden, die Stellungen an der Grenze zum Norden zu räumen. Natürlich hatten die Verfasser der Erklärung nur an die im Lande zur Aufrechterhaltung des Ausnahmezustands eingesetzten Truppen gedacht, doch war in der Formulierung ganz allgemein von Soldaten die Rede. Es wäre das eigene Todesurteil gewesen, während des jetzigen Ausnahmezustands eine solche Erklärung zu veröffentlichen. Das war völlig klar. Ich war also absolut gegen diese Formulierung und musste drei Stunden hart mit meinen Besuchern diskutieren, bis wir uns auf eine Änderung einigten. Nun fassten wir stattdessen unsere Forderungen nach sofortiger Aufhebung des Ausnahmezustands sowie dem Rücktritt von Chun Doo Hwan und Shin Hyon-Hwack zusammen und schrieben die Erklärung neu.

Später erläuterte mir ein Ermittlungsbeamter, wie gefährlich diese Angelegenheit damals war: „Wenn Sie den Originalentwurf unterschrieben hätten, wären selbst mehrere Leben nicht mehr ausreichend gewesen."

Ich schaute ihn verständnislos an.

„Unseren Chefs lag dieser Originalentwurf bereits vor. Man hat es sehr bedauert, dass dieser Text nicht veröffentlicht wurde. Verstehen Sie?!"

Am 17. Mai wurde das Kabinett zu einer Sondersitzung einberufen, bei der die Ausweitung des bereits in weiten Landesteilen geltenden Ausnahmezustands beschlossen werden sollte. Gleichzeitig begann eine Verhaftungswelle gegen die führenden Persönlichkeiten der demokratischen Bewegung; insgesamt 26 Personen wurden inhaftiert. Der Ausnahmezustand war bereits am 27. Oktober nach der Ermordung Präsident Parks beinahe flächendeckend verhängt worden. Ihn jetzt auf das ganze Land auszuweiten hieß zunächst einmal nichts anderes, als auch noch die Insel Cheju mit einzubeziehen. Im Endeffekt hatte dieser Schritt eine viel weiterreichende Bedeutung.

Gegen 21 Uhr an diesem Abend standen Uniformierte vor meinem Haus: „Aufmachen!" Man hörte, wie sie mit den Gewehrkolben gegen das Hoftor schlugen. Meine Leibwächter wollten das Tor nicht öffnen, so dass ich mich erhob um es selbst zu erledigen. Doch die Häscher waren schneller, hatten die Tür zerschlagen und drängten in großer Zahl in den Hof. „Keinen Widerstand leisten!" rief ich energisch meine Leibwächter zurück, die die Eindringlinge angreifen wollten. Ich hatte mich kaum vom Sofa erhoben, da wurden mir auch schon die Waffen vor die Brust gehalten.

„Was ist los?"

„Mitkommen!" Nur dieses eine Wort ließen sie fallen.

„Ich werde mitkommen. Also stecken Sie bitte die Waffen weg."

Unter Bewachung musste ich mich umziehen und ihnen anschließend folgen. Später wurde mir berichtet, dass ich beim kleinsten Anzeichen von Widerstand die sofortige Erschießung riskiert hätte. Ich wurde zum KCIA auf dem Nam-Berg gebracht und dort in den Keller gesperrt. Die Hüter des Ausnahmezustands gaben bekannt, dass Kim Dae-jung verhaftet sei, was für mich sicherlich noch ein Glück im Unglück war. Schließlich war in der damaligen Situation die Gefahr sehr groß, dass man einfach verschwand und ermordet wurde, ohne dass es selbst Ratten oder Vögel beobachtet hätten.

Man spricht heute von der „Affäre des 17. Mai", und meint damit keineswegs die Studentendemonstrationen. Die Studenten hatten sich bereits am Vortag in die Universitäten zurückgezogen und beschlossen, den Unterrichtsbetrieb wieder aufzunehmen. Auf den Straßen war es friedlich; es fand keine einzige Demonstration statt. Dieser Frieden wurde jedoch gestört durch die Ausweitung des Ausnahmezustands und die Verhaftung der führenden demokratischen Persönlichkeiten. Das war die „Affäre vom 17. Mai", die erst den Auslöser des Volksaufstands in Kwangju vom 18. Mai und der folgenden demokratischen Widerstandsbewegung darstellte.

19. Todesurteil, lebenslänglich und Abschiebung

Seit dem Ausbruch des Volksaufstands in Kwangju waren inzwischen 42 Tage vergangen, als ich am 28. Juni plötzlich Besuch von einem wichtigen Mitarbeiter des Untersuchungsausschusses der Ermordung von Präsident Park erhielt. Ich kannte ihn bereits, denn er war einer der beiden, die ich Ende Januar in dem gut bewachten Haus in der Nähe der Zentralverwaltung getroffen hatte. Wiederum versuchte er, mich auf seine Seite zu ziehen: „Wenn Sie uns unterstützen, können Sie außer dem Amt des Staatspräsidenten jede Position haben, die Sie wollen. Wenn Sie uns jedoch nicht unterstützen, können wir Sie in der jetzigen Situation nicht am Leben lassen. Ihre Hinrichtung ist dann unvermeidlich. Da ist die Gerichtsverhandlung, die bald gegen Sie eröffnet wird, nur noch eine Formsache."

Ich wollte nicht sterben. Seit beinahe 45 Tagen wurde ich in meiner Zelle gefangen gehalten und täglich fast 24 Stunden lang verhört. Deswegen war ich nicht mehr bei klarem Bewusstsein und unentschlossen, wie ich antworten sollte. Mein Besucher erkannte dies und bot voreilig an: „Das ist jetzt natürlich für Sie sehr plötzlich, und Sie wissen wahrscheinlich nicht so recht, wie Sie sich entscheiden sollen. Ich werde also in drei Tagen wiederkommen. In dieser Zeit denken Sie bitte darüber nach und treffen Ihre Entscheidung." Er verhielt sich mir gegenüber sehr höflich, doch seine Worte waren scharf wie ein Rasiermesser. Sie waren klar und unmissverständlich.

Als er gegangen war, brachte mir einer meiner Bewacher eine Zeitung. Es war das erste Mal seit meiner Festnahme, dass ich eine Zeitung erhielt. Dankbar begann ich zu blättern und erfuhr auf diese Weise erstmals von dem Aufstand, der sich in Kwangju aus der Demokratiebewegung entwickelt hatte. Erst durch die Zeitung dieses Tages wurden mir die Ereignisse bekannt, die vor 42 Tagen begonnen hatten. Ich las, dass die Bevölkerung von Kwangju nicht nur für die Demokratie sondern auch für meine Freilassung auf die Straße gegangen war. Ich las weiter, dass erst Sonderkommandos der Armee den zehntägigen Widerstand der Bevölkerung brechen und die Stadt Kwangju besetzen konnten, wobei mehr als 100 Menschen ums Leben gekommen seien.

In diesem Augenblick brach ich ohnmächtig zusammen. Wegen der ständigen Verhöre hatte ich tagelang kaum Schlaf gefunden, so dass ich psychisch sehr erschöpft war. Da überwältigte mich die Nachricht, dass es mehr als 100 Tote gegeben habe, und ich fiel in Ohnmacht. Man ließ einen Arzt kommen, der mich behandelte.

In der folgenden Nacht musste ich über vieles nachdenken. Ich dachte sogar daran, mit meiner Familie freiwillig das Land zu verlassen und nach Australien oder sonstwohin auszuwandern. Doch diesen Gedanken vertrieb ich sogleich mit einem heftigen Kopfschütteln. Ich konnte doch die Studenten, die mich mit allen Kräften unterstützt hatten, nicht enttäuschen. Ich konnte doch nicht mit der Armee zusammen arbeiten und an den Menschen Verrat üben, die mit dem Ruf nach Freiheit für Kim Dae-jung auf den Lippen getötet wurden.

Drei Tage später erschien der Besucher wieder, und ich teilte ihm meine Entscheidung mit: „Ich kann nicht mit Ihnen zusammenarbeiten. Da ich zuversichtlich bin, dass ich durch den Tod leben werde, wähle ich lieber den Tod.“ Meine Antwort brachte ihn für einen Moment in Verlegenheit, aber dann fasste er sich wieder und versuchte mich zu überreden. Meine Entscheidung stand jedoch felsenfest, und es war nicht nötig, dass ich seinen Worten noch weitere Aufmerksamkeit schenkte. Schließlich schaute er mich schweigend an und erhob sich: „Ich komme noch einmal wieder." Tatsächlich erschien er zwei Tage später erneut, hörte von mir jedoch auch diesmal keine andere Antwort.

Mit besonderer Hartnäckigkeit und Konsequenz versuchte nun die Militärstaatsanwaltschaft, mir „Hochverrat" und „Verschwörung zum Umsturz" nachzuweisen. Mein Hochverrat sollte darin bestanden haben, dem Studenten Chung Tong-Nyon von der Chonnam-Nationaluniversität Geld zur Organisation des Kwangju-Aufstands übergeben zu haben. In diesem Zusammenhang kam mir eine Fabel von Äsop in den Sinn. Darin geht es um ein Schaf, das am Unterlauf eines Baches grast, trotzdem aber vom oberhalb stehenden Wolf beschimpft wird, das Wasser verunreinigt zu haben. Genauso wenig Sinn machten die Vorwürfe, die die Militärjustiz gegen mich erhob.

Schließlich erfuhr ich über den Aufstand erst, nachdem bereits 42 Tage vergangen waren. Überdies war die Aussage von Chung Tong-Nyon von der Polizei unter Folterungen und Todesdrohungen erpresst worden. Anschließend konnte er seine Gewissensqualen nicht mehr ertragen, schärfte den Plastiklöffel seines Gefängnisbestecks und versuchte sich damit die Pulsadern zu öffnen. Zweimal versuchte er auf diese Weise, sich das Leben zu nehmen. In der Tat hatte er wohl einmal mein Haus aufgesucht, als ich nicht daheim war. Jedenfalls gab es eine Eintragung mit seinem Namen in meinem Gästebuch, die dann später von der Polizei ausgewertet wurde. Daraus konstruierte sie nach Bedarf ihre Lügengeschichten und quälte ihn damit.

Aber selbst dies konnte mir höchstens eine Verurteilung wegen Gefährdung der Staatssicherheit einbringen, was im äußersten Fall eine lebenslängliche Freiheitsstrafe bedeutete. Also musste noch eine organisierte Verschwörung zum Hochverrat konstruiert werden, damit die Todesstrafe gegen mich verhängt werden konnte.

Mir wurden bereits meine regierungskritischen Aktivitäten in Japan und den USA als organisierte Verschwörung angelastet, obwohl ich wie bereits mehrfach erwähnt immer für mein Land, die Republik Korea, eingetreten war. Das war meine grundsätzliche Position. Wer diese nicht akzeptierte, konnte nicht meine Solidarität erwarten. In dieser Hinsicht hatte ich eine klare Trennlinie gezogen, die auch bei der Gründung der „Volksbewegung für Demokratie und Wiedervereinigung in Korea“ strikt beachtet wurde. Trotzdem wurde ich wie bereits in Kapitel 2 geschildert zum Tode verurteilt. Die Entwicklung, die diese Angelegenheit genommen hat, weist eindeutig darauf hin, dass mein Todesurteil von höchster Stelle befohlen wurde.

Am 6. August erklärte Präsident Choi Kyu Hah plötzlich seinen Rücktritt. Eigentlich war dies nur die natürliche Folge der bisherigen Entwicklung, denn sein Präsidententitel war schon längst nicht mehr als schöner Schein. Entsprechend der nach wie vor gültigen Verfassung trat Ministerpräsident Park Chung-Hun die Nachfolge an, berief jedoch für den 7. August den „Volkskongress der nationalen Einheit“ ein, um General Chun Doo Hwan, den Vorsitzenden des Sonderausschusses für nationale Sicherheitsmaßnahmen, zum Präsidenten wählen zu lassen. Es war eine indirekte Wahl durch regimetreue Wahlmänner, wie sie bereits in Park Chung Hees „Yushin“-Verfassung geregelt war. Allerdings wurde die Verfassung insofern geändert, als die Amtszeit des Präsidenten auf sieben Jahre verlängert, eine Wiederwahl jedoch ausgeschlossen wurde.

Im Gebet.

Mehr und mehr Verordnungen und Gesetze wurden vom Chun-Regime nun geändert. Es ging ihm dabei vor allem darum, sich äußerlich vom Park-Regime zu distanzieren. So wurde z.B. der berüchtigte KCIA umorganisiert, arbeitete aber unter dem Namen „Nationale Sicherheitsagentur“ weiter. Niemandem konnte so jedoch weis gemacht werden, dass sich irgendetwas an der realen Bespitzelungspraxis änderte.

Zum Jahresende wurde die gesamte Medienlandschaft von oben herab neu geordnet: Einige Unternehmen wurden geschlossen, andere wurden zwangsweise fusioniert. Diese Aktion war der größte Anschlag auf die Pressefreiheit, den man in unserem Land bisher erlebt hatte. Nur zwei Fernsehsender durften ihren Betrieb weiterführen: das staatliche KBS und das private MBC.

Drei weitere Fernsehsender, eher oppositionell oder neutral ausgerichtet, mussten ihren Betrieb einstellen. Insgesamt wurden 27 einheimische Medienhäuser geschlossen, und die sechs inländischen Presseagenturen mussten sich zu einer Agentur namens „Yonhap" zusammenschließen. Eine überreginale Zeitung, zwei Wirtschaftszeitungen und acht regionale Zeitungen wurden so zusammengeschlossen, dass schließlich in jeder Provinz nur eine Zeitung erscheinen konnte. Es braucht wohl nicht besonders betont zu werden, dass diese Konzentration der Medien die Arbeit der Zensur stark erleichterte.

Am 23. Januar 1981 wurde meine Berufung gegen das Todesurteil vom Obersten Gericht zurückgewiesen. Das bedeutete, dass ich nun tatsächlich mit der Hinrichtung rechnen musste. Gefasst hörte ich zu, was meine Frau berichtete. Es hatte nämlich schon zuvor Gerüchte gegeben, dass in diesem Jahr meine Berufung zurückgewiesen und die Hinrichtung vollzogen würde. Nun war meine Berufung also tatsächlich erfolglos geblieben, und die Vollstreckung des Todesurteils nur noch eine Frage der Zeit.

„Ich werde alles Gottes Willen überlassen", schluchzte sie. Ich selbst hatte schon hunderte oder tausende Male mit meinem Tod gerechnet, daher war ich relativ gefasst. Aber was ich damals mit ansehen musste, kann ich mein ganzes Leben lang nicht mehr vergessen. Meine Frau, die Frau meines ältesten Sohns Hong-il sowie meine beiden Söhne Hong-up und Hong-gul hatten sich auf dem kalten Zementboden niedergekniet und beteten mit tränenüberströmten Gesichtern. „...alles soll nach Gottes Willen geschehen...", beendeten sie ihr Gebet, „...alles soll nach Gottes Willen geschehen..." In diesem Augenblick verspürte ich meiner Frau gegenüber einen bisher nie gekannten Respekt. Was hätte ich in den vergange-

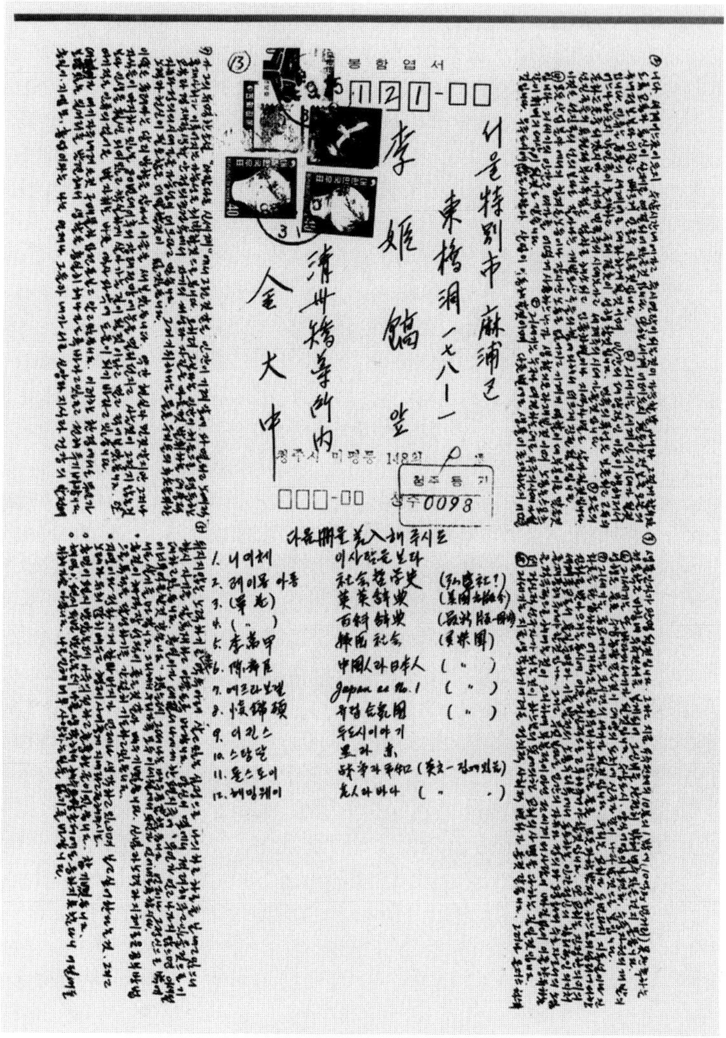
봉합엽서

서울特別市 麻浦区
東橋洞 一七八一
李姬鎬 앞

淸州矯導所內
金大中

Meine Postkarte aus dem Gefängnis von Chongju an Frau und Kinder.

nen 20 Jahren ohne diese Frau getan, die der Mittelpunkt der Familie und meine große Stütze war. Wie hätte ich als Mensch diese harten Prüfungen meistern können.

Nachdem aber mein Todesurteil nun bestätigt war, befahl Chun Doo Hwan persönlich in einer Kabinettssitzung die Umwandlung in eine lebenslange Haftstrafe. Auch die Strafen der anderen Verurteilten wurden jeweils um einige Jahre reduziert. So war ich denn zum fünften Mal dem Tode entronnen.

Sicherlich hat der direkte und indirekte weltweite Druck der internationalen Presse und der demokratischen Länder zu dieser Entscheidung von Präsident Chun beigetragen. Nicht zuletzt waren auch die Gespräche der neuen US-Regierung von Präsident Reagan wie die der vorangegangenen von Präsident Carter über meine Freilassung von großer Bedeutung. Für eine Herabsetzung meiner Strafe bot Präsident Reagan Präsident Chun jedenfalls ein baldiges Gipfeltreffen an. Auch der abgewählte Präsident Carter hatte sich bei Reagan besonders für mich eingesetzt, wie er später in seiner Autobiographie berichtete. So wurde meine Strafe umgewandelt, und am nächsten Tag flog Präsident Chun Doo Hwan zum Gipfeltreffen mit Präsident Reagan nach Washington. Dieses Gipfeltreffen markierte dann auch die internationale Anerkennung des Chun-Regimes.

Nach der Umwandlung meiner Strafe in lebenslängliche Haft wurde ich in das Gefängnis von Chongju verlegt. Ich erhielt eine Einzelzelle und wurde darüber hinaus so weit wie möglich isoliert. Meine Zelle war extra für mich hergerichtet worden, und die beiden Nachbarzellen blieben leer. Außerdem wurden um meine Zelle herum noch zusätzliche Mauern aus Ziegelsteinen errichtet, so dass sich kein Unbefugter auch nur nähern konnte. Es war eine ausgesprochene Isolationshaft, mir wurde jedoch gestattet, Bücher zu lesen. Lesen war mein größtes Vergnügen im Gefängnisalltag, mehr als zehn Stunden am Tag verwandte ich durchschnittlich darauf. Ich las Bücher über Theologie, Philosophie, Geschichte und Politik, aber auch Romane. In meinen Briefen bat ich die Familie, mich mit Büchern zu versorgen.

Jedes gute Buch, das ich las, rührte mich sehr. Ich empfand dem Gefängnis gegenüber sogar so etwas wie Dank. Wenn ich nicht im Gefängnis gewesen wäre, hätte ich schließlich nicht die Gelegenheit gehabt, aus Büchern so viele neue Erkenntnisse zu gewinnen. So gesehen war ich dankbar für den Gefängnisaufenthalt und merkte, dass jedes Unglück dem Menschen auch ein bisschen Glück bringt.

Wenn ich heute ein gutes Buch in die Hand bekomme und es schnell lesen möchte, denke ich manchmal, dass ich im Gefängnis sein müsste, um es schnell zu Ende lesen zu können. Wenn ich so viel zu tun habe, dass mir keine Zeit zum Bücherlesen mehr bleibt, denke ich mit gewisser Wehmut an die Muße im Gefängnis, die mir erlaubte, Bücher zu lesen wie ich wollte. Das Studium der Bücher war im Gefängnisalltag eine große Hilfe; ich erweiterte mein Wissen und konnte über sehr vieles nachdenken.

Eine andere Freude im Gefängnisalltag war die Gartenpflege. Jeder Gefangene durfte nach dem Mittagessen für eine Stunde an die frische Luft, und ich nutzte diese Zeit, um mich um den Garten zu kümmern. Manchmal sprach ich sogar zu meinen Blumen. Später habe ich einmal gelesen, dass Pflanzen besser wachsen und schöner blühen, wenn man herzlich und liebevoll zu ihnen redet, was ich aus eigener Erfahrung nur bestätigen kann. Meine Blumen im Gefängnis haben sozusagen meinem Herzen geantwortet: Obwohl es schon Spätherbst war blühten sie immer noch, nahezu einen Monat länger als normale Gartenblumen.

Insgesamt waren die Lebensbedingungen im Gefängnis jedoch sehr schlecht und zerstörten meine Gesundheit immer mehr. Zum einen nahm wegen der Isolation, die gegen jede menschliche Natur verstößt, meine psychische Belastung zu. Ich begann unter Tinnitus zu leiden, der sich auch heute noch im linken Ohr bemerkbar macht, wenn ich unter Stress gerate. Zum anderen verstärkten sich auch die körperlichen Beschwerden, da meine Arthritis sich verschlimmerte.

Später nach meiner Freilassung habe ich einmal den berühmten Film über Mahatma Gandhi gesehen und war sehr erstaunt über seine Haftbedingungen. Diese waren völlig anders als in meinem Fall. Er wurde in seiner Zelle beinahe verwöhnt und verbrachte seine Gefangenschaft nahezu in Luxus. Das Chun-Regime, das sich als demokratische Regierung eines modernen Koreas präsentierte, behandelte seine politischen Gefangenen entschieden schlechter als das britische Kolonialregime in Indien vor 50 Jahren. Ich empfand es als lächerlich.

Während meiner Haft schritt die politische Neuordnung rasch voran, schon am 11. Februar 1981 wurden die Mitglieder des neuen Kollegiums für die Präsidentschaftswahl gewählt. Natürlich war Chun Doo Hwan die Mehrheit sicher, und am 3. März wurde er entsprechend der neuen Verfassung als 12. Präsident in sein Amt eingeführt. Die „Fünfte Republik" war etabliert, und zur Feier seines Amtsantritts erließ Chun eine Amnestie, die mir eine Verkürzung meiner Haftstrafe von lebenslänglich auf zwanzig Jahre brachte.

Anfang 1982 wurde dann sogar die nächtliche Ausgangssperre, die das Leben der Bevölkerung stark eingeschränkt hatte, aufgehoben. Aber zwei große Skandale belasteten im weiteren Jahresverlauf das Land: Das amerikanische Informationszentrum in Pusan brannte nieder, und ein riesiger Kreditbetrug durch das Ehepaar

Lee Chol-Hui und Chang Yong-Ja wurde bekannt. Diese beiden Affären erschütterten erneut das Fundament des Chun-Regimes und beunruhigten die Bevölkerung, was gegen Ende des Jahres auch für mich persönlich Folgen haben sollte.

Bei meiner Pressekonferenz nach Ankunft auf dem Flughafen von Washington.

Es muss am 10. Dezember gewesen sein, als ein für meinen Fall Zuständiger zu mir ins Gefängnis kam und fragte, ob ich nicht zur ärztlichen Behandlung in die USA ausreisen wolle. Das war ein äußerst freundliches Angebot. Da jedoch noch andere Leute in Verbindung mit meinem Fall inhaftiert waren, lehnte ich eine solche Bevorzugung ab. Schließlich konnte ein Kompromiss gefunden werden: Ich durfte in die USA fliegen, und zur gleichen Zeit wurden die anderen Gefangenen freigelassen. Diese Vereinbarung wurde zwischen meiner Frau und Lho Shin-Yong von der Nationalen Sicherheitsagentur getroffen.

Bei der Beantwortung von Journalistenfragen zu meinen Plänen im Exil und meiner Analyse des Widerstands und der Demokratie in Korea nach meiner Ankunft in den USA.

Am 23. Dezember erhielt meine Familie dann auch eine schriftliche Mitteilung, dass wir das Land verlassen sollen. Die Regierung plante den gesamten Ablauf unserer Abreise im Geheimen, um zu verhindern, dass Journalisten mit uns in Kontakt traten. Unsere Pässe und Flugtickets wurden uns erst im Flugzeug ausgehändigt. Der stellvertretende Direktor des Gefängnisses von Chongju erschien ebenfalls im Flugzeug, um mir offiziell mitzuteilen, dass meine Strafe ausgesetzt sei. Andererseits wurde mir wiederum jegliche politische Aktivität in Korea verboten.

Bei der Ankunft auf dem internationalen Flughafen von Washington wurde ich bereits von Journalisten und einer Menschenmenge erwartet. Mehr als 300 Menschen hatten sich in der Flughafenhalle versammelt und riefen meinen Namen. Unter den Wartenden befanden sich unter anderem der persönliche Assistent von Senator Edward Kennedy sowie Dr. Moon Tong-Hwan, Dr. Choi Sung-Il und Dr. Yang. Noch an Ort und Stelle auf dem Flughafen gab ich eine Erklärung ab, aus der ich hier kurz zitieren möchte:

„Seit meiner Entführung haben sich die Koreaner und viele andere Menschen auf der ganzen Welt für die Wiedererlangung meiner Freiheit eingesetzt. Dafür bin ich sehr dankbar. Besonders danke ich der japanischen Bevölkerung, die Millionen von Unterschriften für die Rettung meines Lebens gesammelt hat. Ich danke auch Ihnen für Ihre Bemühungen und den herzlichen Empfang. Von nun an möchte ich all meine Kraft für Gott und die Menschen einsetzen. Wenn meine ärztliche Behandlung erfolgreich abgeschlossen ist, werde ich nach Korea zurückkehren und dort weiter kämpfen.“

20. Der längste und schwierigste Weg

Wie bei meiner Ankunft in den USA schon am Flughafen versprochen entfaltete ich meine Aktivitäten für die Demokratie in Korea. Bei jeder sich mir bietenden Gelegenheit hielt ich Vorträge und berichtete über die verzweifelte Situation in meinem Heimatland. Um die amerikanische Bevölkerung, ihre Abgeordneten und ihre Regierung, aber auch die in den USA lebenden Koreaner mit den Verhältnissen in Korea bekannt zu machen, setzte ich meine ganze Kraft ein.

Meine Vorträge wurden überall stark beachtet. Meine hier lebenden Landsleute brachten zunächst einige hundert und sehr bald mehr als 10000 Zuhörer zusammen, die mich herzlich begrüßten. Die Amerikaner behandelten mich als Helden und Kämpfer für die Menschenrechte und verfolgten mit großer Sympathie meine Appelle zur möglichen Demokratisierung Koreas und zur Beendigung der offiziellen Unterstützung des diktatorischen Regimes.

Doch war es klar, dass man mit Worten bald an Grenzen stößt und deshalb nach effektiveren Mitteln suchen muss. Ich dachte dabei an die Gründung einer Organisation, die sich unter hauptsächlicher Beteiligung von in den USA lebenden Koreanern für die Menschenrechte einsetzen sollte. So entstand im Juli 1983 das Institut zur Erforschung der Menschenrechte in Korea. Ich selbst agierte etwas zurückhaltender, waren mir doch bereits frühere Aktivitäten willkürlich als Hochverrat und organisierte Verschwörung zum Umsturz angelastet worden. Meine Verurteilung zum Tode und die sonstigen Strafmaßnahmen mahnten mich zu einer gewissen Vorsicht. Das Institut existiert heute noch.

Bei einer Kampagne mit Koreanern aus Washington und New York für die sofortige Herstellung demokratischer Verhältnisse und zur Unterstützung des Vorsitzenden der Neuen Demokratischen Partei Kim Young Sam, der zum dritten Jahrestag des 18. Mai in den Hungerstreik getreten war.

Bei durch in den USA lebende Koreaner organisierten Willkommensfeiern.

Ursprünglich war ich in die USA gereist, um mich dort operieren zu lassen. Es stellte sich jedoch heraus, dass meine diesbezüglichen Sorgen unbegründet waren. Auf irgendeinem amerikanischen Flughafen erzählte mir ein japanischer Journalist, dass die Universität von Georgetown bereits vor über einem Jahr öffentlich angeboten hatte, die Operation meines arthritischen Hüftgelenks kostenlos durchzuführen. Das Chun-Regime hatte mir diese Nachricht vorenthalten. Überrascht rief ich sogleich die Universität an, wo man mir diese Zusage tatsächlich bestätigte. Ich sei jederzeit herzlich willkommen. Ich hatte mir bis dahin große Sorgen gemacht, wie ich die Kosten für meine Operation aufbringen sollte, so dass mir jetzt ein großer Stein vom Herzen fiel. Die besten Ärzte der Universität nahmen meine Behandlung auf, und sehr schnell war eine Besserung zu festzustellen. Insgesamt wurde eine Behandlungsdauer von sechs Monaten angesetzt; von einer Operation wurde mir dagegen abgeraten. Die Ärzte erläuterten mir, dass eine Operation keine große Besserung bewirken würde, weswegen sie eine Stabilisierung des Zustands empfahlen. Ich vertraute ihnen und nahm die langwierige Behandlung auf mich.

In Korea erregte währenddessen Kim Young Sam, der Vorsitzende der Neuen Demokratischen Partei, Aufsehen. Am 17. Mai 1983, einen Tag vor dem dritten Jahrestag des Volksaufstands von Kwangju, begann er einen Hungerstreik. Er stand unter Hausarrest und durfte keinen politischen Aktivitäten nachgehen. Deshalb wollte er mit seinem unbefristeten Hungerstreik dem Verlangen des koreanischen Volkes nach Demokratie wirksamen Ausdruck verleihen. Das war tatsächlich eine gute und effektive Kampfmaßnahme. Als ich davon hörte, war ich sehr gerührt und fühlte eine starke Solidarität mit ihm; ich ahnte, dass dieser Hungerstreik eine große

Bedeutung für die weitere politische Entwicklung haben würde. Der Vorsitzende der führenden Oppositionspartei, der vom Chun-Regime zum Schweigen gezwungen war, hatte den Kampf aufgenommen. Natürlich wurde in den koreanischen Zeitungen mit keiner Zeile darüber berichtet.

Um ihn in seinem Kampf zu unterstützen, schrieb ich einen Artikel, der am 9. Juni 1983 in der New York Times erschien. Ich organisierte in Washington und New York Demonstrationen, an denen die in Amerika lebenden Koreaner teilnahmen, und hielt eine Versammlung mit tausend wichtigen Sympathisanten ab. Von dieser Versammlung ließen wir eine direkte Telefonverbindung zu Kim Young Sam schalten, über die wir uns gegenseitig unserer Solidarität und Unterstützung versicherten.

Dr. Jerome Cohen von der Harvard Universität, der für mich mehr und mehr zu einem engen Freund wurde, war über diese Aktivitäten etwas erstaunt: „Kim Young Sam und Sie sind doch Rivalen? Trotzdem setzen Sie sich so herzlich und intensiv für ihn ein. Ich kann darüber nur staunen, es beeindruckt mich sehr." Er hatte angeboten, meinen Artikel, den ich gerade zur Veröffentlichung in der Zeitung vorbereitete, Korrektur zu lesen, und mir ist die Szene noch heute lebhaft in Erinnerung. Lachend antwortete ich ihm: „Es geht doch in erster Linie um die Demokratie in meiner Heimat. Deswegen bin ich stolz auf Kim Young Sam und dankbar. Unsere Rivalitäten als politische Konkurrenten sind eine andere Sache."

Zwölf Tage nach Beginn seines Hungerstreiks wurde Kim Young Sam zwangsweise in die Klinik der Seouler Nationaluniversität eingeliefert. Die Regierung bot ihm an, seinen Hausarrest aufzuheben, wenn er seinen Hungerstreik beende. Er forderte dagegen die Abschaffung der Gesetze, die die politische Bewegungsfreiheit behinderten, die Freilassung aller politischen Gefangenen, die Wiederherstellung der Pressefreiheit usw. Insgesamt umfassten seine Forderungen fünf Punkte, und er betonte, dass er seinen Hungerstreik so lange fortsetzen werde, bis seine Forderungen erfüllt seien. Noch weitere elf Tage setzte er seinen Hungerstreik tatsächlich fort, dann beendete er ihn freiwillig. Dieser Kampf war die Geburtsstunde des „Komitees zur Förderung der Demokratie", das gemeinsam von Kim Young Sam und mir geführt wurde.

Nachdem ich nun schon mehr als sechs Monate in den USA war, bot sich mir die Möglichkeit, als Gastwissenschaftler an der Harvard Universität tätig zu werden. Dort war zu jener Zeit auch Benigno Aquino, der philippinische Oppositionsführer, tätig. Er brachte gerade seine aktuellen Forschungsarbeiten zu Ende und wirkte auf mich aufgeschlossen, lebhaft und optimistisch. Er war intelligent, und jeder fand ihn sympathisch. Frau Corazon Aquino war dagegen ein eher ruhiger Mensch und wirkte sehr bescheiden. Wenn ich bei den beiden zu Hause zum Essen eingeladen war, beteiligte sie sich kaum an unserem Gespräch. Umso erstaunter war ich dann später, als sie die Diktatur von Präsident Marcos stürzte und selbst Präsidentin der Philippinen wurde.

Sowohl Aquino als auch ich arbeiteten als Oppositionelle vom Ausland aus für die Demokratie in unserem jeweiligen Land, was uns auch zu engen persönlichen Freunden machte. Aufgrund unserer gemeinsamen Gesinnung kamen wir häufig zusammen und unterstützten uns gegenseitig in unserem Kampf für die Demokratisierung unserer Länder.

„Sollten wir nicht ein festes Forum organisieren?" schlug er eines Tages vor.

„Das ist eine gute Idee. Wir sollten eine gemeinsame

Organisation für die Förderung der Demokratie in Asien gründen. Dann können wir eng zusammenarbeiten.“

Während des Exils in den USA im Gespräch mit amerikanischen Repräsentanten von Kirche, Politik und Wissenschaft über Demokratie und Menschenrechte in Korea.

Im Prinzip waren wir uns einig. Jeder wollte die erforderlichen Schritte in seinem Bereich einleiten, und im intensiven Meinungsaustausch miteinander wollten wir den Plan realisieren. Doch nur zwei Monate später, am 21. August, beendete er plötzlich sein Exil und kehrte eilends in seine Heimat zurück. Bei der Ankunft in Manila wurde er aus dem Flugzeug geschleppt und noch an Ort und Stelle von den Schergen der Marcos-Diktatur erschossen.

Das war für mich ein erschreckendes Erlebnis, das auch mir passieren könnte. Musste nicht auch ich bei meiner Heimkehr mit dem Tod rechnen? Nach Aquinos Ermordung wurde ich von Philippinos immer wieder gebeten, auf ihren Protestversammlungen in den USA zu reden. Gerne folgte ich diesen Bitten und leistete meinen Beitrag für die Sache meines Freundes. Bevor dann Corazon Aquino nach Hause reiste, schenkte sie mir ihre Schreibmaschine. Sie wird noch heute gut aufbewahrt und steht bei der „Stiftung für Frieden im asiatisch-pazifischen Raum", deren gemeinsame Vorsitzende wir beide sind. Aus den Plänen für eine gemeinsame Organisation zur Förderung der Demokratie in Asien, die ich zusammen mit ihrem Mann noch zu seinen Lebzeiten geschmiedet hatte, ist diese Stiftung entstanden.

Bei der Verleihung der Ehrendoktorwürde durch die Emory-Universität in den USA.

Für Ende 1984 hatte mir der deutsche Präsident Richard von Weizsäcker eine inoffizielle Einladung zu einem Besuch in der Bundesrepublik Deutschland zukommen lassen. Offiziell wurde ich von der Universität in Bochum eingeladen, aber aus der Reise wurde leider nichts. Das Militärregime versuchte mit allen möglichen Tricks, Intrigen und Verleumdungen mich zu behindern und Spekulationen über meine Rückkehr nach Korea zu verbreiten.

Tatsächlich hatte ich begonnen, meine Rückkehr vorzubereiten. Bereits im Sommer war meine Entscheidung gefallen, die ich dann auch der Koreanischen Botschaft in Washington mitteilte. Die koreanische Regierung drohte daraufhin, dass sie meine sichere Rückkehr nicht garantieren könne. Auch das amerikanische Außenministerium versuchte mich zu einer Verschiebung meiner Heimreise zu bewegen.

Eines Tages saß ich mit einem Freund in einem Bostoner Restaurant, als mich der Anruf eines Journalisten von der New York Times erreichte:

„Gerade hat ein Sekretär des koreanischen Präsidialamts offiziell erklärt, dass man Sie sofort wieder ins Gefängnis stecken würde, wenn Sie nach Korea zurückkehren. Werden Sie trotzdem heimreisen?"

„Selbstverständlich. Ich werde meine Pläne nicht ändern."

Klar und eindeutig bekräftigte ich meine Absicht, über die in der New York Times und vielen anderen Medien sofort ausführlich berichtet wurde. Alle warnten, dass aus mir kein zweiter „Fall Aquino" werden dürfe. Das amerikanische Interesse am Thema Menschenrechte war nach wie vor stark ausgeprägt, so dass meine Heimkehr von Anfang an ein viel beachtetes Thema war. Den ganzen Tag über, von morgens früh bis abends spät, wurde ich nun von Journalisten interviewt. Seit meiner Ankunft in den USA war in den Medien zwar hin und wieder über mich berichtet worden, doch stand ich noch niemals zuvor derart im Mittelpunkt.

Als das Thema immer mehr öffentliche Aufmerksamkeit fand, konnte auch die amerikanische Regierung sich nicht mehr taub stellen. Sie forderte nun von der koreanischen Regierung Sicherheitsgarantien für meine Heimkehr. Sollten diese nicht gegeben werden, müsste der Staatsbesuch von Präsident Chun Doo Hwan abgesagt werden. Meine Heimkehr fand daher unter den Augen vieler tausend Menschen statt. Dennoch war das Problem meiner Sicherheit noch nicht gelöst.

Damit aus mir kein zweiter „Fall Aquino" werde, erklärten sich mehr als zwanzig prominente Amerikaner freiwillig bereit, mich auf meiner Heimreise zu begleiten. Unter ihnen waren Kongressabgeordnete und Senatoren, der ehemalige Menschenrechtsbeauftragte des Außenministeriums, ein ehemaliger Admiral der Marine, der Vorstandsvorsitzende von American Express, eine bekannte Sängerin, mehrere Pfarrer und andere Menschenrechtsaktivisten.

Bei der Ankunft auf dem Kimpo-Flughafen von Seoul am 8. Februar 1985 nach meiner Rückkehr aus dem Exil.

Ich hatte eine Zwischenstation in Japan eingeplant. Bei der Ankunft im Hotel in Tokyo wurde ich von mehr als 100 Journalisten, Fotografen und Kameraleuten erwartet. Es war für mich ein überwältigender Anblick. Alle waren an meinem weiteren Schicksal interessiert und gespannt, was am folgenden Tag mit mir geschehen werde. Nach dem Abendessen gab ich also eine Pressekonferenz, bei der mich ein französischer Reporter fragte: „Es heißt, dass Ihre politische Karriere so gut wie zu Ende sei. Wie sehen Sie das?"

Er war schlicht und einfach der Propaganda des Chun-Regimes aufgesessen, die immer wieder betonte, dass Kim Dae-jung eine Person der Vergangenheit sei, für die sich kein Koreaner von heute mehr interessiere. Nur so war seine Frage zu verstehen, die ich dann auch angemessen beantwortete: „Ich weiß im Moment selbst nicht so genau, ob meine politische Karriere beendet ist oder nicht. Aber es gibt eine gute Methode, um das festzustellen. Kommen Sie doch morgen mit zum Flughafen von Seoul; dann werden Sie es erfahren." Bei dieser Antwort brachen alle in lautes Gelächter aus.

Ich hatte gehofft, dass mindestens 50000 Menschen zu meiner Begrüßung am Flughafen erscheinen würden. Aber als wir dann gegen Mittag ankamen, waren meine Begleiter und ich zunächst erstaunt und dann fassungslos. Es mussten mehr als 300000 Menschen sein, die sich dort versammelt hatten. Ich konnte jedoch keinen einzigen von ihnen begrüßen, denn angesichts des Chaos tauchten plötzlich Polizisten in Zivil neben mir auf, trennten mich von den anderen und drängten mich allein hinaus. Wir stiegen in einen Aufzug und fuhren mit einem bereits wartenden Kleinbus in Richtung Donggyodong.

Währenddessen versuchten meine amerikanischen Begleiter wie verabredet Anschluss zu mir zu halten.

Dies gelang ihnen jedoch nicht, da sie gewaltsam beiseite gedrängt wurden. Amerikanische Abgeordnete und Senatoren, Beamte und andere Prominente mussten sich der Gewalt beugen. Zum Leidwesen des Regimes wurde diese Szene auch noch von zahlreichen Journalisten beobachtet und in der ganzen Welt verbreitet.

Als ich zu meinem Haus kam, sah es zu meiner Verwunderung aus wie ein großes Zelt. Es war rundherum von Stoffplanen verdeckt, die mich an einen provisorischen Bühnenvorhang erinnerten. Auf diese Weise hatte man mein Haus hinter Zeltplanen versteckt und völlig abgeschirmt, damit niemand etwas sehen oder fotografieren konnte. Es war der 8. Februar 1985, als ich wieder meinen Heimatboden betrat. Seit zwei Jahren war ich nicht mehr hier gewesen.

Ich hatte meine Rückkehr nach Korea deshalb forciert, weil für den 12. Februar Parlamentswahlen angesetzt waren. Bereits während meines Aufenthalts in den USA hatte ich mit Kim Young Sam Einigkeit über ein künftiges gemeinsames Vorgehen erzielt. Unsere Anhänger hatten wir in der kurz zuvor gegründeten Neuen Koreanischen Demokratischen Partei gesammelt. Die anderen sogenannten Oppositionsparteien, die zu jener Zeit unter dem Militärregime existierten, waren bereits selber quasi Regierungsparteien geworden.

Meine Heimkehr war also vier Tage vor der Wahl geglückt, sie erzielte eine deutliche Wirkung und mobilisierte die Bevölkerung auf breiter Front. Obwohl die Neue Koreanische Demokratische Partei gerade erst gegründet worden war, wurde sie auf Anhieb die größte Oppositionspartei und gewann sofort an Ansehen.

Ein Jahr später im Februar 1986 begannen wir in der Zentrale unserer Neuen Koreanischen Demokratischen Partei mit einer Zeremonie unsere Unterschriftensammlung für eine Verfassungsänderung. Unsere zentrale Forderung war die erneute Einführung der Direktwahl des Präsidenten durch die Bevölkerung. Ich war immer noch meiner politischen Rechte beraubt, nahm aber trotzdem an der Unterschriftensammlung teil. Unsere Aktion breitete sich aus wie ein Flächenbrand. Obwohl das Chun-Regime unsere Parteizentrale und auch das Büro des Komitees zur Förderung der Demokratie schloss und bei ihrer Durchsuchung alle Unterlagen beschlagnahmte, konnte sie die Bewegung für eine Verfassungsänderung nicht mehr stoppen. Am 30. April schließlich gab Präsident Chun bekannt, dass er eine Verfassungsänderung akzeptieren werde, wenn Regierungspartei und Opposition sich im Parlament darüber einig würden.

Es war der 28. Oktober. Die Landschaft erglühte überall in den wunderschönen Farben des Herbstlaubs. An der Konkuk-Universität hatten sich die Vertreter von 26 Universitäten versammelt, um gegen die Militärdiktatur zu protestieren. Doch mit brutaler Gewalt wurde die Versammlung aufgelöst. Den Studenten wurde Hochverrat und Verschwörung mit dem internationalen Kommunismus vorgeworfen, wie immer war man mit den üblichen Vorwänden zur Hand.

Ausgerechnet während dieser Krisensituation hielt sich Kim Young Sam zu einem Besuch in Deutschland auf. Also musste ich alleine über das weitere Vorgehen entscheiden. Ich appellierte an das Chun-Regime: „Lassen Sie bitte die Studenten frei und akzeptieren Sie die Direktwahl des Präsidenten durch die Bevölkerung. Dies dient auch der Sicherheit der Staatsmacht. Im Gegenzug werde ich nicht bei der nächsten Präsidentschaftswahl kandidieren."

Das Regime lehnte meinen Vorschlag als wertlos ab, wogegen Kim Young Sam, der die Entwicklung von Deutschland aus verfolgte, mir mit einer Erklärung sofort den Rücken stärkte. Er kritisierte die Regierung heftig und ergänzte: „Wenn Kim Dae-jung seine politischen Rechte zurückerhält, werde ich ihm die Kandidatur für die nächste Präsidentschaftswahl überlassen."

Unser damaliges Verhältnis zueinander war von großer kollegialer Solidarität und vollem gegenseitigen Vertrauen geprägt. Dieses Vertrauensverhältnis ermöglichte es uns dann auch, Chun Doo Hwan und Roh Tae Woo zu der sogenannten „Erklärung vom 29. Juni 1987" zu veranlassen.

Ich erwähne dies nicht, um heute einen politischen Rivalen zu kritisieren oder zur Verantwortung zu ziehen, und ich habe auch nicht die Absicht, einen Vorwand hierfür zu liefern. Ich bereue heute auch, was damals geschehen ist, unabhängig davon, ob es recht oder unrecht war, ich bereue es zutiefst.

21. Was gegen meinen Willen geschah

Damals im Sommer 1987 machte ich mir keine Sorgen darüber, dass sich die Opposition nicht auf einen gemeinsamen Präsidentschaftskandidaten einigen würde. Ich vertraute auf Kim Young Sams öffentliche Zusicherung, dass er mir die Kandidatur überlassen werde, sobald ich meine politische Rechte zurückerhalte. Und tatsächlich beinhaltete Roh Tae Woos Erklärung vom 29. Juni auch die Wiederherstellung meiner Rechte.

Die Einigung der Opposition auf einen gemeinsamen Kandidaten wurde zum alles beherrschenden Thema. Nicht nur die Politiker, auch die normalen Bürger diskutierten diese Frage, wann immer sie miteinander ins Gespräch kamen. Die regierende Demokratische Gerechtigkeitspartei hatte sich bereits auf ihren Kandidaten Roh Tae Woo geeinigt und eine effektive Wahlkampforganisation etabliert. Ich drängte deshalb also Kim Young Sam über mir nahe stehende Personen, seine Zusage einzuhalten. Er hatte seine Meinung jedoch inzwischen geändert und wollte selbst kandidieren, was er recht seltsam begründete: „Das Militär wird keinen Präsidenten Kim Dae-jung akzeptieren."

So lange hatten wir uns gegenseitig solidarisch verhalten und so manche Suppe gemeinsam ausgelöffelt, und nun gab er solch eine Begründung für unsere Trennung. Ehrlich gesagt war es mir ziemlich unangenehm, dass Kim Young Sam diesen „Grund" so stark hervorhob. War nicht das Militär unser gemeinsamer Gegner, den wir so lange schon gemeinsam bekämpft hatten? Deshalb waren wir beide von ihm unterdrückt, gefangen gehalten und mit dem Tode bedroht worden. Dies hatte uns Freunde werden lassen. Wie konnte er jetzt einen solchen Einwand gegen mich vorbringen und damit sogar dem Militär in die Hände spielen!

Es war wirklich an der Zeit, dass sich unsere Wege trennten, zumal auch der Druck meiner Anhänger dahingehend immer stärker wurde. Also trat unsere „Donggyodong-Gruppe“ aus der Partei aus und gründete die Demokratische Friedenspartei. Ich meldete offiziell meine Kandidatur zu den Präsidentschaftswahlen an, als es nur noch 35 Tage bis zum Wahltermin waren.

Heute bereue ich meine damalige Entscheidung für die Kandidatur von ganzem Herzen. Hätte ich Kim Young Sam das Feld überlassen, wäre alles vielleicht anders gekommen. Aber die stürmischen Forderungen meiner Anhänger ließen mich meinen kühlen Kopf verlieren. Das war mein Fehler. Ich hätte ihm die alleinige Kandidatur der Opposition überlassen müssen, wie es das Volk wünschte. So haben wir letzten Endes beide verloren.

Nach der einstimmigen Nominierung zum Kandidaten für die 13. Präsidentschaftswahl auf dem Parteitag der kurz zuvor gegründeten Demokratischen Friedenspartei.

Die Bevölkerung bedauerte es sehr, dass wir uns nicht auf einen Präsidentschaftskandidaten einigen konnten. Die Zeitungen aller politischen Richtungen stimmten in ihren Kommentaren weitgehend darin überein, dass unsere Uneinigkeit nur einem Dritten nutzen könne. Auch die Wähler waren meist dieser Meinung, obwohl ich dem nicht 100%ig zustimmen kann. Schließlich konnte niemand mit Sicherheit voraussagen, ob ein gemeinsamer Kandidat der Opposition die Wahl gewinnen würde. Die Regierung hatte jeden Bürgermeister, jeden Dorfvorsteher und jeden Angestellten der öffentlichen Verwaltung unter Kontrolle. Die Regierungspartei verfügte über nahezu unbegrenzte Finanzmittel, wogegen die Opposition chronisch knapp bei Kasse war. Die Stimmauszählung konnte wie schon so oft von den Wahlhelfern manipuliert werden. Unter diesen Umständen war es durchaus fraglich, ob selbst ein gemeinsamer Oppositionskandidat gewinnen konnte.

Bei einer Rede vor etwa zwei Millionen Zuhörern auf dem Yoido-Platz in Seoul.

Bei den Wahlen 1963 und 1967 war Yun Po-sun der gemeinsame Kandidat der Opposition, bei der Wahl 1971 war ich es gewesen. Jedesmal hatte sich die Opposition auf einen Kandidaten geeinigt, ohne dass wir dadurch die Wahlen gewonnen hätten. Wenn ein Kandidat verloren hatte, mussten dann zwangsläufig auch zwei Kandidaten verlieren? Der Regierung war jeglicher Wahlbetrug zuzutrauen. Das war damals die allgemeine politische Atmosphäre. Wir beide haben letztlich verloren, aber ich möchte noch etwas genauer auf die speziellen Ursachen meiner Niederlage eingehen.

Ich glaubte tatsächlich, dass ich gewinnen könne. Zu meiner Großkundgebung am 13. Dezember, drei Tage vor der Wahl, kamen 2,5 Millionen Menschen in den Boramae-Park vor den Toren Seouls. Ich musste eine mitreißende Rede gehalten haben, die viele in ihren Bann zog, denn nach Ende der Veranstaltung marschierten fast 100000 Teilnehmer wie im Rausch zum Rathaus im Stadtzentrum. Das war eine Entfernung von 15 Kilometern, beinahe 40 ri. Da mir die Bevölkerung eine solch überwältigende Unterstützung entgegenbrachte und ich einen solchen Sturm der Begeisterung bei meinen Zuhörern entfachen konnte, hielt ich meinen Wahlsieg für möglich.

Aber wie immer wieder bei Wahlen wurde ich auch diesmal vom Teufel verfolgt. Ein Bombenanschlag hatte ein Flugzeug der Korean Air am Himmel über Thailand zerrissen. Ohne Pause berichteten die Medien darüber, und kurz vor der Wahl präsentierte die Regierung die aus Nordkorea stammende Kim Hyon-Hee als Täterin und stellte sie für Interviews zur Verfügung. Bis hierhin lief alles weitgehend korrekt ab, die Probleme traten an anderer Stelle auf. Das Chun-Regime nutzte die wegen des Attentats in der Bevölkerung entstandene Atmosphäre der Bedrohung, um mich wiederum als Kommunisten zu verteufeln. Im ganzen Land wurde entsprechende Propaganda verbreitet, sie glich in ihren Auswirkungen einer Flutwelle. Meine Niederlage war besiegelt, so dass ich mir nach der Wahl auch keine großen Gedanken mehr über etwaige Betrügereien bei der Stimmauszählung machte, die auch diesmal wieder einmal ein Problem darstellten.

Für April 1988 waren Parlamentswahlen angesetzt. Meine Demokratische Friedenspartei durfte sich nicht länger auf ihre Kritik am Wahlbetrug der Regierungspartei beschränken. Sie musste in die Offensive gehen und Wahlkampf betreiben, weil sie kurz zuvor erst gegründet worden war.

Angesichts des Ausgangs der Präsidentschaftswahlen vor fünf Monaten wurde allgemein damit gerechnet, dass die regierende Demokratische Gerechtigkeitspartei auch die Parlamentswahlen gewinnen würde. Als jedoch am 26. April die Stimmen ausgezählt wurden zeigte sich, dass sie die Parlamentsmehrheit von 150 Sitzen deutlich verfehlt hatte. Direkt- und Listenmandate zusammen genommen kam sie auf 125 Sitze, in den örtlichen Wahlkreisen konnte sie nur 87 Kandidaten durchbringen. Meine Partei gewann allein 54 Direktmandate, worin wir einen großen Vertrauensbeweis der Wähler sahen. Zusammen mit den Listenmandaten kamen wir auf insgesamt 70 Parlamentssitze, womit unsere Partei auf Anhieb die stärkste Oppositionsfraktion stellte.

Die zweitstärkste Oppositionskraft im Parlament wurde mit 59 Sitzen Kim Young Sams Demokratische Wiedervereinigungspartei, gefolgt von der Neuen Demokratisch-Republikanischen Partei Kim Jong-Pils mit 35 Sitzen. Es war unglaublich, dass die Opposition im Parlament die Mehrheit erreicht und die Regierungspartei in die Minderheit gedrängt hatte. Zum ersten Mal in der Geschichte des koreanischen Parlaments hatte die Oppo-

Bei meiner Parlamentsrede als Vorsitzender der Demokratischen Friedenspartei am 29. Juni 1988 zu Beginn der 14. Legislaturperiode.

sition die Mehrheit, und die Regierungspartei war in der Minderheit. Ich war den Wählern so dankbar, dass sie meine Partei zur stärksten Oppositionspartei gemacht, vor allem aber, dass sie der Opposition insgesamt zur Mehrheit verholfen hatten. Aus Dankbarkeit wäre ich am liebsten vor ihnen nieder gekniet.

Nach Eröffnung des Parlaments hielt ich als Vorsitzender der stärksten Oppositionspartei die erste Rede. Es war seit 17 Jahren das erste Mal, dass ich wieder am Rednerpult des Parlaments stand. Ich forderte eine genaue Untersuchung des Massakers von Kwangju und eine rückhaltlose Aufklärung der Korruption des Chun-Regimes: rückhaltlose Aufklärung und genaue Untersuchung ja – aber nicht unbedingt Bestrafung. Dies stellte ich sofort klar, denn es war meine Überzeugung, an der ich schon mein ganzes Leben lang unverändert festgehalten hatte. Später dann wurden meine Forderungen erfüllt. Die „Untersuchungen der Fünften Republik", die vielen noch sehr gut im Gedächtnis sind, nahmen hier ihren Anfang. Natürlich war all das nur möglich, weil die Opposition ihre Parlamentsmehrheit ausspielen konnte.

Im Verlauf der „Untersuchungen der Fünften Republik" wurde das Vermögen Chun Doo Hwans und seiner Ehefrau vom Staat beschlagnahmt, und die beiden zogen sich in den Paektam-Tempel in der Provinz Kangwondo zurück. Hier in den Bergen wollten sie Buße für ihre am Volk begangenen Sünden tun. Nachdem ihr dortiger Aufenthalt etwa zwei Jahre gewährt hatte, erhielt ich eines Tages einen Anruf von Präsident Roh Tae Woo: „Herr Kim, wie denken Sie darüber, dass das Ehepaar Chun Doo Hwan nach Hause zurückkehrt? Sie haben in dem unbequemen Tempel schon einiges erdulden müssen."

Bei der Unterstützung einer Rollstuhlfahrerin anlässlich der Einweihung des behindertengerechten Zugangs zum Parlamentsgebäude.

Es war offensichtlich, dass Präsident Roh zwischen der Stimmung in der Bevölkerung und der Freundschaft zu seinem alten Kameraden hin und her gerissen war. „Mir ist das egal", war meine Antwort. „Ich habe ja von vornherein gesagt, dass ich nicht auf einer Bestrafung bestehe. Wenn die Regierung die beiden also in die Gesellschaft zurückholen möchte, dann soll sie es tun."

„Nun gut, dann werde ich mich so entscheiden. Sie sind ein Wohltäter", dankte er mir. Auch seiner persönlichen Umgebung gegenüber brachte er dies zum Ausdruck. Für mich dagegen war dies keine wichtige Entscheidung gewesen, kam hierin doch lediglich meine Gesinnung zum Ausdruck.

Meine Demokratische Friedenspartei konnte derweil im Parlament Beachtliches leisten, zumal die Regierungspartei gegenüber der gesamten Opposition in der Minderheit war. Wir brachten nicht nur eine Reform der Familiengesetze einschließlich der beschleunigten Gleichberechtigung von Mann und Frau auf den Weg, sondern auch eine Verbesserung der Arbeitsgesetze. Ein teilweiser Schuldenerlass für die bäuerliche Landwirtschaft wurde beschlossen, die Mehrwertsteuer auf Erzeugnisse der Land- und Fischereiwirtschaft sowie die speziellen Bewässerungsabgaben wurden gestrichen, und neue Gesetze zugunsten von Behinderten wurden verabschiedet. Bei all diesen Maßnahmen zur Festigung der Demokratie und zur Förderung des Volkswohlstands spielten wir die führende Rolle. Unterstützung wie von einem Millionenheer erhielten wir dabei von der insgesamt starken Opposition, die den Einfluss der Regierungspartei klein hielt.

Doch am 22. Januar 1990 änderte sich die Lage, als Präsident Roh Tae Woo plötzlich gemeinsam mit den beiden oppositionellen Parteivorsitzenden Kim Young Sam und Kim Jong-Pil eine Pressekonferenz abhielt. Sie gaben bekannt, dass sie ihre drei Parteien zur „Demokratisch-Liberalen Partei“ vereinigen wollten. Damit wurde das Ergebnis der Parlamentswahl vom April 1988, das Roh Tae Woo damals „als Willen des Himmels in Demut akzeptierte“, auf den Kopf gestellt.

Beim Treffen mit Präsident Roh Tae Woo, dem Vorsitzenden der Demokratischen Wiedervereinigungspartei Kim Young Sam und dem Vorsitzenden der Neuen Demokratisch-Republikanischen Partei Kim Jong-Pil am 15. Dezember 1989 im Präsidialamt anlässlich der Einigung über die elf Punkte zur Bewältigung der fünften Republik.

Präsident Roh erklärte feierlich, dass die drei sich gemeinsam der geschichtlichen Verantwortung stellen und ihre drei Parteien vereinigen wollten, um für die Wiedervereinigung Koreas und die wirtschaftliche Entwicklung des Landes zu arbeiten. Ähnlich äußerte sich Kim Jong-Pil, der von einem „Entschluss zur Rettung der Nation“ sprach.

Besonders neugierig war die Bevölkerung darauf, wie wohl Kim Young Sam seinen Schritt begründen würde.

Er berief sich dann zu meiner Verwunderung auf den „Willen Gottes". Ich bin zwar Katholik, und er ist Protestant, aber für uns beide existiert nur der eine Gott. Dies war so, ist so und wird immer so sein. So konnte ich seine Erklärung nicht anders verstehen, als dass er es als den Willen Gottes betrachtete, in der Nachfolge der Militärregierung Präsident zu werden. Nun, später wurde er ja dann tatsächlich zum Präsidenten gewählt, aber seine Betonung darauf, einer „zivilen Regierung" vorzustehen, machte mir klar, wie sehr er unter dem Komplex litt, Nachfolger einer Militärregierung zu sein.

Auch an mich war Präsident Roh bereits einmal mit einem entsprechenden Vorschlag herangetreten. Es geschah gegen Ende des Jahres 1989 bei einem seiner Treffen mit den Parteivorsitzenden der Opposition im Präsidialamt. Wir kamen damals mehr oder weniger regelmäßig zusammen, um miteinander über aktuelle politische Fragen zu diskutieren. Die Gesprächsrunde wollte sich gerade auflösen, und auch ich stand auf um zu gehen. Da bat mich der Präsident noch zu bleiben: „Wir beide haben noch etwas miteinander zu besprechen ..." Also nahm ich wieder Platz, während Kim Young Sam und Kim Jong-Pil den Raum verließen. Später allerdings vermutete ich, dass er über das anstehende Thema mit ihnen bereits geredet hatte.

„Herr Parteivorsitzender Kim, Sie haben es nicht leicht gehabt. Trotzdem haben Sie so viel geleistet. Was halten Sie davon, wenn wir uns zusammentun und in Zukunft gemeinsam Politik machen?"

„Was meinen Sie damit?"

„Ich schlage Ihnen vor, dass wir unsere Parteien vereinigen. Auf diese Weise sollten wir die Wiedervereinigung und den wirtschaftlichen Aufschwung fördern."

Ich war völlig überrascht. Ein solches Gespräch hatte ich nicht erwartet: „Das geht doch nicht. Haben Sie nicht selbst in aller Öffentlichkeit erklärt, dass Sie die Mehrheit der Opposition über die Regierungspartei in aller Demut als Willen des Himmels akzeptieren? Eine Vereinigung unserer Parteien würde also nicht nur dem Willen des Volkes sondern auch dem Willen des Himmels widersprechen." Auf meine klare und eindeutige Antwort reagierte Präsident Roh mit Schweigen. Ihm musste schon klar geworden sein, dass er mit seinem Anliegen keinen Erfolg bei mir hatte, während ich noch weiter redete: „Es gibt ja nicht nur meine Partei, sondern auch noch die Parteien der beiden anderen. Vielleicht haben Sie ja sogar schon mit ihnen darüber gesprochen. Aber das wäre wirklich gegen den Willen des Volkes. Wenn Sie solch einen Schritt unternehmen, werden Sie es irgendwann mit Sicherheit bereuen."

Mit diesen Worten verließ ich umgehend das Präsidialamt. Ich hielt den Vorschlag für falsch und wollte in keiner Weise von ihm in Versuchung geführt werden. Das glaubte ich schließlich auch den anderen beiden schuldig zu sein, die sicherlich ebenfalls eine süße Versuchung verspüren mussten. Für umso wichtiger hielt ich es deshalb, ihnen weiterhin zu glauben und zu vertrauen. Es handelte sich hier schließlich nicht um eine besonders komplizierte Angelegenheit, sondern es war lediglich eine Frage des gesunden Menschenverstandes.

An dieser Stelle muss ich jetzt natürlich die Hintergründe erläutern, die mich später selbst veranlasst haben, den Zusammenschluss mit Kim Jong-Pil und Park Tae-Joon zu suchen. Deswegen bekomme ich von meinen Kritikern nun die gleichen Vorwürfe zu hören, die ich damals gegen den „wilden Zusammenschluss" der drei Parteien erhoben hatte. Sowohl in meiner Anhängerschaft wie auch unter den Abgeordneten meiner Partei gibt es Widerstände gegen unseren Zusammenschluss mit Kim Jong-Pils „Vereinten Liberaldemokraten“. Es heißt, dass dieser Zusammenschluss mir nur geringfügige Stimmengewinne bringen könne, mich andererseits jedoch zur Zielscheibe der Kritik aus allen anderen politischen Lagern mache: „Wie will der Parteivorsitzende die Kritik abwehren? ... Kim Jong-Pil hat doch bisher eine völlig andere Politik vertreten ...“

In mancher Hinsicht haben diese Kritiker natürlich recht. Nach Umfragen der Presse bringt mir der Zusammenschluss tatsächlich nur einen 3%igen Zuwachs an Wählerstimmen, was in der Tat nicht besonders viel ist. Außerdem sehen die Umfragen meine Partei sowieso in Führung, weshalb meine parteiinternen Kritiker fragen, warum wir Zugeständnisse an unsere neuen Verbündeten machen und sogar deren Forderung nach Einführung des parlamentarischen Kabinettssystems erfüllen sollen. Dieser Preis sei für ein zusätzliches Wählerpotential von 3% zu hoch.

Daher stellt man mir die Frage, warum ich trotz dieses „ungleichen Geschäfts“ unbedingt an dem Zusammenschluss festhalte. Ich werde gefragt, wo eigentlich meine wahren Gründe liegen. Und tatsächlich verfolge ich ernsthafte Anliegen. Mein trotz aller Kritik unbeirrter Einsatz für den Zusammenschluss mit den „Vereinten Liberaldemokraten“ liegt weniger an einigen zusätzlichen Wählerstimmen, sondern hat andere Gründe.

Zunächst einmal geht es mir um die Überwindung des Regionalismus in unserem Land. Wie allgemein bekannt, hat Kim Jong-Pils Partei besonderen Rückhalt in den Chungchong-Provinzen. Außerdem hat sie durch einige Politiker, die ich hier nicht namentlich nennen brauche, Vertrauen und Unterstützung in Taegu und der Provinz Nord-Kyongsang erworben. Durch den Zusammenschluss gewinnen wir z. B. einen Mann wie Park Tae-Joon für uns, der umfassende Kenntnisse und Erfahrungen aus der Unternehmenspraxis mitbringt und im ganzen Land weit über die Provinz Nord-Kyongsang hinaus respektiert wird. Das halte ich langfristig für einen großen Gewinn.

Kurzfristig wird die Wirkung sicherlich nur sehr begrenzt sein, wie der prognostizierte Stimmenzuwachs deutlich macht. Da wir jedoch Schritt für Schritt einen friedlichen Wechsel in der Politik unseres Landes herbeiführen wollen, rechne ich fest mit einem positiven Effekt.

Meine Partei und ich persönlich haben unseren größten Rückhalt in Seoul und Umgebung sowie in den Cholla-Provinzen. Wenn wir nun die in den Provinzen Chungchong und Kyongsang sowie in Taegu verwurzelten „Vereinten Liberaldemokraten" an der Regierung beteiligen, tun wir damit einen großen Schritt zum Abbau des schädlichen Regionalismus. Es ist meine feste Überzeugung, dass gerade ich dieses Problem lösen muss und kein anderer. Wenn ich nicht dazu in der Lage bin, werden die anderen politischen Kräfte, die dann die Regierungspolitik bestimmen, immer wieder die regionalen Differenzen schüren und für ihre Zwecke missbrauchen. Wie lange soll das noch gehen ... Sie alle betonen zwar mit schönen Worten, dass sie die richtigen seien, um den Regionalismus abzubauen, doch gleichzeitig versuchen sie insgeheim, aus ihm politisches Kapital zu schlagen. Das sehen wir doch Tag für Tag.

In der gegenwärtigen politischen Situation Koreas gibt es nichts wichtigeres, als den Regionalismus und die Ungleichbehandlung der einzelnen Landesteile endlich wirksam zu bekämpfen. Bisher habe ich stets in der Opposition gearbeitet, doch bis in die Spitzenpolitik hinein war dieses Problem für mich immer spürbar. Es hat sich nicht nur in der wirtschaftlichen Entwicklung, sondern auch im parlamentarischen Gesetzgebungsverfahren ausgewirkt. Solange wir die regionalen Differenzen nicht an der Wurzel packen, können wir auch die Wirtschaftsprobleme nicht lösen. Erst wenn wir den Regionalismus überwinden, kann eine ausgewogene und gesunde Entwicklung der ganzen Nation erreicht werden.

Neben dem Abbau des Regionalismus ist ein anderer Grund für meine Vereinigungsstrategie die Verwirklichung eines friedlichen Machtwechsels. „Ja ja", werden manche Menschen jetzt lästern und sich auf die Schenkel klopfen: „Auch ihm geht es nur um die Macht ..." Aber in unserer Gesellschaft darf man es sich nicht so einfach machen. Die Frage eines friedlichen Machtwechsels beinhaltet weitaus mehr als die Frage, ob ich Präsident werde oder nicht. Schließlich ist ein gelungener friedlicher Machtwechsel von bisheriger Regierung zu bisheriger Opposition der wichtigste Beweis dafür, ob Demokratie im Lande herrscht oder nicht.

Bisher konnte unser Volk einen solchen friedlichen Machtwechsel leider nicht erleben. Laut unserer Verfassung sind wir die „Republik Korea", gleichwohl konnten wir wirklich demokratische Verhältnisse bisher nicht realisieren. So gesehen kommt in der Frage des friedlichen Machtwechsels unser Schrei, unser Verlangen, ja unsere Gier nach Demokratie zum Ausdruck.

Noch einen weiteren Vorteil erhoffe ich insgeheim vom Zusammenschluss mit den „Vereinten Liberaldemokraten". Das möchte ich hier gestehen. Ich möchte die Zusammenarbeit mit Park Tae-Joon finden, der mir bisher nicht besonders nahe stand. Ich hätte ihn gerne schon längst in meiner Nähe gehabt, um mit ihm gemeinsam die wirtschaftliche Entwicklung unseres Landes zu beschleunigen. Sogar der große chinesische Politiker Deng Xiaoping scherzte einmal als er die rasante Entwicklung Koreas lobte, dass er am liebsten Park Tae-Joon nach China entführen würde.

Auch ich möchte ihn gerne für mich gewinnen. Zwar war ich in jungen Jahren selbst als Unternehmer erfolgreich, aber was Park Tae-Joon während der Zeit meiner politischen Arbeit geleistet hat, kann nicht anders als „Stahlmythos“ bezeichnet werden. Seine unternehmerische Leistung ist wirklich nicht mit meinen bescheidenen Anfängen als junger Mann vergleichbar. Nicht zuletzt wegen seiner unermesslichen Kenntnisse und Erfahrungen in der Wirtschaft möchte ich mit den „Vereinten Liberaldemokraten“, bei denen er eine wichtige Rolle spielt, zusammengehen. Wer das als Machtgier kritisiert, beurteilt mein Anliegen aus einem völlig falschen Blickwinkel, vertritt einen völlig falschen Standpunkt.

Bei einer Großkundgebung im Präsidentschaftswahlkampf 1992.

Zurück zu den Wahlen im Dezember 1992, als sich der Regionalismus noch einmal als wichtige Ursache für meine Wahlniederlage erwies. Die Feindschaft zwischen den verschiedenen Regionen war einfach zu erdrückend für mich, was ein vertrauliches Treffen in einem Fischrestaurant von Pusan nachdrücklich bewies. Dort hatten sich der Polizeichef der Provinz, sowie regionale Führungskräfte des Geheimdienstes und der Staatsanwaltschaft getroffen. All diese hochrangigen Vertreter regionaler Egoismen waren sich einig, die regionalen Differenzen zwischen den Provinzen von Cholla und Kyongsang schamlos auszunutzen. Sie versuchten, einen Wahlbetrug zu organisieren, was jedoch belauscht und bekannt gemacht wurde.

„Die Kerle aus Cholla müssen die Wahl verlieren. Wenn sie gewinnen, bleibt uns aus Kyongsang nichts anderes übrig, als ins Wasser zu gehen." Diese auf die Spitze getriebenen Äußerungen wurden bekannt. Ich war sicher, dass ich wegen dieser Affäre die Wahl gewinnen würde. Doch das Gegenteil trat ein: Solche Redensarten stachelten den Regionalismus nur weiter an, Kim Young Sams Wahlkampfteam nutzte so etwas dankbar zu seinen Gunsten. Nach ihrem Wahlsieg wurden die Beteiligten keineswegs zur Rechenschaft gezogen, sondern machten weiter Karriere.

Überdies wurde ich wiederum als Kommunist in die Ecke gedrängt. Damals kam die Spionageaffäre um Lee Sun-Sil ans Licht der Öffentlichkeit, gerade zur rechten Zeit, um sie gegen mich zu verwenden. Aus sicherer Deckung eröffneten alle gleichzeitig das Feuer auf mich. Bösartige Gerüchte behaupteten sogar, Lee Sun-Sil sei zu mir nach Hause gekommen und habe ein Erinnerungsfoto mit meiner Frau geschossen.

Der Geheimdienst hieb ganz offiziell in die gleiche Kerbe: Der nordkoreanische Staatschef Kim Il-sung unterstütze meine Präsidentschaftskandidatur und würde im Radio für mich Propaganda machen. Das war natürlich ein großartiger Aufhänger für die Presse, und auch mein Gegenkandidat Kim Young Sam scheute sich nicht, diese Behauptung in seinen Wahlkampfreden zu verbreiten. Natürlich wies ich diese lügnerische Behauptung zurück. Wenn Kim Il-sung wirklich meinen Wahlsieg gewünscht hätte, hätte er niemals Propaganda für mich gemacht, weil das meine Chancen im Endeffekt zunichte machen würde. Doch unmittelbar vor den Wahlen verfing selbst die einfachste Logik überhaupt nicht mehr.

Bei einem Gespräch mit Kindern in der Provinz im Oktober 1992.

Es war ein unglaublich brutaler Wahlkampf, Unmittelbar danach verlor niemand mehr ein Wort über die Affäre um Lee Sun-Sil, als hätte es sie niemals gegeben. Später gab es im Parlament noch einen Untersuchungsausschuss zu der angeblichen Radiopropaganda Nordkoreas für mich. Kim Jong-Pil, zu jener Zeit noch Vorsitzender der Regierungspartei, musste sich förmlich entschuldigen. Wie es so schön heißt, begann die Musik zu spielen als der Dorfvorsteher gegangen war, oder es wurde die Medizin gereicht als der Kranke tot war.

Bei einer Erkundung der Marktpreise als Präsidentschaftskandidat.

Am frühen Morgen des 19. Dezember musste ich meine bittere Niederlage endgültig eingestehen. Ich beschloss, mich aus der Politik zurückzuziehen, und erklärte meiner Frau: „Ich habe mich nicht gescheut, mein Leben für die Demokratie dieses Landes aufs Spiel zu setzen. Fünfmal habe ich dem Tod ins Auge geblickt, insgesamt sechs Jahre im Gefängnis, mehr als zehn Jahre unter Hausarrest und mehrere Jahre im Exil verbracht. Das alles weißt du sehr gut. Du weißt, dass ich mich wie kein anderer für die Demokratie und die Wiedervereinigung aufgeopfert habe. Nun war mir auch bei diesem dritten Anlauf das Glück wieder nicht hold. Meine Kraft ist am Ende. Ich möchte all das hinter mir lassen. Bist du einverstanden?"

Langsam nickte meine Frau mit dem Kopf, während ihre Augen sich mit Tränen füllten. Ich schloss sie, der ich stets Liebe und Respekt entgegengebracht hatte, in meine Arme. Ich begann zu diktieren, und sie schrieb es weinend nieder:

„Meine sehr verehrten Landsleute,

leider ist es mir wieder nicht gelungen, Ihr Vertrauen zu gewinnen. Mit demütigem Herzen akzeptiere ich meine Niederlage und halte an meinen ethischen Werten fest. Ich gratuliere Kim Young Sam von ganzem Herzen zu seiner Wahl. Ich hoffe inständig, dass er als Präsident unseres Landes einen bedeutenden Beitrag zur demokratischen Entwicklung in allen Bereichen von Gesellschaft, Politik und Wirtschaft sowie zur Wiedervereinigung Koreas leisten wird.

Verehrte Landsleute,

heute werde ich mein Abgeordnetenmandat niederlegen und von nun an als normaler Bürger unter Ihnen leben. Damit setze ich einen Schlusspunkt hinter meine vierzigjährige Karriere als Politiker, die häufig ein Leidensweg für mich war. Ich weiß gar nicht, wie ich in diesem Augenblick alles zum Ausdruck bringen soll. In den vergangenen Jahren haben viele mir unter Schwierigkeiten ihre Liebe und Unterstützung geschenkt. Ich danke dafür von ganzem Herzen. Ich bedauere es sehr und schäme mich, dass ich die mir erwiesene Gunst nicht zurückzahlen kann, wenn ich nun die politische Bühne verlasse. Insbesondere Lee Gi-Taek und all die anderen Parteifreunde haben mir unendlich viel geholfen. Ich weiß nicht, wie ich meinen Dank für die großartige Unterstützung durch meine Parteifreunde zum Ausdruck bringen soll. Als einfaches Parteimitglied möchte ich Euch bis zu meinen letzten Kräften unterstützen, auch wenn dies nur noch ein kleiner Beitrag sein kann.

Noch einmal möchte ich meinen lieben Landsleuten und Parteifreunden von ganzem Herzen danken und ihnen meine Grüße übermitteln. Das Urteil über mich überlasse ich der koreanischen Geschichte. Ich möchte meine Zeit nun als einfacher Bürger verbringen und wünsche meinen Parteifreunden und allen anderen viel Glück."

22. Erinnerungen an die Universität von Cambridge

Der Name der Stadt Cambridge in England bedeutet so viel wie „Brücke am Cam“. Sie ist eine Provinzstadt, die man über die Autobahn etwa 80 Kilometer nördlich von London erreicht. Wie schon der Name andeutet, war die Stadt früher wegen ihrer verkehrsgünstigen Lage von Bedeutung. Heute ist sie wie Oxford eine der weltweit bekanntesten Universitätsstädte.

Zu Neujahr nach den Präsidentschaftswahlen war ich nach Cambridge gereist, um hier meinen Studien nachzugehen. Ich hatte eine offizielle Einladung erhalten. Im Grunde genommen war ich ein Student wie jeder andere, wurde jedoch von jedem „Professor“ Kim Dae-jung genannt. Eine Ursache hierfür mag gewesen sein, dass mir die Moskauer Universität kurz zuvor zum Jahresende 1992 die Ehrendoktorwürde verliehen hatte. Außerdem machte ich schlicht und einfach einen älteren Eindruck als alle anderen Professoren. Aber völlig unabhängig hiervon verbrachte ich dort eine wunderschöne Zeit. Es war dort so schön ... obwohl ich natürlich nicht als Tourist gekommen war. Vielmehr erfüllte ich mir nun meinen lebenslang gehegten Wunsch, meine Sehnsucht nach einer akademischen Beschäftigung. Ich wollte meine Zeit jetzt noch mehr als sonst zum Studieren nutzen und vertiefte mich von morgens bis abends in die Bücher.

Ich war zufrieden mit meinem Alltag und fühlte mich in meinem Entschluss, die Heimat zu verlassen, vollauf bestätigt. Vor meiner Abreise nach England war ich ironischerweise ständig damit beschäftigt gewesen, Menschen aus dem ganzen Land zu trösten, die meine Wahlniederlage bedauerten und mich bemitleideten. Ich hatte mich vor Telefonanrufen kaum retten können und war mit Post überschüttet worden. Manche Menschen hatten mich angerufen und am Telefon endlos geweint, andere ließen mich wissen, dass ihre ganze Familie in Tränen aufgelöst sei. Eine Schriftstellerin gestand mir, dass sie selbst beim Tod ihrer Eltern nicht so sehr geweint habe wie gerade jetzt.

Bei der Ernennung zum Ehrendoktor der National-Universität Moskau.

Einmal erlebte ich, dass ein etwa elfjähriges Mädchen mit einem Blumenstrauss im Arm an der Seite ihres Vaters vor meiner Haustür stand. Sie überreichte mir wortlos die Blumen, während der Vater erklärte: „Das ist meine Tochter. Seit Ihrer Wahlniederlage weint sie Tag für Tag. Deshalb bin ich mit ihr hierher gekommen, damit Sie ihr vielleicht irgend etwas sagen ... bitte entschuldigen Sie." Seine Stimme erstickte beinahe in Tränen, und ich brachte kein Wort heraus. Also nahm ich das Kind fest in die Arme und klopfte ihm auf den Rücken. Seine Tränen benetzten meinen Anzug. Solche und ähnliche Episoden wiederholten sich damals tagtäglich, und ich musste mich entscheiden, was ich tun sollte. Nachdem ich hin und her überlegt hatte, entschloss ich mich schließlich, die Einladung nach Cambridge anzunehmen.

Teil meines luxuriösen und friedlichen Lebens in Cambridge war ein Rotkehlchen, eine Erinnerung, auf die ich gerne etwas näher eingehen möchte. Wer mich jemals zu Hause in Donggyodong oder Ilsan besucht hat, wird sich an die Schwärme von Vögeln erinnern, die dort sogar im Innenhof herumfliegen. Es sind zwar nur gewöhnliche Spatzen, wie man sie in Korea überall findet. Sie sind jedoch frei und sitzen nicht im Käfig. Als ich in unserem Haus in Donggyodong lebte, kamen eines Tages einmal einige Spatzen herbeigeflogen und hatten sich auf den Zweigen des Baums im Hof niedergelassen. Das schmutzig-graue Gefieder und das magere Aussehen dieser großstädtischen Spatzen hatten damals mein Mitleid geweckt. So holte ich eine Hand voll Reis aus der Küche und verstreute ihn unter dem Baum, aber die Vögel flogen einfach fort. Sie waren vorsichtig. Das bedauerte ich, aber ich konnte nichts daran ändern. Sie verhielten sich genauso, wie es der Lyriker Kim Kwang-Sop in seinem Gedicht über die „Tauben von Songbukdong" beschrieben hat: Sie lebten mitten in der Stadt in ständiger Anspannung.

Am nächsten Nachmittag aber sah ich, dass ein paar Spatzen sich doch zum Boden trauten und die Reiskörner aufpickten. Als sie sich von mir beobachtet fühlten, flatterten sie schnell wieder zurück zu ihrem Versteck im Baum. Ich verstreute weitere Reiskörner, und so langsam schlossen wir Freundschaft. Die Spatzen brachten immer weitere Artgenossen mit, so dass die Zahl der Vögel auffällig anstieg und ich immer mehr Reis auf dem Boden verstreute.

Beim Blumengießen im Garten meines Hauses in Donggyodong.

„Tut es dir nicht leid um den vielen Reis, den du verstreust", schalt mich meine Frau eines Tages mit sanfter Stimme.

„Mach dir keine Sorgen. Dann esse ich entsprechend weniger Reis."

„Wenn das jemand hört, werde ich doch glatt als Geizhals beschimpft ..."

„Haha ...", begannen wir gemeinsam zu lachen.

Ich wusste natürlich, dass meine Frau wegen dem Reis nicht wirklich böse war. Schließlich stand ich zu jener Zeit unter Hausarrest, und die Vögel wurden als Symbol des Friedens zum Mittelpunkt unseres häuslichen Alltags. Schon am frühen Morgen erwachten die Spatzen und begannen laut zu zwitschern, als ob sie mich an ihr Futter erinnern wollten. Sie machten tatsächlich viel Lärm; bis zu meiner Abreise aus Donggyodong hatte sich die Zahl der Vögel in meinem Hof auf etwa 100 vergrößert. In Cambridge vermisste ich sie dann sehr, genauso wie die Blumen in unserem Garten. Dies war schon immer meine bescheidene Vorstellung von Luxus gewesen.

Daher begann ich in Cambridge bald, meinen Balkon mit Blumen zu schmücken, was sich sehr gut machen ließ, weil ich im Erdgeschoss wohnte. Da ich mich bereits während meiner Haft im Gefängnis von Chongju mit Blumen beschäftigt hatte, wusste ich inzwischen ganz gut Bescheid. Ich empfinde Blumen als ehrlich und bin von ihnen so beeindruckt, dass ich sie auch in Cambridge in meiner Nähe haben wollte. Sie gediehen so prächtig, wie ich es erhofft hatte, und präsentierten sich stolz in voller Pracht. Viele Passanten blieben stehen, bewunderten und genossen meine Blumen, was auch mir wiederum große Freude bereitete.

Auch um die Freundschaft der Vögel bemühte ich mich wieder, indem ich Reiskörner und Brotkrümel verstreute, um sie anzulocken. Schnell hatte ich damit Erfolg bei den englischen Spatzen, die etwa um ein Drittel größer sind als ihre koreanischen Artgenossen, ansonsten aber den gleichen Charakter haben.

Eines Tages fiel mir ein Vogel auf, der anders als die gewöhnlichen Spatzen aussah. Er war ein wenig größer und hatte einen roten Fleck auf der Brust. Auch sein Verhalten unterschied sich von dem der anderen Vögel. Er kam immer alleine, scheute andererseits aber keineswegs die Nähe des Menschen. Wenn er fressen wollte, kam er herbei und ließ sich nicht stören. Dann verschwand er wieder, ohne sich noch einmal umzudrehen. Abgesehen von seinem hübschen Aussehen gefiel mir vor allem dieses Verhalten sehr gut.

Ich kannte nicht einmal den Namen dieses Vogels, aber immer wieder stellte ich mich auf dem Balkon absichtlich zur Schau, lief hin und her um zu sehen, ob er herbeikäme. Wenn er schließlich da war, verstreute ich schnell das Futter und beobachtete ihn beim Fressen bis er genug hatte und fortflog. Es war für mich eine große Freude ihn zu beobachten, obwohl ich seinen Namen erst später in Genf erfuhr. Bei einem Treffen unterhielt ich mich dort mit anderen zufällig über Vögel. Ich war neugierig, beschrieb meinen Liebling und erkundigte mich nach seinem Namen. Die Frau eines Freundes konnte mir schließlich Auskunft geben.

„Es ist ein Rotkehlchen."

„Das ist ein Rotkehlchen?!" Nur mühsam konnte ich einen Freudenschrei unterdrücken, als ich jetzt den Namen hörte.

„Ja, es müsste eines sein. Wissen Sie übrigens, warum es diesen roten Fleck auf der Brust hat? Einer Legende zufolge soll dieser Vogel neben Jesus Christus gesessen und getrauert haben, als dieser gekreuzigt wurde. Blut spritzte herab und befleckte die Brustfedern des Vogels."

Nachdem ich diese Legende gehört hatte, liebte ich den Vogel noch mehr als zuvor. Nun schien mir sein Stolz verständlich zu sein, und ich hatte eine gewisse Ehrfurcht vor ihm.

Als die Zeit für meine Rückkehr nach Korea gekommen war, schlug mir jemand vor, das Rotkehlchen einzufangen und mitzunehmen. Ich hätte es gerne getan, da ich mich mit ihm angefreundet und es in mein Herz geschlossen hatte. Aber dann schüttelte ich energisch den Kopf. Das wäre doch nur ein Ausdruck meiner menschlichen Habgier. Selbst wenn ich den Vogel noch so fürstlich behandeln würde, wäre es doch sehr ungewiss, ob er sich an eine neue Umgebung anpassen könnte.

Noch heute denke ich hin und wieder an meinen

Freund, das Rotkehlchen, das ich in Cambridge zurückließ. Ob es Hunger leiden muss? Aber ich tröste mich damit, dass das klare Wasser und der grüne Wald von Cambridge meinem Freund genügend Nahrung bieten. Vielleicht ist er aber auch eines Tages fortgeflogen. Vielleicht wieder dorthin, wo jemand hingerichtet wird, um mit dessen Blut sein Mal aufzufrischen?

Natürlich kümmerte ich mich in Cambridge nicht nur um Vögel und Blumen. Schließlich hatte ich einen Vollzeitvertrag als Gastwissenschaftler und war dementsprechend fleißig. Außerdem nutzte ich meine Freizeit häufig dazu, andere europäische Länder zu besuchen.

Am Grab von Lee Chun in Den Haag, der als Gesandter des koreanischen Kaisers auf der Haager Konferenz erfolglos für die Unabhängigkeit Koreas eintrat, während meiner Europareise im Februar 1989.

Im niederländischen Den Haag hatte ich so beispielsweise auch die Gelegenheit, das Grab unseres Volkshelden Lee Chun aufzusuchen.

Mein Aufenthalt in Europa sollte mir nicht zuletzt auch dazu dienen, den Geist der europäischen Einigung zu verstehen und die Wiedervereinigung Deutschlands im Hinblick auf mögliche Entwicklungen in Korea zu analysieren. Deshalb war ich sogar mehrmals in Deutschland, um möglichst viele Politiker und Wissenschaftler zu treffen, was mein Wissen sehr erweiterte. Hautnah erfuhr ich anhand meiner persönlichen Eindrücke vom wirklichen Leben vieles, was ich in meiner Studierstube selbst dem umfangreichsten Material nicht hätte entnehmen können.

In der Tat hatte die Wiedervereinigung für Deutschland eine Reihe von Problemen mit sich gebracht. Zwar hatte es auch die Jahre zuvor Besuchsmöglichkeiten und sonstige Kontakte zwischen den beiden Teilen Deutschlands gegeben, so dass man sich bei der Wiedervereinigung nicht völlig fremd war. Trotzdem stand man vor vielen Problemen, die gelöst werden mussten. Im Fall Koreas jedoch gibt es bisher keinerlei praktische Vorbereitungen; die koreanische Wiedervereinigung wird deshalb in der Realität noch weitaus mehr Schwierigkeiten bereiten.

Lange stand ich an den Resten der Berliner Mauer und dachte an die Realitäten in Korea. Die deutsche Wiedervereinigung als Vorbild sehend entschloss ich mich, den Rest meines Lebens vor allem den Vorbereitungen der koreanischen Wiedervereinigung zu widmen.

An dieser Stelle möchte ich versuchen, die weiteren Folgen der Wiedervereinigung für die Zukunft Deutschlands abzuschätzen. Noch lange wird das vereinte Deutschland für das „Schlucken“ der östlichen Länder bezahlen. Der deutsche Bundeskanzler Helmut Kohl bezifferte die Kosten der Wiedervereinigung einmal jährlich auf 20 Milliarden DM. Für einen Zeitraum von zehn Jahren beliefen sie sich folglich auf 200 Milliarden DM. Andere Schätzungen gehen dagegen für die zehn Jahre von 1990 bis zur Jahrtausendwende von ungefähr zwei Billionen DM aus.

Wenn das so ist, mit welchen Kosten wäre dann in Korea zu rechnen? Wenn es wie in Deutschland dazu käme, dass der Süden den Norden einfach „schluckt", dann wäre das der sichere wirtschaftliche Ruin Koreas. Schließlich ist die wirtschaftliche Situation Deutschlands und Koreas nicht miteinander zu vergleichen: Die Wirtschaftskraft Südkoreas macht nur etwa ein Sechstel des ehemaligen Westdeutschlands aus. Andererseits beträgt das Verhältnis von westdeutscher zu ostdeutscher Bevölkerung 4 zu 1, wogegen es zwischen Süd- und Nordkorea nur 2 zu 1 beträgt. Während also ein Ostdeutscher von vier Westdeutschen unterstützt wird, müssten zwei Südkoreaner alleine einen Nordkoreaner unterstützen. Ein wirtschaftlicher Zusammenbruch wäre bei so einer Entwicklung unvermeidbar.

Als ich mit Herrn de Maiziere sprach, dem letzten Ministerpräsident Ostdeutschlands vor der Wiedervereinigung, zeigte er sich sehr gut über Korea informiert und begann unseren Meinungsaustausch mit der Bemerkung: „In mancher Hinsicht ist Korea zu beneiden ..."

Ich ahnte, was er damit meinte, wollte es aber gerne noch einmal genau wissen: „Warum denken Sie so?"

„Nun, die Wiedervereinigung Koreas dauert zwar länger, aber man kann die Zeit für eine bessere Vorbereitung nutzen. Sehen Sie, ein wichtiger Politiker wie Sie hat die Möglichkeit, in diesem Augenblick mit mir über unsere Erfahrungen zu sprechen. Und ich kann Ihnen sagen, dass wir Fehler gemacht haben. Die deutsche Wiedervereinigung hätte stufenweise realisiert werden sollen und nicht als großes „Schlucken". In dieser Hinsicht beneide ich Korea ..."

Ich konnte seine Worte sehr gut nachvollziehen, und zum Abschied drückte ich fest seine Hände. Als er jedoch davon sprach, dass er Korea beneide, konnte ich wirklich keine Worte des Trostes für ihn finden.

Auch wenn die Wiedervereinigung Koreas schwierig ist, darf man sie doch nicht ablehnen. In der jetzigen Zeit, in der der Kalte Krieg überwunden scheint, sollte die koreanische Wiedervereinigung die verantwortungsvollste Aufgabe zugunsten unserer Nachkommen sein. Wenn es dann eines Tages so weit ist, können wir einen großen Teil unserer Rüstungsausgaben einsparen und der Wirtschaft durch die Zusammenarbeit von Nord und Süd starke Impulse geben. Im Endeffekt kann Korea dann im 21. Jahrhundert zur fünftstärksten Wirtschaftsmacht nach den USA, Japan, Deutschland und China werden.

Die Frage ist natürlich, wie man die immensen Probleme des Übergangs lösen kann. Hierzu habe ich schon vor 25 Jahren mein Konzept einer Wiedervereinigung in drei Stufen vorgestellt. Noch heute halte ich an den Grundprinzipien dieses Konzepts fest, das ich im einzelnen während der vergangenen 25 Jahre natürlich systematisiert und weiterentwickelt habe.

Es ist wahr, dass mein „Drei-Stufen-Konzept zur friedlichen Wiedervereinigung" in der Vergangenheit stark vernachlässigt und als „kommunistisch" verteufelt wurde. Dies geschah vor allem durch solche politischen Kräfte, die sich niemals ernsthaft mit einer Wiedervereinigung auseinandergesetzt hatten. Erst seit dem Amtsantritt von Präsident Roh Tae Woo im Jahre 1988 befasste man sich intensiver mit meinem Konzept, von dem in der Folge dann vieles in die Stufenpläne der Regierung zur Wiedervereinigung vom Oktober 1993 Eingang fand.

Ende Juni 1993 beschloss ich, meine Studien in Cambridge zu beenden und nach Seoul zurückzukehren. Die Drittsemester bereiteten eine Abschlussparty vor, auf der ich eine Abschiedsrede halten musste: „Vor einem halben Jahr bin ich ohne große Hoffnungen nach Cambridge gekommen, aber dann hatte die Einladung zu diesem Aufenthalt neue Hoffnung in mir geweckt und mir inneren Frieden geschenkt. Es war ein wunderbares Geschenk von Cambridge. Ich fühle mich wie neugeboren und kehre als ein anderer Mensch heim. Früher kannte ich nichts außer der Politik. Meine Studien hier in Cambridge waren jedoch Anstoß, die Probleme der koreanischen Wiedervereinigung wissenschaftlich zu erforschen. Ich übertreibe vielleicht, aber ich fühle mich, als ob ich als Wissenschaftler nach Korea zurückkehre."

Die Zuhörer, die die Halle füllten, applaudierten laut. Manche pfiffen sogar vor Begeisterung. Erst in diesem Augenblick konnte ich ein gewisses Minderwertigkeitsgefühl überwinden, das ich deshalb hatte, weil ich mir früher kein Universitätsstudium leisten konnte. Es war ein erhebender Moment für mich, zumal mir erst kurz zuvor der Ehrentitel eines „Forschers auf Lebenszeit" verliehen worden war. Aber nun musste ich meinen Abschiedsgruß langsam beenden. Ich hatte mich um einen recht amüsanten Abschluss bemüht, der denn auch beim Publikum Lachsalven auslöste: „Eigentlich kam ich nach Cambridge, um hier für ein Jahr meine Studien zu treiben. Nun verlasse ich die Universität schon nach einem halben Jahr, weil ich Großbritannien damit ein bisschen helfen möchte. Schließlich verringert sich die britische Arbeitslosenquote, wenn ein Arbeitsloser wie ich das Land verlässt."

23. Ich kann ruhigen Gewissens in den Spiegel schauen

Es war zu jener Zeit, als die Opposition ihre Mehrheit im Parlament durch den Zusammenschluss der Parteien von Kim Young Sam und Kim Jong-Pil mit der Regierungspartei plötzlich verloren hatte. Als wir uns zuvor in der Opposition noch einig waren, hatten wir die Gesetze zur Einführung kommunaler und regionaler Selbstverwaltung gemeinsam auf den Weg gebracht. Jetzt befürchtete ich jedoch, dass alles umsonst gewesen sein könnte. Mein Eindruck war jedenfalls, dass die Regierung sich keinen Nutzen von der kommunalen und regionalen Selbstverwaltung versprach und sie eher als Bedrohung empfand. Da die Opposition nun überraschend in die Minderheit geraten war, konnte sie parlamentarisch gar nichts unternehmen, wenn die Regierung die Gesetze verhindern wollte. Deshalb entschloss ich mich zum letzten Mittel und trat in den Hungerstreik.

Während dieser Aktion besuchte mich Kim Young Sam, der nach dem Zusammenschluss nun Vorsitzender der regierenden „Demokratischen Liberalen Partei“ war. Er konnte nicht außer acht lassen, wie ich ihn damals im Mai 1983 von den USA aus unterstützt hatte, als er seinen Hungerstreik gegen das Regime von Chun Doo Hwan begonnen hatte. Mit verschiedensten Argumenten versuchte er mich zu beschwichtigen und zu trösten, worauf ich ihm erwiderte:

„Es ist nicht nötig, dass Sie so viele Worte machen. Mir würde es vollkommen reichen, wenn Sie mir zusagten, nicht weiter mit den anderen Parteien zusammenzuarbeiten. Das wäre für mich die größte Freude und der beste Trost ... Wie finden Sie meinen Vorschlag?“

„Ich habe mich zwar mit der Regierungspartei zusammengeschlossen, aber ich habe die Demokratie nicht vergessen. Deshalb schimpfen Sie bitte nicht so sehr mit mir.“

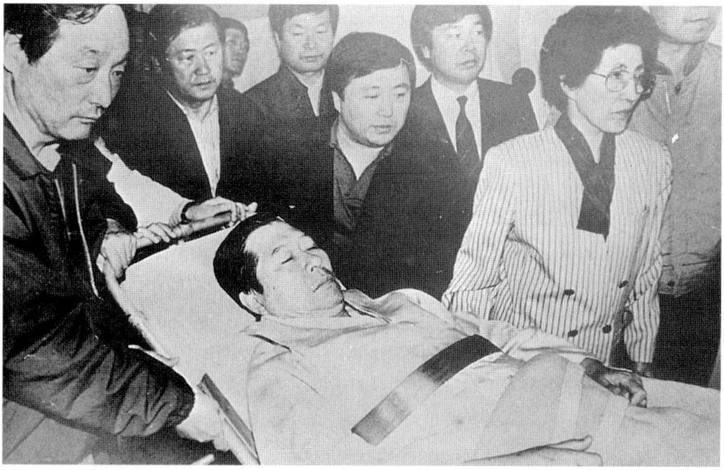

Bei der Einlieferung in die Klinik der Yonsei-Universität am 15. Oktober 1990, nachdem ich von meinem Hungerstreik stark geschwächt war.

„Die Demokratie? Ihr Zusammenschluss ist undemokratisch. Sie haben sich von der Demokratie entfernt, wie wollen Sie dann demokratisch handeln?“

In seiner Verlegenheit musste Kim Young Sam laut lachen. Ich stimmte mit ein und meinte versöhnlich:

„Sehen Sie doch. Die kommunale und regionale Selbstverwaltung muss jetzt eingeführt werden. Wenn das jetzt nicht gelingt, wird es vielleicht nie wieder eine Gelegenheit geben. Sie waren doch auch in der Opposition und müssten sich darüber im Klaren sein, wie wichtig dies ist. Außerdem waren wir uns doch schon über alles einig.“

„Nun gut. Würden Sie dann mit dem Hungerstreik aufhören?"

„Freilich, dann hätte ich keinen Grund mehr zu hungern."

Danach kam es zu erneuten Beratungen zwischen Regierungs- und Oppositionspartei, mit dem Ergebnis, dass das Gesetz über die regionale Selbstverwaltung realisiert wurde. Dies beweist, wie wichtig eine starke Opposition für unser politisches System ist. Ihr Wert wird um so größer sein, je besser sie in der Lage ist, die Pläne des politischen Gegners vorauszusehen und effektive Gegenmaßnahmen durchzuführen.

Genau diese Erkenntnis zwang mich nach meiner Rückkehr aus Cambridge im Jahre 1993, mein früheres Versprechen, nicht mehr in der Politik aktiv werden zu wollen, zu brechen. Ich konnte es auf Dauer nicht mehr mit ansehen, wie die Regierung die Opposition inzwischen mit völliger Missachtung strafte. Andererseits war die Opposition selbst nicht in der Lage, ihre Bedeutung herauszustellen und provozierte es geradezu, immer häufiger übergangen zu werden. Deswegen kehrte ich später in die Politik zurück und gründete als neue Oppositionspartei den „Nationalkongress für Neue Politik". Die Existenz einer gesunden und starken Opposition ist einfach ein unverzichtbarer Grundpfeiler für das Funktionieren einer politischen Demokratie.

Allerdings habe ich diese Entwicklung keineswegs sofort nach meiner Rückkehr aus Großbritannien forciert. Wie in Cambridge beschlossen konzentrierte ich mich zunächst auf die Problematik der koreanischen Teilung und Wiedervereinigung. In diesem Zusammenhang sind auch meine Reisen im Mai 1994 in die USA und und im November 1994 nach China zu sehen, wobei insbesondere mein Besuch in den USA im Mai neue Bewegung in die Korea-Frage brachte. Es war jedoch maßlos übertrieben, dass danach aufkommende Gerüchte behaupteten, ich hätte Jimmy Carter nach Nord-Korea geschickt.

Beim Zusammentreffen mit einem nordkoreanischen Diplomaten im amerikanischen Außenministerium im Mai 1994.

In Wirklichkeit war es völlig anders, denn die Entscheidung über diese Reise Carters war einzig und allein Sache der US-Regierung. Deswegen möchte ich hier kurz die wahren Zusammenhänge darstellen. Während meines Aufenthalts in Washington war ich vom National Press Club eingeladen worden, meine Auffassungen über die Asienpolitik der USA vorzutragen. Gerade zu jener Zeit wuchs der weltweite Verdacht, dass Nord-Korea Atomwaffen entwickele. Vor diesem Hintergrund machte ich einige Vorschläge:

Zunächst solle Nord-Korea alle Daten und Fakten über sein Atomprogramm offen auf den Tisch legen. Im Gegenzug sollten die USA Nord-Korea die Aufnahme diplomatischer Beziehungen anbieten. Alle zwischenstaatlichen Probleme sollten in offenen und zügig geführten

Gesprächen geklärt werden. Ich erläuterte meine Meinung, dass Nord-Korea weniger am Besitz von Atomwaffen interessiert sei als an diplomatischen Beziehungen mit den USA.

In diesem Zusammenhang müsse man meiner Ansicht nach besonders darauf achten, dass Kim Il-sung, der Nord-Korea seit bald fünfzig Jahren als Alleinherrscher regierte, sein Gesicht wahren zu können. Also sei es besonders wichtig, die Atomproblematik mit ihm direkt zu besprechen. Einzig und allein Kim Il-sung sei der Mann, mit dem man vielleicht ein Verhandlungsergebnis erreichen könne. Die Differenzen über das nordkoreanische Atomprogramm machten zur Zeit jedoch alle weiterführenden Gespräche unmöglich. Deswegen schlüge ich Präsident Clinton vor, einen international anerkannten und geachteten Politiker als Sondergesandten nach China und Nord-Korea zu schicken, der über eine Lösung des Problems verhandeln könne. Der Sondergesandte von Präsident Clinton nach Peking und Pyongyang müsse natürlich jemand sein, der ihm politisch relativ nahe steht.

Das war der ungefähre Inhalt meiner allgemeinen Ausführungen. Dann wurde ich aus dem Publikum gefragt:

„Könnten Sie vielleicht den Namen eines solchen Politikers nennen, der diesen Auftrag ausführen könnte?“

„Ich möchte mich natürlich keineswegs in amerikanische Angelegenheiten einmischen ... aber ich denke, dass Jimmy Carter die notwendigen Voraussetzungen mitbringt.“

Der Besuch eines Politikers vom Range Jimmy Carters musste Kim Il-sung die Möglichkeit geben, sein Gesicht zu wahren. Natürlich war mir Kim Il-sungs Ansehen an sich ziemlich gleichgültig, doch war dessen angemessene Berücksichtigung die einzige Möglichkeit, erfolgversprechende Verhandlungen zu realisieren. Außerdem schien mir, dass insbesondere Carter mit einem gewissen Entgegenkommen in Nord-Korea rechnen konnte, weil er während seiner Amtszeit als US-Präsident die amerikanischen Truppen in Süd-Korea verringert und die diplomatischen Beziehungen mit China intensiviert hatte.

Über meinen damaligen Auftritt vor dem National Press Club wurde im amerikanischen Radio und Fernsehen ausführlich berichtet, so dass sicherlich mehr als 50 Millionen Menschen davon erfuhren. Das löste eine allgemeine Diskussion darüber aus, wie man mit den Nordkoreanern zu einer Lösung des Atomproblems kommen könne. In der Presse fand die Idee einer Reise des ehemaligen Präsidenten Carter nach Nord-Korea wachsende Zustimmung, und auch Präsident Clinton war bald überzeugt, dass eine Mission Carters als Sondergesandter nach Nord-Korea sinnvoll sei. Wie wir alle inzwischen wissen, konnte er in seinen Verhandlungen tatsächlich eine Basis für die Lösung des Atomproblems schaffen.

Bezeichnend war dann jedoch das Verhalten unserer Regierung. Sofort nach meiner Rückkehr aus den USA eilte ich zum Präsidialamt, um aus erster Hand über alle Einzelheiten zu berichten. Schließlich war es eine besonders wichtige Neuigkeit, dass die USA Jimmy Carter als Sondergesandten nach Nord-Korea schicken wollten. Doch man zeigte kaum Interesse an der Entwicklung; es gab sogar Gerüchte, man fühle sich in seinem Stolz verletzt. Jedenfalls wurden die Verhandlungen zwischen den USA und Nord-Korea ohne Beteiligung Süd-Koreas eröffnet. Mir blieb nichts anderes übrig, als missbilligend mit der Zunge zu schnalzen. Wenn ich wenigstens wie früher wichtiger Führer der Oppositionspartei wäre, hätte ich vielleicht mehr ausrichten können, dachte ich seufzend.

Wie dem auch sei, Jimmy Carter reiste zu Verhandlungen nach Nord-Korea und konnte schließlich auf einer Pressekonferenz bekanntgeben, dass eine Einigung erzielt wurde. Anschließend bedankte er sich überschwenglich bei mir und fand in seiner Danksagung folgende Lobesworte für mich: „Im Hinblick auf das Atomproblem haben die Vorschläge von Kim Dae-jung einen neuen Koreakrieg verhindert. So hat er nicht nur das Leben vieler seiner Landsleute sondern auch das vieler amerikanischer Soldaten gerettet. Ich danke Kim Dae-jung von ganzem Herzen." Dieses Lob empfand ich als stark übertrieben, denn schließlich hatte ich mir doch lediglich Gedanken über die beste Lösung, und einen entsprechenden Vorschlag unterbreitet.

Noch im November des gleichen Jahres besuchte ich China und traf bei dieser Gelegenheit mit dem Sekretär des Politbüros Li Ruihuan zusammen. Er drückte mir fest die Hände und erklärte: „Wir danken Ihnen ganz herzlich. Wenn nicht Ihre Lösungsvorschläge die Krise um Nord-Koreas Atomprogramm entschärft hätten, wäre ein zweiter Koreakrieg möglich gewesen. Wäre es dazu gekommen, hätte die wirtschaftliche Entwicklung hier in China schwere Schäden erlitten. Ich danke Ihnen."

„Herzlichen Dank für Ihre Anerkennung", bedankte ich mich meinerseits und erwiderte fest seinen Händedruck. Es machte mich froh, dass meine Bemühungen gewürdigt wurden. Besondere Freude bereitete es mir, nicht nur für Korea sondern auch für seine Nachbarländer wertvolle Arbeit geleistet zu haben.

Nicht nur in diesem konkreten Fall fand meine politische Arbeit internationale Anerkennung. Insgesamt elfmal in Folge wurde ich für den Friedensnobelpreis vorgeschlagen, was ich sicherlich nicht zuletzt der Unterstützung meines Volks zu verdanken habe, auch wenn mir diese Auszeichnung bisher versagt blieb. Einige andere Preise konnte ich dagegen inzwischen entgegennehmen. Im Jahre 1981 erhielt ich in Österreich den nach Bruno Kreisky benannten Menschenrechtspreis, und 1987 wurde mir in den USA der George Meany Human Rights Award verliehen.

Mit dem seinerzeitigen Bundespräsidenten Richard von Weizsäcker nach der deutschen Wiedervereinigung.

In der Rückschau muss ich feststellen, dass ich im Ausland eigentlich immer mehr Anerkennung gefunden habe als im Inland. Hier erlebte ich außer der bewegenden Unterstützung des Volkes kaum etwas anderes als politische Unterdrückung und Ausgrenzung. Andererseits ist gerade das vielleicht der Grund dafür, dass ich im Ausland zusammen mit Lech Walesa aus Polen und Nelson Mandela aus Süd-Afrika zu den drei führenden Kämpfern für die Menschenrechte gezählt werde.

Vor dem Hintergrund dieser internationalen Anerkennung habe ich mit führenden Persönlichkeiten aus der ganzen Welt schon seit langem auch enge persönliche

Kontakte gepflegt. Darunter sind noch heute z.B. Papst Johannes Paul II. und Richard von Weizsäcker, der deutsche Bundespräsident zur Zeit der Wiedervereinigung. Bis zuletzt war ich auch dem ehemaligen französischen Präsidenten Mitterand, dem ehemaligen deutschen Kanzler Brandt, seinem österreichischen Amtskollegen Kreisky sowie dem schwedischen Ministerpräsidenten Palme freundschaftlich verbunden.

Mit meiner Frau in Privataudienz bei Papst Johannes Paul II. während unseres Besuchs von sechs europäischen Ländern im Jahre 1989.

Während meines Aufenthalts in Harvard bestritt ich mit dem damaligen Rektor Derek C. Bok einmal eine Podiumsdiskussion zum Thema ausländische Absolventen und ihr weiterer Weg. Ich wies bei dieser Gelegenheit darauf hin, dass nahezu alle Absolventen dieser renommierten Universität, die in ihre Heimatländer zurückkehren, sich dort in den Dienst ihrer diktatorischen Regierungen stellen. Herr Bok räumte später ein, dass meine Ausführungen ihn stark beeindruckt hatten und der Anlass zur Gründung eines neuen Forschungsinstituts an der juristischen Fakultät waren. Dieses Institut befasst sich seitdem intensiv mit den Menschenrechten in der Dritten Welt. Bis heute stehe ich mit Herrn Bok in freundschaftlichem Kontakt.

Das La Roche College in Pittsburgh berief mich im Herbst 1993 in seinen Vorstand. Aus diesem Anlass plante man den Bau eines nach mir benannten Museums für ostasiatische Kunst. In Cambridge heißt die Strasse, in der ich während meiner dortigen Studien wohnte, inzwischen „Kim Dae-jung Strasse".

Ein Staatspräsident muss heutzutage etwas Ähnliches wie ein Handelsreisender sein, der in der ganzen Welt zu Hause ist. Im Zeitalter des freien Wettbewerbs auf den Weltmärkten muss er die Interessen seines Landes weltweit vertreten, Verständnis für dessen Lage wecken und für gute Beziehungen mit den anderen Ländern werben. Selbst diese Aufgaben reichen weit über die Wirtschaft hinaus, denn gerade in Sicherheitsfragen und bei der Lösung von sonstigen Konflikten ist eine gute internationale Zusammenarbeit unverzichtbar.

Gerade im Falle Koreas ist es offensichtlich, welchen entscheidenden Einfluss die Großmächte auf die Entwicklung des Landes haben. Deswegen braucht das Land einen Präsidenten, der die Welt kennt und den die internationale Gemeinschaft anerkennt und akzeptiert. Ein Frosch, der in einem Brunnen sitzt, kennt nur seine eigene Welt. Zum Glück scheint das koreanische Volk dies genug begriffen zu haben.

Ich möchte offen und ehrlich zugeben, wie sehr mich die jüngsten Umfrageergebnisse in der koreanischen

Presse erfreuen. Dabei ist es mir gar nicht einmal wichtig, dass ich der beliebteste der genannten Politiker bin. Wichtiger ist mir vielmehr, dass ich laut Umfrage als derjenige gelte, der ungerechtem handelspolitischem Druck der USA am besten begegnen könnte. Ein anderes Umfrageergebnis zeigt, dass es die Bevölkerung mir am ehesten zutrauen würde, die US-Regierung von einem hypothetischen Truppenabzug aus Süd-Korea abzubringen. All diese Ergebnisse stärken meine Kräfte, und es bereitet mir Freude, dass mir die Bevölkerung gerade in jenen Bereichen besonderes Vertrauen und besondere Unterstützung gewährt, in denen es um die Bewältigung potentieller Krisensituationen geht. Dies beweist, dass das Volk mir meine gute Vorbereitung und Weitsicht zugute hält.

Bei der Überreichung der Ehrenurkunde durch den Rektor der La Roche-Universität in Pittsburgh.

Mit meinem Enkel.

Ein Blick zurück zeigt, dass Süd-Korea trotz der durch die Teilung bedingten, schwierigen politischen Verhältnisse die elftgrößte Wirtschaftsmacht der Welt wurde. Wenn nun die Demokratie Realität wird und Bestand hat, und wenn Nord- und Süd-Korea einander näher kommen und ihre Kräfte vereinen, dann kann das Land sogar zur fünftgrößten Wirtschaftsmacht werden. Eine solche Ära möchte ich im historischen Vergleich ein „Neues Kwanggaeto-Zeitalter“ nennen. Als König Kwanggaeto über das alte Reich von Koguryo herrschte, konnte er seinen Einflussbereich bis weit nach China hinein ausdehnen. Damit möchte ich natürlich nicht sagen, dass ein neues Korea sein Territorium in solcher Weise vergrößern sollte. Vielmehr wünsche ich mir, dass unsere Diplomatie und unsere Wirtschaft das Land einmal so stärken, dass es hundert oder tausend Mal mehr Nutzen davon hat als damals von den Eroberungen König Kwanggaetos. Allein in diesem Sinne spreche ich von einem „Neuen Kwanggaeto-Zeitalter".

Meiner Ansicht nach soll man den eigenen Blick am meisten fürchten. Die eigenen Augen, die einen im Spiegel ansehen, sollen einen warnen. In den eigenen Augen, die einen im Spiegel anschauen, liest man die Wahrheit darüber, wie man gelebt hat und wie man sich in schwierigen Situationen verhalten hat. Niemand anders kennt die ganze Wahrheit so gut wie die eigenen Augen. Manchmal blicken sie zärtlich, manchmal blicken sie streng, und manchmal sind sie der Freund, der einen tröstet.

Ich möchte heute behaupten, dass ich mich angesichts meines Blickes im Spiegel nicht zu schämen brauche, so dass ich auch den Rest meines Lebens mit gutem Gewissen verbringen kann. Man sagt, dass der Frühling dort umso schöner wird, wo der Winter besonders lang und kalt war. Genauso ist es in unserer Heimat, wo der Frühling wohl wegen des harten Winters so schön wird. Schließlich wird die Pflaumenblüte besonders prächtig, wenn die Bäume einen ungewöhnlich langen kalten Winter überstanden haben. Selbst Chrysanthemen, die ja keine Frühlingsblumen sind, werden erst dann voll und üppig blühen, wenn sie im Winter zuvor mindestens 16 Stunden in nächtlicher Dunkelheit verbracht hatten.

Aus diesem Grund blicke ich auf die Schwierigkeiten und das Leid in meinem Leben nicht mit Bitterkeit zurück. Ich habe keine Rachegefühle gegenüber denjenigen, die mir Leid zugefügt und mich unterdrückt haben. Aber jetzt muss für das Volk und für mich der Frühling kommen, der Winter darf nicht ewig dauern. Meine Freunde haben mir den Spitznamen „Winterpflanze“ gegeben und vergleichen mich so mit den winterharten Sträuchern, deren rote Beeren im Herbst reifen und im Winterschnee noch schöner leuchten.

Diese zarte Pflanze hat nur deswegen die Kraft, den Winter zu überstehen, weil irgendwann einmal der Frühling wieder kommt. Ich selbst habe mich innerlich immer auf den Frühling vorbereitet und konnte die Winterzeit bis jetzt überleben. Ich musste viele und harte Winter durchstehen, aber jetzt fiebere ich dem Frühling entgegen. Freudig werde ich diesen Frühling begrüßen, diesen wunderschönen Frühling. Wie ich stets beschworen habe, ist es die Schönheit des Frühlings, die ich mit meinem Volk gemeinsam genießen möchte. Mit meinem Volk, das mit mir den Winter durchgehalten hat, möchte ich das glanzvolle Frühlingsfest feiern.

Nachwort der Übersetzerin

Zu Anfang der 80er Jahre, einer der dunkelsten Perioden der jüngeren koreanischen Geschichte, war der Name Kim Dae-jung schon so etwas wie ein Mythos und ein Leitmotiv der kritischen Studenten und Intellektuellen im Lande. Ich selbst lebte damals noch als blutjunge Studentin in meiner Heimat, wusste aber nur recht wenig über diesen Mann. In den staatlich kontrollierten Medien jener Zeit wurde er totgeschwiegen, seine Bücher waren verboten und höchstens im Untergrund erhältlich. Trotzdem organisierten Studenten gemeinsam mit Arbeitern in seinem Namen den Widerstand gegen das diktatorische Regime von Chun Doo Hwan und Roh Tae Woo.

Erst als ich etwas später nach Deutschland gekommen war, konnte ich aus der Entfernung die politische Situation in Korea mit kühlerem Blick beobachten und etwas besser verstehen. Hier hielt ich dann auch ein Flugblatt von Amnesty International mit Informationen über den politischen Gefangenen Kim Dae-jung in Händen, in dem die Aufhebung seiner Todesstrafe und seine Freilassung gefordert wurde. Ich weiß nicht warum, aber ich habe dieses Flugblatt an die 17 Jahre lang sorgfältig aufbewahrt. Im Juni 1999 schließlich konnte ich es Herrn Dr. Park Joon-Young, damals Sekretär und jetzt Sprecher des Präsidialamts, persönlich übergeben. Dieses Blatt Papier ist ein historisches Schriftstück, das die weltweiten Bemühungen um die Rettung von Kim Dae-jungs Leben dokumentiert. In der Rückschau war es vielleicht schon ein Wink des Schicksals, dass ich einmal seine Autobiografie übersetzen sollte.

Bei einem meiner Besuche in Korea traf ich Kim Dae-jung vor einigen Jahren zufällig auf der Straße. Er wohnte noch in Donggyodong, dem Stadtteil, wo auch meine Eltern seit Jahrzehnten leben. Um die Mittagszeit war er dort mit drei Mitarbeitern unterwegs, als ich ihn erkannte und mit einer leichten Verbeugung begrüßte. Schnell ging ich weiter, denn ich hatte nicht den Mut ihn anzusprechen, und von der Übersetzung seiner Autobiografie war damals natürlich noch keine Rede. Immerhin war ich bereits mit dem Dichter und ehemaligen buddhistischen Mönch Ko Un bekannt, der zum persönlichen Freundeskreis von Kim Dae-jung gehört und dann bei den Feierlichkeiten zu seiner Amtseinführung einige Gedichte vortrug. Trotzdem ging ich also weiter, drehte mich aber noch einmal um und schaute zurück. Da bemerkte ich auch sein leichtes Hinken, von dem ich bereits wusste, dass es von dem als Verkehrsunfall getarnten Mordanschlag und den schlechten Haftbedingungen herrührte.

Das und vieles andere in seiner Autobiografie nachzulesen hat mich sehr gerührt, so dass ich mir die eine oder andere Träne aus den Augen wischen musste. In dieser essayistischen, wenn nicht gar literarischen Lebensbeschreibung spiegelt sich die historische und politische Entwicklung Koreas seit dem Ende des Zweiten Weltkriegs in exemplarischer Weise.

Sein lebenslanger politischer Kampf für Freiheit und Demokratie kann nicht genug gerühmt werden. Sein Verdienst ist es, trotz aller Enttäuschungen und Niederlagen einen Grundstein und ein Denkmal für die koreanische Demokratie gesetzt zu haben. So hat er es geschafft, auf seinem Weg vom inhaftierten Dissidenten zum Staatsoberhaupt von der Weltöffentlichkeit in eine Reihe mit Nelson Mandela gestellt zu werden. Er hat es tatsächlich geschafft, als erster Regimegegner in Korea einen friedlichen Machtwechsel ohne Blutvergießen zu erreichen, hat sich erfolgreich für eine Begnadigung der ehemaligen Diktatoren Chun Doo Hwan und Roh Tae

Woo eingesetzt und ist nun mit über 70 Jahren Präsident der Republik Korea. Sein Spitzname „Winterpflanze" ist sehr treffend: Eine Pflanze, die mit aller Kraft der Kälte trotzt, den härtesten Winter überlebt und wieder prächtig erblüht, ist eine Seltenheit.

Kim Dae-jung ist auch ein guter und vielseitiger Buchautor, was um so mehr zu bewundern ist, als er anders als seine Amtsvorgänger kein Universitätsstudium absolvieren konnte. Aufgrund seiner Wissbegier und seines fleißigen Selbststudiums ist er ein wahrhaft belesener Präsident, der seine eigenen Gedanken darüber hinaus einer breiten Leserschaft nahebringt. Ich möchte hier nur den Band mit seinen Briefen aus dem Gefängnis an seine Familie, seinen „Abriss der Volkswirtschaft im 21. Jahrhundert" oder sein „Gewissen in Aktion" erwähnen. Der letztgenannte Titel erschien schon 1973 erstmals in Japan und war in Korea über lange Jahre hinweg verboten. Erst 1985 wurde er von einem mutigen koreanischen Verleger unter schwierigsten Umständen herausgebracht. Viele seiner insgesamt mehr als 20 Bücher sind – nicht zuletzt ins Japanische – übersetzt worden. Außerdem hat er unzählige Beiträge in Zeitungen und Zeitschriften veröffentlicht; seine Produktivität als Autor scheint nahezu grenzenlos zu sein.

Wie auch die deutsche Presse schreibt, ist Kim Dae-jung ein Präsident mit Charisma. Und er ist ein gläubiger Katholik, was ihm nicht nur in geistiger Hinsicht Ermutigung und Stütze bedeutete. Selbst zu Zeiten schlimmster politischer Unruhe und Unterdrückung konnte die Opposition auf die Hilfe der katholischen Kirche zählen. Vor allem Kardinal Stephen Kim unterstützte Kim Dae-jung, nahm ihn in Schutz und leistete so einen wichtigen Beitrag zur Demokratisierung des Landes.

Darüber dürfen natürlich die vielen anderen, die ihn nach Kräften unterstützt haben, nicht vergessen werden. An erster Stelle sind dabei die nach seinem Wohnsitz als „Donggyodong-Gruppe“ benannten engen Vertrauten zu nennen, die ihn in guten wie in schlechten Zeiten über die Jahre hinweg begleitet haben. Dann sind es die im Ausland lebenden Koreaner, die seine politische Arbeit während des Exils materiell und moralisch unterstützt haben. Und es sind die zahlreichen ausländischen Freunde, die all ihren Einfluss geltend machten, um sein Leben zu retten, das von seinen eigenen Landsleuten bedroht wurde.

Trotz oder gerade wegen seiner Erfahrungen will Kim Dae-jung der politischen Rache in Korea ein Ende setzen, und er hat seine Versöhnungsbereitschaft bereits mehr als deutlich gemacht. Dies zeigt in meinen Augen seine wahre menschliche Größe: Selbst den ehemaligen Gegnern, die ihn unterdrückt, inhaftiert, gefoltert und zum Tode verurteilt haben, gewährt er Leben und Freiheit. Nicht jeder ist hierzu fähig. Möge er in seiner Amtszeit für das Land so viel Gutes tun wie König Sejong während der Yi-Dynastie, unter dessen Herrschaft Korea in Frieden eine kulturelle und politische Blütezeit erlebte, was noch heute vom Volk gerühmt wird.

Gerne möchte ich an dieser Stelle ein kurzes Gedicht zitieren, das Kim Dae-jung während seiner Haft im Gefängnis von Chongju 1982 niedergeschrieben hat:

In endloser Herbstnacht liege ich
einsam in meiner Zelle,
denke an die Zukunft der Nation,
wälze mich schlaflos hin und her.
Der Vollmond erleuchtet den Himmel,
aber mein Herz ist verdüstert.

Auch ein Wort des Dankes an all diejenigen, die zur Veröffentlichung dieses Buches beigetragen haben, soll nicht fehlen. Dies betrifft zunächst den Autor Chung

Jung-Su und den Verleger Kim Sok-Sung, die mich auf dieses Projekt aufmerksam gemacht und den Kontakt zum Präsidialamt hergestellt haben. Dort danke ich Herrn Dr. Park Joon-Young und seinem Mitarbeiter Yoon Sok-Chung für ihr persönliches Engagement in dieser Angelegenheit. Zu Dank verpflichtet bin ich auch dem Leiter der Korean Government Information Agency, Herrn Minister Oh Hong-Keun. Herrn Kim Myong-Shik, Assistant Minister des Korean Overseas Information Service, sowie der Koreanischen Botschaft in Deutschland – insbesondere S.E. Lee Ki-Choo, Herrn Botschaftsrat Lee Hyon-Pyo, Herrn Dr. Kwon Hyuck-Zoon, Frau Dr. Ursula Diezemann und Frau Elke Golchert – danke ich für die Bereitstellung von ergänzendem Material und weitere umfassende Unterstützung.

Auf deutscher Seite bin ich insbesondere Herrn Dr. Andreas Lukas vom F.A.Z.-Verlag für die Realisierung dieses Projekts sowie Herrn Bundespräsident a. D. Dr. Richard von Weizsäcker und Herrn Prof. Dr. Gottfried-Karl Kindermann für ihre Beiträge zu Dank verpflichtet. Für die Durchsicht des Manuskripts, für Anregungen und Hinweise danke ich Herrn Prof. Dr. Claus Bärsch von der Gerhard-Mercator-Universität Duisburg sowie Herrn Dr. Günther Würtele und seiner Gattin, Bad Homburg. Herrn Dr. Josef Spiegel vom Künstlerdorf Schöppingen danke ich für den dortigen Arbeitsaufenthalt. Mein besonders herzlicher Dank gilt Herrn Michael Glambeck, Düsseldorf.

Abschließend möchte ich darauf hinweisen, dass die Schreibweise aller chinesischen, japanischen und koreanischen Namen der ostasiatischen Tradition folgt, wonach der Familienname an erster Stelle steht.

Düsseldorf im Dezember 1999

Chei Woon-Jung

Anhang:

1. Ansprache an die Nation vom 19. Dezember 1997

Ausdruck meiner Dankbarkeit an die Nation

Mein liebes und geliebtes Volk von Korea!
Ich danke Ihnen aus tiefstem Herzen.

Heute morgen stehe ich hier vor Ihnen aufgrund Ihrer großen Ermutigung, Unterstützung und Kooperation. Ich entbiete Ihnen, den Menschen dieses Landes, meine tief empfundene Dankbarkeit.

Die Welt hat auf unsere Wahlen geschaut. Mit großer Neugier hat man beobachtet, welche Wahl das Volk von Korea in-

Präsident Kim Dae-jung zusammen mit seiner Gattin Lee Heeho bei seiner Amtseinführung am 25. Februar 1998 vor dem Gebäude der Nationalversammlung (links im Bild: Bundespräsident a. D. Dr. Richard von Weizsäcker).

mitten einer nationalen Krise treffen würde. So gewählt empfinde ich große persönliche Freude genau wie das Gefühl einer schweren Last durch die mir von der Nation übertragene Pflicht und Verantwortung.

Ich bin so stolz auf Sie, die Menschen dieser Nation. An einem historischen Zeitpunkt gegen Ende des 20. und auf dem Weg ins 21. Jahrhundert haben wir endlich die große Aufgabe vollbracht, erstmals in den 50 Jahren unserer Republik einen Machtwechsel von den Regierungs- zu den Oppositionsparteien zu erreichen. Nun können wir stolz und aufrecht als demokratischer Staat sein, der die Sache der Demokratie hegt, verteidigt und voran bringt. Die Geschichte wird die großartige und mutige Wahl verzeichnen, die Sie getroffen haben, indem Sie den Machtwechsel von Regierungs- zu Oppositionsparteien herbei geführt haben. Ich wertschätze Ihren Mut und Ihr Vertrauen.

Den beiden Präsidenten der Vereinten Liberaldemokraten (ULD) – Herrn Kim Jong-Pil und Herrn Park Tae-Joon – möchte ich bescheiden meine besondere Anerkennung für ihre engagierte und ungeteilte Anstrengung und Kooperation ausdrücken. Allen Abgeordneten und örtlichen Parteiführern der ULD sowie allen Parteimitgliedern möchte ich gestehen, wie tief bewegt ich von Ihrem engagierten Einsatz und vergossenen Schweiß für unseren gemeinsamen Sieg bin. Ich weiß nicht, wie ich Ihnen allen angemessen danken kann.

Ich beeile mich hinzu zu fügen, dass die Kooperation seitens Herrn Kim Won-Ki und anderer von der „Gruppe der Politiker auf der Suche nach einer Vereinigung aller Oppositionskräfte", die sich für eine Zusammenarbeit mit uns entschieden haben, eine Quelle großer Stärke und Ermutigung war. Ich danke Ihnen ganz besonders.

Meine Dankbarkeit entbiete ich unseren eine Million Parteifreunden, deren beispielloser Einsatz und effizienter Wahlkampf alle bisherigen Wahlkampagnen übertraf und half, die endgültige Entscheidung der Bevölkerung bei dieser Wahl herbei zu führen. Allen anderen aus den verschiedensten Lebensbereichen, die mir ihre wertvolle Unterstützung gegeben haben, möchte ich sagen, dass ich einen großen Sieg dank Ihrer

Anstrengung und Hilfe errungen habe. Ich verbeuge mich vor Ihnen allen.

Und Herrn Lee Hoi-Chang, Herrn Rhee In-Je sowie den anderen Kandidaten in dieser Wahl, die bis zum Ende einen guten Kampf geboten haben, entbiete ich meine bescheidene Anerkennung und Bewunderung.

An einem historischen Wendepunkt zur großen Einheit unseres Volkes

Des 18. Dezembers 1997 wird in der Geschichte als Wasserscheide gedacht werden, die die große Einheit unseres gesamten Volkes ermöglichte. Niemals wieder sollten wir politische Vergeltung und regionale oder soziale Diskriminierung zulassen.

Ich respektiere und liebe alle Regionen und alle sozialen Klassen in dieser Nation. Als Präsident werde ich alle Formen der Diskriminierung beseitigen; ich werde die legitimen Rechte aller konstituierender Bestandteile dieses Staates in Gerechtigkeit und Gleichberechtigung schützen und gewährleisten um sicher zu stellen, dass sich Diskriminierung und Konfrontation in unserem Land nicht wieder ausbreiten können. Mit Nachdruck werde ich die Ära regionaler Gegensätze und Spannungen beenden und mich selbst für die Verwirklichung nationaler Einheit und Versöhnung einsetzen.

Für die Eröffnung eines neuen Zeitalters der Demokratie und des wirtschaftlichen Fortschritts

Meine lieben Mitbürger!

Endlich haben wir den Machtwechsel von der Regierungs- zur Oppositionspartei erreicht – eine historische Errungenschaft, nach der wir so lange gestrebt haben. Dieser Regierungswechsel, der erste in 50 Jahren, wird in den Geschichtsbüchern dieser Nation einen historischen Maßstab darstellen.

Bis zu diesem Zeitpunkt war die wirtschaftliche Entwicklung von primärer Bedeutung. Als ein Volk, das sich unter Schmerzen wieder aus der Asche des Korea-Kriegs erhob, war man sich einig, dass wir auch materiellen Wohlstand genießen sollten. Andererseits wurde die Demokratie zu lange einer autoritären Herrschaft geopfert. Die Wahrheit ist, dass unser politisches Leben eine einzige Erfahrung endloser Opfer in allen anderen nationalen Lebensbereichen nur für die wirtschaftliche Entwicklung war.

Als Folge haben sich ungesunde Verwerfungen und Unregelmäßigkeiten in allen Bereichen unserer Gesellschaft ergeben. So existierten Verquickungen zwischen Politik und Wirtschaft und eine lähmende staatliche Kontrolle der Wirtschaft; Unregelmäßigkeiten und Korruption konnten nicht eliminiert werden. Die Opfer der Klein- und Mittelbetriebe gingen weiter; die legitimen Rechte der einfachen Bevölkerung blieben ungeschützt während auch die fürsorgliche Aufmerksamkeit des Staates für die Schwachen und Machtlosen bei weitem zu kurz kam.

Ohne Selbstbesinnung und in tiefer Selbsttäuschung verharrten die Kräfte, die die ahnungslose Nation an den Rand eines beschämenden nationalen Bankrotts führten und ihr die Last einer Anforderung von Rettungsmaßnahmen des Internationalen Währungsfonds aufzwangen.

Nun mit dem Antritt einer neuen Regierung in diesem Land werden wir eine neue Ära eröffnen, in der Demokratie und wirtschaftliche Entwicklung Seite an Seite voran schreiten werden.

Wir werden unsere Unternehmen vollständig von den Fesseln der Macht aber auch von ihrem Schutzmantel befreien. Nur die Unternehmen, die sich der Marktwirtschaft und dem internationalen Wettbewerb anpassen können, werden überleben. Die es nicht können, werden sicherlich untergehen – denn das ist die kalte und harte Wirklichkeit der Globalisierung.

Die Existenzbestimmung der Wirtschaft ist das Glück der Menschen. Deswegen werde ich in ein Zeitalter führen, das geprägt ist von den Rechten der einfachen Menschen wie von der Entwicklung einer demokratischen Marktwirtschaft.

Vorbereitungen für eine Ära des Wohlstands im 21. Jahrhundert

Die neue Regierung wird die Brücke vom 20. zum 21. Jahrhundert sein.

Das 21. Jahrhundert wird das Jahrhundert der größten Veränderungen in der Geschichte der Menschheit sein. Weder die Ideen noch die Arbeitsweisen der vergangenen Industriegesellschaft werden uns auf Anpassungen und Veränderungen im kommenden Jahrhundert vorbereiten. Jetzt ist für uns die Zeit gekommen, unser Bewusstsein positiv zu verändern und an das kommende Jahrhundert anzupassen. Die neue Regierung in Korea wird den Staat mit der neuen Philosophie und Erkenntnis regieren und verwalten, die zum neuen Jahrhundert passen, sowie mit einer effektiven Strategie und Politik. Wir wagen zu behaupten, dass wir vorbereitet und bereit für diese Aufgabe sind.

Ich werde den Herausforderungen des 21. Jahrhunderts begegnen, indem ich mich auf die kollektive Weisheit und Energie unseres Volkes verlasse.

Die Unterstützung durch den Internationalen Währungsfonds

Die neue Regierung in Korea wird sich bemühen, die künftige finanzielle Verlässlichkeit durch tiefgreifende und systematische Wirtschaftsreformen so bald wie möglich sicher zu stellen, so dass keine Rettungsaktion des Internationalen Währungsfonds nötig sein wird. Ich stelle nochmals mit größter Deutlichkeit und größtem Nachdruck fest, dass wir voll und ganz mit dem Internationalen Währungsfonds kooperieren. Wir werden ebenfalls das Abkommen zwischen dem Internationalen Währungsfonds und der gegenwärtigen Regierung der Republik Korea genauestens einhalten. Wir werden unser bestes tun, damit die hierfür notwendigen Gesetze von der Nationalversammlung verabschiedet werden.

Die Unterstützung durch den Internationalen Währungsfonds hat uns eine Chance zu ernsthafter Selbstbesinnung und Korrektur gegeben. Der Internationale Währungsfonds musste deswegen um Unterstützung gebeten werden, weil wir selbst bei unserer Aufgabe versagt haben, uns um unsere Wirtschaft zu kümmern. Der Antritt der neuen Regierung in Korea wird der Beginn unserer nationalen Anstrengungen zur Überwindung der Wirtschaftskrise sein. Aber während der Übergangszeit bis zur Amtseinführung der neuen Regierung werden wir die engstmögliche Zusammenarbeit mit der gegenwärtigen Regierung zur Meisterung der aktuellen Krise pflegen.

Die künftigen Aufgaben

Lassen Sie mich nun einige Bemerkungen zur Tagesordnung der neuen Regierung für das 21. Jahrhundert machen.

1) Politik

Im politischen Bereich werden wir bereit sein für die nationale Versöhnung und die Einheit unseres Volkes. Nur die auf echter Demokratie gegründete vereinte Kraft des Volkes kann unsere nationale Krise überwinden. Wir werden eine „partizipatorische Demokratie" begründen – eine Regierung, in der die Menschen die Herrschenden sind und in der die Menschen sich gemeinsam an der Herrschaft über das Land beteiligen. Ich werde ein unmittelbares Gespräch mit den Menschen mehr als zweimal im Jahr über das Fernsehen führen. In dieser Form werde ich direkt auf ihre Ansichten und Forderungen bezüglich der Regierung unseres Landes eingehen, und in der gleichen Form werde ich ihnen meine Forderungen bezüglich ihrer eigenen Aufgaben, die sie zum Wohlergehen der Nation zu erfüllen haben, direkt vortragen. Das ist es, was ich „partizipatorische Demokratie" nennen möchte.

Die regionale Selbstverwaltung darf nicht in der gegenwärtigen halbherzigen Form weitergehen. Ich werde eine wirkliche regionale Selbstverwaltung einführen und praktizieren, die dem kommenden Zeitalter der „Regionalisierung" angemessen ist.

Es werden entschiedene Schritte zur Verwaltungsreform der Regierung unternommen. Jegliche Sparmaßnahmen, die notwendig sind, werden zuerst die Regierung treffen. Die neue Regierung wird Motor und Antrieb für die Überwindung der nationalen Krise sein, der wir uns gegenüber sehen, und für die dafür notwendigen Reformen. Wir werden uns bemühen, eine revitalisierte Regierung zu bilden, die das Vertrauen des Volkes und der übrigen Welt genießt. Nur dann können wir von unserem Volk Zusammenarbeit fordern; und nur dann können wir mit der internationalen Gemeinschaft auf Zusammenarbeit basierende Beziehungen unterhalten.

2) Wirtschaft
Im Bereich der Wirtschaft betone ich, dass ich die Vereinbarung mit dem Internationalen Währungsfonds genauestens umsetzen werde. So schmerzhaft dies auch sein mag, es ist der Weg, den wir nehmen müssen. Eine Reform ohne Schmerzen ist nicht möglich. Wir werden diese Chance für die Durchführung von Reformen nutzen und so unsere Wirtschaft wieder beleben. Wir werden der Welt zeigen, dass das „Wunder vom Han“ noch keineswegs zu Ende ist.

Wir werden Marktwirtschaft praktizieren – vollständig und ernsthaft; und wir werden unseren Markt ohne zu zögern öffnen. Wir werden ein neues Umfeld für ausländische Investoren schaffen, so dass sie ohne Bedenken oder Furcht in Korea investieren – ein Paradies für das Geschäft. Im 21. Jahrhundert wird die Induzierung ausländischer Investitionen sogar wichtiger sein als der reine Warenhandel. Die Regierung wird ihren Teil dazu tun, ausländische Investoren einzuladen, und wird sicherstellen, dass sie genauso behandelt werden wie unsere einheimischen.

Wir werden die völlige Selbststeuerung aller Unternehmen garantieren. Den Klein- und Mittelbetrieben wird die absolute Freiheit von Wettbewerbsbeschränkungen zugesichert; ebenso Schutz gegen den Missbrauch durch die Großkonzerne. Das nächste Jahrhundert wird das Jahrhundert der Klein- und Mittelbetriebe sein. Sie sind zweifellos der Motor neuer wirtschaftlicher Entwicklung, und wir werden sie pflegen. Die

Venture-Industrien werden als Mittel zur Verjüngung unserer Wirtschaft gefördert. Die neue Regierung ist willens ihre Arbeit zu tun, denn unsere wirtschaftliche Zukunft hängt davon ab.

Für einen wirtschaftlichen Wiederaufbau und ein neues Wirtschaftswunder brauchen wir die Tränen, die Arbeit und die Hingabe unseres Volkes. Wir werden nur dann erfolgreich sein, wenn die neue Regierung und das Volk zusammen halten. Aber unser Erfolg wird uns Freude bescheren.

3) Gesellschaft

Wir müssen eine Gesellschaft schaffen, in der der Fähige erfolgreich ist und der Unfähige scheitert. Nur dann können wir gesellschaftliche Disziplin sicherstellen und unsere Kinder zu einem Leben in Aufrichtigkeit und Moral erziehen. Hier müssen der Wille und das Beispiel des Präsidenten eine herausragende Rolle spielen. Ich werde eine solche Gesellschaft verwirklichen, wie schwierig es auch sein mag. Die Regierung wird das Beispiel geben.

Die beste Fürsorge für das Volk ist es, denjenigen Arbeit zu geben, die arbeiten wollen. Wir werden den Älteren Arbeitsmöglichkeiten bieten und die Behinderten ausbilden. Wir werden es nicht zulassen, dass Menschen niedergeschlagen sind, weil sie sich durch fehlende Programme und Untätigkeit abgeschoben fühlen. Die neue Regierung wird der Lösung des Problems Arbeitslosigkeit hohe Priorität einräumen.

Das 21. Jahrhundert ist das Jahrhundert der Wirtschaft wie auch der Kultur. Unsere Kultur ist eine nationale Kraft. Wir werden unsere Kultur und die Künste fördern, uns aber nicht in sie einmischen; wir werden die Kulturindustrie als Rückgrat unserer zukünftigen Wirtschaft fördern.

4) Nationale Sicherheit

Glaubwürdige nationale Sicherheit ist eine unabdingbare Voraussetzung für politische Stabilität wie für wirtschaftliche Entwicklung. Eine starke nationale Sicherheit muss auf nationaler Einheit aufgebaut sein. Hierfür muss die Kraft des Staates wiederhergestellt werden.

Für die nationale Verteidigung muss ein starkes Militär existieren. Wir werden aber niemals das Militär für einseitige politische Zwecke benutzen. Beförderungen und Bestrafungen müssen nach klaren Prinzipien und gerecht durchgeführt werden. Wir werden auch versuchen, die Bedingungen des Militärdienstes zu verbessern. Und wir werden überzeugende Streitkräfte schaffen um Nord-Korea abzuschrecken – unter besonderer Berücksichtigung der Modernisierung auf der Basis neuester Wissenschaft und Technologie.

Um unsere nationale Sicherheit zu stärken werden wir unser Bündnis und unsere enge Zusammenarbeit mit den USA aufrechterhalten und pflegen – der zentrale Faktor für unsere nationale Sicherheit.

Für Frieden und Stabilität auf der koreanischen Halbinsel werden wir unser bestes tun, um eine fruchtbare Zusammenarbeit mit den vier Großmächten der Region zu erwirken – den USA, Japan, China und Russland. Seit meiner Präsidentschaftskandidatur 1971 habe ich Garantien der vier Großmächte für den Frieden in Korea konsequent befürwortet. Die Notwendigkeit hierfür ist heute noch größer geworden.

Ich werde die Vier-Parteien-Gespräche in Zukunft noch effektiver fortführen. Und wir werden unseren Teil zur Errichtung der Leichtwasserreaktoren durch KEDO beitragen – ohne Verzögerung.

Im direkten Dialog mit dem Norden werden wir nach einem Weg suchen, die Probleme zwischen unseren beiden geteilten Völkern zu lösen. Hierfür ist die Umsetzung des zwischen beiden Koreas 1991 unterzeichneten „Grundlagenvertrags" unabdingbar. Der Grundlagenvertrag ist ein internationales Abkommen, das beide Seiten beachten sollten. Aus diesem Grund schlage ich Nord-Korea vor, den innerkoreanischen Dialog auf der Basis dieses Vertrags wieder aufzunehmen.

Im Moment ist es unser Ziel, Frieden und Stabilität sowie Austausch und Zusammenarbeit zwischen Süd und Nord auf der Halbinsel zu sichern. Die nationale Vereinigung kann später in Form von stufenweisen Fortschritten diskutiert und verwirklicht werden.

5) Internationale Beziehungen
Wir sind uns völlig im klaren darüber, dass unsere Zukunft davon bestimmt wird, wie wir uns selbst in die Welt einordnen. Ich werde mein bestes tun, um zur Sache des Weltfriedens und in diesem Geist zu Freundschaft, Austausch und Zusammenarbeit mit allen Ländern der Welt beizutragen. Indem wir uns ernsthaft und glaubwürdig an Geist und Inhalt der Globalisierung orientieren, werden wir danach streben, ein Modell für andere zu werden.

Wir werden alle Abkommen und Verpflichtungen, die wir gegenüber anderen Nationen eingegangen sind, strikt erfüllen. Einschließlich unserer wirtschaftlichen Schwierigkeiten ist die Lage der Nation ernst. Wir brauchen die fruchtbare Zusammenarbeit und die Unterstützung der Welt. Um diese zu verdienen, werden wir unsere ganze Anstrengung darauf richten, freundschaftliche und kooperative Beziehungen mit allen Nationen zu pflegen.

6) Ein Aufruf an das Volk
Zum Abschluss möchte ich an das Volk von Korea appellieren.

Geben Sie mir bitte Ihre Unterstützung. Ohne Ihre Unterstützung kann nichts getan werden. Mit Ihrer Unterstützung werde ich Sie nicht im Stich lassen oder enttäuschen. Ich habe mich seit langer Zeit auf die Aufgabe vorbereitet, die ich nun übernehmen werde; und ich bin zuversichtlich, dass ich die beste Arbeit leisten werde, zu der ich fähig bin.

Ich werde ein gutes Beispiel geben als ehrlicher Präsident, dem das Volk von Korea vertrauen kann.

Ich werde die Transparenz meiner Regierung sicher stellen. Ich werde die Korruption ausmerzen und den Knoten der Verquickung von Politik und Wirtschaft vollständig lösen. Um es noch einmal zu betonen, ich werde die Menschen zu den Hauptakteuren der „partizipatorischen Demokratie“ machen und die Politik des Dialogs mit dem Volk fortführen.

Um unserer Nation eine neue Ära der Größe zu eröffnen, verpflichte ich mich, alles von mir zu geben. Ich erhoffe und bete für Ihre Unterstützung und Ermutigung. Am leuchtenden Morgen dieses historischen Ereignisses danke ich Ihnen ganz herzlich.

2. Das Heraufziehen der Ära eines „Universalen Globalismus“

Die Welt ist Zeuge des sich anbahnenden Zeitalters der „universalen Globalisierung“ am Beginn des 21. Jahrhunderts, d.h. die Menschheit entfernt sich von der selbstgefälligen Periode des Nationalismus, der für die Welt während der letzten 200 Jahre bestimmend war.

Seit dem Zeitalter der industriellen Revolution hat das Fieber des Nationalismus die Gemüter rund um den Globus ergriffen. Vor dem Zeitalter der industriellen Revolution gab es zwar Nationen, aber keinen Nationalismus. Er ist als politische Ideologie erst später entstanden und diente als Bollwerk der wirtschaftlichen Interessen.

Während dieser Periode waren alle Nationen bestrebt, ihre nationale Identität zu bewahren und bauten deshalb ihre wirtschaftlichen Systeme entsprechend ihrer nationalen Identität auf. Der sogenannte westliche Imperialismus verfolgte einen egozentrischen und eigennützigen Weg, um das Überleben der westlichen Nationen sicherzustellen, selbst auf die Gefahr hin, andere Staaten zu opfern.

Diese imperialistischen Staaten haben schwache Nationen gnadenlos erobert, ausgebeutet und gedemütigt, so sehr sich diese auch verzweifelt gegen ihre Besatzer wehrten, um ihre eigenen Interessen und Rechte zu wahren.

Die letzten zwei Jahrhunderte waren geprägt vom Kampf um Leben und Tod zwischen zwei sich gegenüberstehenden Kräften, dem beherrschenden Nationalismus und dem sich widersetzenden Nationalismus.

Der Nationalismus entstand in einer Zeit, als es für ein Land am erfolgversprechendsten war, im Einklang mit der vorhandenen Infrastruktur, d.h. dem Transportwesen und der Kommunikation, eine eigene Wirtschaft aufzubauen.

Die Welt ist aber im Begriff sich zu verändern. Es ist heutzutage nicht mehr möglich, sich an die in stetigem Wandel begriffene globale Wirtschaft anzupassen, wenn man diese national begrenzt. Im Laufe der letzten sieben Jahrzehnte hat es ungeheure Veränderungen auf dem Gebiet des Transportwesens und der Kommunikation gegeben.

Die dramatischen Veränderungen ergeben sich dadurch, dass wir in einem Informationszeitalter leben. Innerhalb weniger Sekunden kann eine ungeheure Menge von Nachrichten weltweit übermittelt werden. Ganz gleich, wo man lebt, kann man praktisch zu jeder Zeit alle Informationen über jedes beliebige Land der Welt erhalten. Die Welt besteht nicht mehr aus einzelnen Nationalstaaten, sondern ist eine einzige Einheit geworden.

Inmitten solch rapider Veränderungen ist es für kein Land auf der Welt möglich, sich wirtschaftlich zu isolieren; jedes Land ist unweigerlich mit allen anderen Ländern verwoben. Das stetige Zusammenwachsen aller Länder hat zur Gründung der Welthandelsorganisation (WTO) geführt.

In einigen Jahren wird es auf dem Gebiet der Wirtschaft keine Grenzen mehr zwischen den einzelnen Ländern geben. Selbst das kleinste koreanische Dorf wird weltweit mit allen Bauern im Wettbewerb stehen. Jede kleine koreanische Fabrik muss zu allen Firmen auf der Welt, die die gleichen Produkte herstellen, seien sie auch im entferntesten Winkel der Welt gelegen, wettbewerbsfähig sein.

Wir werden in die Welt hinausgehen, und die Welt wird zu uns kommen. Wettbewerb und Zusammenarbeit werden gleichzeitig stattfinden. Dieser Weg ist unausweichlich. Nur wenn ein Land mit einer positiven Einstellung auf diese Realität reagiert und voller Tatkraft Strukturen schafft, die die neuen Gegebenheiten berücksichtigen, wird es vermeiden können, hinter andere Länder zurückzufallen bei dem Bemühen, das eigene Existenzrecht zu wahren und weiterzuentwickeln.

Die Welt hat sich zu einem einzigen Markt entwickelt, in den sich die Wirtschaftsstrukturen der einzelnen Länder integrieren. Jedes Land muss Produkte der bestmöglichen Qualität zu den niedrigstmöglichen Preisen herstellen und auf dem Weltmarkt absetzen. Gleichzeitig muss Korea seinen Markt für die besten Produkte und Dienstleistungen aus aller Welt zu konkurrenzfähigen Preisen öffnen und sie auf dem Binnenmarkt anbieten.

In diesem Zusammenhang kann es durchaus nicht als patriotisch angesehen werden, wenn Koreaner nur Produkte kaufen, die in Korea hergestellt wurden. Einheimische Produkte, die sich auf dem Weltmarkt nicht behaupten können, müssen ausgesondert werden.

Solche weitreichenden Veränderungen haben dazu geführt, dass es weltweit auch wieder zu einem größeren Kulturaustausch gekommen ist. Im 21. Jahrhundert wird Kultur eine große Rolle spielen.

Kultur ist nicht mehr nur ein Medium, das die Lebensqualität einer Nation und eines Volkes bereichert, nein, die Kultur hat sich weltweit zu einer der am stärksten florierenden Industrien entwickelt. Die Kulturindustrie, zu der Kinos, Datenbanken und Computerspiele gehören, beherrscht heute die Weltmärkte.

Das 21. Jahrhundert wird eine Ära der Information, des Wissens und der Kultur werden. Im 21. Jahrhundert wird jeder Krieg, der nur dem Schutz des eigenen Landes gilt, sinnlos sein, da Landbesitz und Bodenschätze nicht mehr wie in der Vergangenheit die Grundsäulen für den Wohlstand eines Volkes sein werden.

Im 21. Jahrhundert wird kein Land in der Lage sein, seine dringlichen Probleme zu bewältigen, wenn es selbstsüchtig nur nach dem eigenen wirtschaftlichen Wohlstand trachtet. Im nächsten Jahrtausend müssen alle Nationen bestrebt sein, zusammenzuarbeiten und gleichzeitig miteinander konkurrieren zu können.

Der Nationalismus befindet sich derzeit in einer schwierigen Phase, da er als Symbol von Ausschließlichkeit und Selbstsucht betrachtet wird. Heutzutage kann ein Land seine nationalen Interessen nur dann schützen, wenn es die Globalisierung akzeptiert und fördert.

Revolutionäre Veränderungen innerhalb der Gesellschaftsstrukturen, die sich überall auf der Welt vollziehen, zwingen die Menschen dazu, den Globalisierungsprozess möglichst schnell zu akzeptieren und zu begreifen, dass unser Globus eine Einheit ist.

Aber noch immer gibt es in der Welt Konflikte, und es werden Kämpfe ausgetragen, die ihren Ursprung in religiösen, wirtschaftlichen oder ideologischen Unstimmigkeiten haben. Es ist, um es kurz zu sagen, höchste Zeit, dass man sich weltweit auf Werte verständigt, die als Stütze und Säule der „Globalisierung“ angesehen werden. Wenn weltweit die gleichen Werte akzeptiert werden, wird dieses Einverständnis sich zu einer Kraft entwickeln, mit der es gelingen kann, Spannungen, Konfrontation und Spaltung im Zaum zu halten.

Meiner Meinung nach sind Freiheit, die Achtung der Menschenrechte, Gerechtigkeit, Frieden und Effizienz die für alle Menschen gültigen Werte, von denen sich die Menschheit beim Streben nach einer „weltweiten Globalisierung“ leiten lassen muss.

Ohne Übertreibung kann man sagen, dass die Geschichte der Menschheit die Geschichte vom Kampf für mehr Freiheit und die Einhaltung der Menschenrechte ist. Auch im 20. Jahrhundert, das unter dem Vorzeichen der Demokratie steht, hat die Menschheit nicht aufgehört, sich für Freiheit und die Einhaltung der Menschenrechte einzusetzen.

Bis in die 70er Jahre gab es weltweit höchstens zwei Dutzend Länder mit demokratischen Regierungen. Heute hat sich die demokratische Regierungsform in Osteuropa, Lateinamerika, Ostasien und Afrika durchgesetzt. Weltweit kann man große Fortschritte im Kampf für Freiheit und die Einhaltung der Menschenrechte verzeichnen.

Der Begriff der Effizienz, der weltweit maßgeblich ist, muss neu definiert werden. Effizienz darf man nämlich nicht auf wirtschaftliche Leistungsfähigkeit beschränken. Wenn man Effizienz als einen allgemeingültigen Wertmaßstab betrachtet, muss man auch in Betracht ziehen, dass die Ressourcen und der Lebensraum der Menschen begrenzt sind.

Die Werte Gerechtigkeit und Frieden können als Richtlinien in einem Zeitalter der Koexistenz und der gleichen Verteilung des Wohlstands, das im 21. Jahrhundert anbrechen wird, gar nicht hoch genug eingeschätzt werden. Wir, die wir in einem Zeitalter grenzenlosen Wettbewerbs leben, müssen Gerechtigkeit als die Grundlage für Freiheit und die Achtung der Menschenrechte sowie Frieden als die Grundlage einer friedlichen

Koexistenz begreifen um zu vermeiden, dass im 21. Jahrhundert jeder gegen jeden kämpft.

Nur wenn diese allgemeingültigen Werte als Norm im Wettbewerb, der die Weltwirtschaft zusammenhält, begriffen werden sowie als Standard in der Koexistenz, durch die die Weltgemeinschaft enger zusammenwächst, nur dann wird die „universale Globalisierung" ein Leitmotiv werden, das die Welt im wahrsten Sinne des Wortes führen kann.

Abschließend möchte ich darauf hinweisen, dass der Osten und der Westen das kulturelle auf der Tradition fußende Fundament haben, um die allgemeinen Werte, die das Rückgrat des „universalen Globalismus" sind, zu absorbieren und weiterzuentwickeln.

Lehrsätze, die mit dem „universalen Globalismus" übereinstimmen, können wir in allen Religionen finden: in der allumfassenden Liebe des Herrn im Christentum, in der Güte allen Dingen gegenüber im Buddhismus und in der Lehre vom Frieden im Universum, die die orientalische Philosophie vertritt.

Ich bin davon überzeugt, dass der Geist und die moralischen Maßstäbe der Menschheit zusammen mit der Güte und Menschenliebe, die der Konfuzianismus in Asien lehrt, uns genügend Antriebskraft geben werden, um uns verstärkt für Freiheit und Menschenrechte einzusetzen. In den demokratischen Systemen sind dahingehend schon große Fortschritte erzielt worden.

Die Lehren der großen Denker der Menschheit erhalten nun, da wir entschlossen sind, auf dem Weg der Globalisierung fortzuschreiten, eine ganz neue Bedeutung.

(amtliche Übersetzung eines in der Korea Times vom 5. November 1998 erschienenen Beitrags)

3. Wichtige Lebensdaten im Überblick

Dezember 1925	Geburt auf der Insel Hauido in der Provinz Süd-Cholla
Dezember 1943	Abschluß der Mokpo-Handelsschule
April 1946	Heirat mit Cha Yong-ae
Juni 1954	erste erfolglose Kandidatur bei den Wahlen zur Nationalversammlung
Mai 1960	Tod der Ehefrau Cha Yong-ae
Oktober 1960	Ernennung zum Sprecher der regierenden Demokratischen Partei
Mai 1961	Wahl in die 5. Nationalversammlung, die wegen ihrer Auflösung nach dem Militärputsch durch Park Chung Hee nie zusammentrat
Mai 1962	Heirat mit Lee Hee-ho
November 1963	Wahl in die 6. Nationalversammlung; später auch gewählt in die 7., 8., 13. und 14. Nationalversammlung
April 1971	knappe Niederlage gegen Park Chung Hee bei den Präsidentschaftswahlen bei massivem Wahlbetrug
Mai 1971	erhebliche Verletzungen bei einem als Verkehrsunfall getarnten Mordanschlag
Oktober 1972	erstes Exil und Organisation von Anti-Diktatur-Bewegungen in Japan und den USA
August 1973	Entführung durch den Koreanischen Geheimdienst aus einem Hotel in Tokyo, nach Scheitern der geplanten Ermordung zwangsweise Rückkehr nach Seoul und Verhängung von Hausarrest

März 1976	Verurteilung zu fünf Jahren Gefängnis wegen Verletzung der diktatorischen Yushin-Verfassung
Dezember 1978	Aussetzung der Haft und Verhängung von Hausarrest
Dezember 1979	Amnestie nach der Ermordung von Präsident Park Chung Hee
Mai 1980	Verhaftung unter Kriegsrecht
September 1980	Verhängung der Todesstrafe wegen Hochverrats, die später in lebenslange Haft umgewandelt und dann auf 20 Jahre Haft reduziert wird
Dezember 1982	Aussetzung der Haft und Ausreise in die USA
Februar 1985	Rückkehr nach Korea, Verhängung von Hausarrest
Juni 1987	Wiederherstellung aller Rechte
November 1987	Gründung der Demokratischen Friedenspartei und Wahl zum Parteivorsitzenden
Dezember 1987	Niederlage bei der Präsidentschaftswahl
September 1991	Zusammenschluß von alter und neuer Demokratischer Partei
Dezember 1992	Niederlage bei der Präsidentschaftswahl gegen Kim Young Sam, Aufgabe aller politischen Ämter und Ausreise nach Großbritannien
Juli 1995	Rückkehr in die koreanische Politik
September 1995	Gründung des Nationalkongresses für Neue Politik
Dezember 1997	Sieg bei der Präsidentschaftswahl
Februar 1998	Amtseinführung als Präsident der Republik Korea

Chei Woon-Jung

Geboren in Seoul, Republik Korea. Studium der Soziologie und Politologie an der Gerhard-Mercator-Universität – GH-Duisburg sowie der Germanistik und Philosophie an der Heinrich-Heine-Universität Düsseldorf. Zahlreiche journalistische und literarische Veröffentlichungen sowohl in deutschen als auch in koreanischen Zeitschriften und Sammelwerken.

Ausgewählte Buchveröffentlichungen in Deutschland: „Die träumende Brutmaschine" (Übersetzung von Erzählungen der koreanischen Autorin Pak Wanso), „Die Sterne über dem Land der Väter" (Übersetzung von Lyrik des koreanischen Autors Ko Un), „Morgenstille im Abendland" (eigene Lyrik), „Der Himmelsprinz und die Bärin" (Auswahl und Übersetzung koreanischer Märchen).

Auszeichnungen: Stipendium der Akademie Schloß Solitude, Stipendium des Künstlerdorfs Schöppingen, Stipendium des Kultusministeriums Nordrhein-Westfalen, Übersetzerpreis des Verlags Volk und Welt und der Korean Culture and Arts Foundation.